十三经简史

姜海军 著

A BRIEF
INTRODUCTION
TO THIRTEEN
CONFUCIAN
CLASSIC WORKS

人民出版社

目　录　CONTENTS

001　绪　言

002　一、十三经的由来
005　二、孔子与十三经
008　三、十三经的价值

017　《周易》

020　一、《周易》经传的成书
027　二、易学简史
029　（一）占卜宗
034　（二）禨祥宗：京房、焦延寿
036　（三）老庄宗：王弼、韩康伯
037　（四）造化宗：陈抟、邵雍
039　（五）儒理宗：胡瑗、程颐
042　（六）史事宗：李光、杨万里

周公　　　　孔子　孟子

047　《尚书》

049　一、《尚书》的产生

050　（一）《尚书》的产生

054　（二）孔子删、序《尚书》

056　二、今古文《尚书》之源流

057　（一）今文《尚书》的传承

061　（二）古文《尚书》的出现与流传

066　（三）古文《尚书》及其辨伪

070　三、《尚书》学简史

071　（一）先秦

078　（二）汉唐

087　（三）宋元

094　（四）明清

105　《诗经》

107　一、《诗经》的产生与四家《诗》

107　（一）《诗经》的产生与孔子删诗

114　（二）汉代四家《诗》的传承与特点

121　二、《诗经》学简史

121　（一）先秦

左丘明　　　　　　　　谷梁赤　公羊高

125　（二）汉唐

127　（三）宋元明

133　（四）清代

137　《周礼》

139　一、《周礼》的成书

145　二、《周礼》学简史

145　（一）汉唐

149　（二）宋元明

152　（三）清代

157　《仪礼》

158　一、《仪礼》的成书

163　二、《仪礼》学简史

163　（一）先秦

167　（二）汉唐

171　（三）宋元明

174　（四）清代

177　《礼记》

178　一、《礼记》的成书

孔安国

郑玄

王肃

181　二、《大学》《中庸》简介

181　（一）《大学》

183　（二）《中庸》

184　三、《礼记》学简史

185　（一）汉唐

187　（二）宋元明清

195　《左传》

196　一、《左传》的成书

200　二、《左传》学简史

200　（一）先秦两汉

204　（二）魏晋南北朝隋唐

207　（三）宋元明清

211　《公羊传》

212　一、《公羊传》的成书

215　二、《公羊》学简史

216　（一）先秦两汉

221　（二）魏晋南北朝隋唐

224　（三）宋元明清

韩愈　　　程颐　朱熹

229 《穀梁传》

230　一、《穀梁传》的成书

232　二、《穀梁》学简史

232　（一）两汉

234　（二）魏晋南北朝隋唐

238　（三）宋元明清

241 《论语》

242　一、《论语》的成书及传承

242　（一）《论语》的成书

245　（二）今古文《论语》

248　二、《论语》学简史

249　（一）汉唐

250　（二）宋元明

251　（三）清代

255 《孝经》

256　一、《孝经》的成书及传承

257　（一）《孝经》的成书

260　（二）今古文《孝经》及流变

熹平石经

正始石经

开成石经

265　二、《孝经》学简史

266　（一）先秦

271　（二）汉唐

274　（三）宋元明清

277　《尔雅》

279　一、《尔雅》的成书

284　二、《雅》学简史

284　（一）汉唐

286　（二）宋元明

289　（三）清代

293　《孟子》

294　一、《孟子》的成书

296　二、《孟》学简史

296　（一）汉唐

300　（二）两宋

303　（三）元明清

307　参考文献

318　后　记

绪 言

经学就是研究十三经的学问，经学历史便是十三经的研究史。十三经指的是《周易》《诗经》《尚书》《周礼》《仪礼》《礼记》《左传》《公羊传》《穀梁传》《论语》《孝经》《尔雅》《孟子》。其中《周礼》《仪礼》《礼记》合称"三礼"，《左传》《公羊传》《穀梁传》合称《春秋》三传。十三经是中国文化的元典，基于其产生的学问就是经学，对中国古代的思想文化、政治理念、社会意识产生了深远的影响。在中国古代，经学、儒学一直被视为官方意识形态，得到人们的重视与研习。所以，深入了解十三经及其发展的历程，对于我们了解中华优秀传统文化具有十分重要的意义。

一、十三经的由来

十三经尤其是六经在中国古代产生得非常早，清刘师培（1884—1920年）在分析六经起源时讲：

> 六经起源甚古。自伏羲仰观俯察作八卦以类物情，后圣有作，递有所增，合为六十四卦。而施政布令，备物利用，咸以卦象为折衷。夏《易》名《连山》，商《易》名《归藏》，今皆失传，是为《易经》之始。上古之君，左史记言，右史记动，言为《尚书》，动为《春秋》，故唐、虞、夏、殷咸有《尚书》，而古代史书复有三坟、五典，是为《书经》《春秋》之始。谣谚之兴，始于太古，在心为志，发言为诗。虞、夏以降，咸有采诗之官，采于民间，陈于天子，以观民风，是为《诗经》之始。乐舞始于葛天，而伏羲、神农咸有乐名。至黄帝时，发明六律五音之用，而帝王易姓受命，咸作乐以示功成，故音乐之技代有兴作，是为《乐经》之始。上古时，社会蒙昧，圣王既作，本习俗以定礼文，故唐虞之时以天地人为"三礼"，以吉、凶、军、宾、嘉为"五礼"，降及夏、殷，咸有损益，是为《礼经》之始。由是言之，上古时代之学术，奚能越六经之范围哉！特上古之六经淆乱无序，未能荟萃成编，此古代之六

经所由，殊于周代之六经也。①

刘师培照

刘师培认为"六经起源甚古"，其中《周易》是伏羲"仰观俯察"作八卦，后来周文王推演八卦为六十四卦；《尚书》《春秋》是上古帝王之书，《尚书》记载言语，而《春秋》记载事迹；《诗经》兴起于上古歌谣，虞夏之后则是由朝廷采诗编辑而成；《乐经》是由上古葛天、伏羲、神农、黄帝等帝王所作；《礼经》是"本习俗以定"。在刘师培看来，六经不仅起源于社会生活，更源于上古帝王的思想。刘师培对六经起源的认识，其中援引了很多的传说，这实际上也是对中国古代六经起源认知论的一个汇总和整合。

如果从存留至今的文献来看，夏、商、周时期六经就开始产生了，其中《诗》《书》《礼》《乐》四种时常被提及。诗、书、礼、乐被作为贵族子弟教育的必修课。《礼记·文王世子》记载：

> 春诵夏弦，大师诏之。瞽宗秋学《礼》，执礼者诏之。冬读《书》，典书者诏之。《礼》在瞽宗，《书》在上庠。②

这里所述，贵族子弟春天诵读《诗》，夏天弹《乐》，秋天学《礼》，冬天读《书》。这一时期《周易》《春秋》不是一般人所能看到的，《周易》作为天子与天神沟通、祭祀祖先、占卜命运的重要手段，是王权的象征，故为王室所秘藏，自然不能列入官学，与贵族子弟分享；至于《春秋》，主要是用来记言记事，重在保存史料，属于官方历史档案，故也非一般贵族可见的。正如宋马端临《文献通考》所云："乐正崇四术以训士，则先王之《诗》

① （清）刘师培著，陈居渊注：《经学教科书》，上海古籍出版社2006年版，第10—11页。
② （汉）郑玄注，（唐）孔颖达疏：《礼记正义》卷二十《文王世子》，李学勤主编：《十三经注疏》标点本，北京大学出版社1999年版，第625—626页。

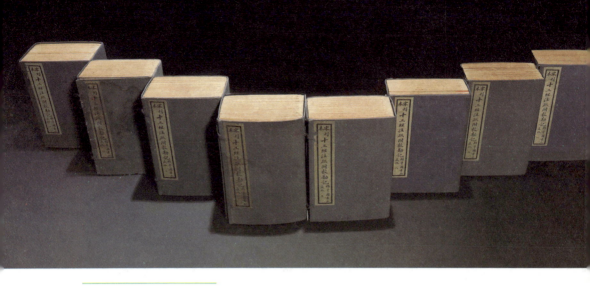

《书》《礼》《乐》，其设教固已久。《易》虽用于卜筮，而精微之理非初学所可语。《春秋》虽公其纪载，而策书亦非民庶所得尽窥。"[1] 而《易》与《春秋》什么时候被列为官学，并没有明确的时间记载。但至少在孔子之前，已经被列入官学。

　　十三经被视为经典是个漫长的过程，是逐步形成的，直到宋代才有"十三经"的名称。其中，在夏、商、周时期，六经虽然重要，但并没有被称为"经"，从汉代才真正确立了六经的经典地位。另外，《春秋》三传、"三礼"也被称为经典。《春秋》三传、"三礼"加上《周易》《尚书》《诗经》在唐代被称为九经。《尔雅》是战国时期的学者为了解释《诗经》《尚书》而编纂的字词典，是我国最早的工具类辞书。它在唐代被确定为经。《论语》和《孝经》是孔子弟子和再传弟子所编，反映的都是孔子的思想，在汉代被作为启蒙读物，上到皇帝、下到百姓都要学习，在一定程度上也被看成是经书。但真正被确立为经典也是在唐代。十三经之中最后成为"经"的《孟子》，在汉唐之际一直被列在子部，得不到学者们的重视，后学们为了应对佛教的挑战，开始利用《孟子》来阐发儒家"性与天道"的思想，因而开始得到朝野上下的关注。最终在王安石变法之际，被朝廷确立为"经"，成为科举考试读书人的必读书目。至此十三经形成。十三经的名称在元、明、清流行

① （宋）马端临著，上海师范大学古籍研究所、华东师范大学古籍研究所点校：《文献通考》卷一百七十四《经籍考一》，中华书局 2011 年版，第 5186 页。

起来。

另外，在中国经学史上，还有非常重要的四书，也值得关注。它主要是由《大学》《中庸》《论语》《孟子》组成。四书开始形成于北宋，当时的理学家如周敦颐、张载、司马光、程颢、程颐、朱熹等，为了建立理学，将注重道德心性的《大学》《中庸》《论语》《孟子》作为一个整体，与五经并列。程朱理学便是以四书为核心建立起来的，由于程朱理学在元、明、清时期是官方学说，所以四书与五经一起被作为科举考试的必读书目。

二、孔子与十三经

谈到经学、儒学就一定要讲到孔子，孔子是儒家学派的创始人，儒学作为中国古代传统文化的核心与主导，孔子也由此被奉为圣人。十三经与孔子有着直接或间接的关系，了解孔子非常重要。如《孟子》强调解读经典要"知人论世"。钱穆在他的《中国历史名著导读》一书中也曾说，要想了解一部史书，首先就要了解作者，只有这样才能更深刻地了解这部史书。从时间的角度来说，十三经也是史书。孔子与十三经究竟有什么关系呢？

孔子是殷商王室的后裔，出生于鲁国，而鲁国是周公的分封地，是周代文化的典型代表。孔子长期在周文化的熏陶中，产生了深深的情感与文化认同，他曾说："周监于二代，郁郁乎文哉！吾从周。"[1] 这里的"监"通"鉴"，就是借鉴的意思。这句话的意思是说周礼是借鉴于夏礼和殷礼，并在夏礼和殷礼的基础上演变发展而建立起来的，多么丰富完备

孔子像

---

[1] （春秋）孔丘撰，杨伯峻、杨逢彬注译：《论语·八佾》，岳麓书社 2000 年版，第 22 页。

啊！我遵从周礼。由于孔子羡慕周代完备的礼乐文明，于是他对周代所遗留下来的文化遗产——六经进行整理。整理本身就是一种创造，删去了他认为无用的，留下了他认为有益的，这个标准就是周代礼制观念。孔子对六经的整理赋予了这些经典新的价值与意义，使之成为中国古代文化的源泉。可以说，在古人看来《六经》的形成与孔子有直接的关系，孔子作为那个时代集大成的人物，在六经发展史上具有承前启后的重要作用。

孔子与《周易》关系来说，孔子曾作《易传》。孔子非常喜欢《周易》，遇到事情就喜欢占卜，这也说明占卜是那个时代的潮流。孔子生活在春秋乱世，在年轻的时候便熟读六经，精习六艺，即礼（礼仪）、乐（音乐）、射（射箭）、御（驾车）、书（文献典籍）、数（数学），六种技能。孔子本想在鲁国实现自己的抱负，但是遭到了齐国的阻挠，齐国使用美人计，令鲁定公沉迷于酒色，孔子不得见用。孔子无奈周游中原各国，希望实现自己的梦想，结果也都没有成功。根据《史记·孔子世家》的记载，孔子曾到处流浪，非常狼狈，说自己如同"丧家犬"一般。甚至在陈、蔡（今河南一带）还差一点饿死。

到了晚年，孔子回到了故乡鲁国，开始整理六经，传承周代礼乐文明。晚年的孔子特别喜欢《周易》，当然这不是为了占卜，而是为了探究其中所蕴含的深厚哲理。《史记》《汉书》都记载说，孔子晚年喜欢读《周易》，以致"韦编三绝"。孔子对其中的哲理有了深刻的体悟，于是写下《易传》。当然，今天《周易》中的《易传》并不是孔子的原作，已经过了儒家后传弟子的编辑、整理。尽管如此，它仍是孔子思想的直接体现。《易传》成书之后，就成为《周易》的重要组成部分。今本《周易》由两部分组成，一部分是《易经》六十四卦及卦爻辞，一部分是专门阐发《周易》哲理的《易传》"七种十篇"（《系辞》上下、《序卦》《杂卦》《文言》等）。从宋代开始，有欧阳修等人怀疑孔子没有作《易传》，但新近出土的先秦简帛，验证了孔子对《周易》的解释，其中的思想与《易传》基本一致。这就表明孔子晚年的确曾经研究过《周易》，并做过《易传》。总而言之，古代《周易》经过孔子的整理和研究，已开始由占卜的书籍转化为哲学经典。

就《尚书》而言，本来是夏、商、周时期治国理政的宫廷档案，在孔子之前流传有三千多篇，根据《史记》《汉书》记载，孔子曾经将三千多篇《尚书》，删减为一百多篇。战国至秦代，学者在这一百多篇的基础上，又作了进一步的修正，形成了我们今天看到的《尚书》二十九篇。孔子删定《尚书》，主要宣扬以德治国的政治理念，即治理国家不要太多的法律，要通过道德、伦理的方式来治理百姓，让整个社会形成互相关心、爱护、讲诚信的氛围。可以看出，孔子删减旧有《尚书》其实也是一种创作，表达了孔子"以德治国"的政治思想。

就《诗经》而言，原产生于商、周时期的"采诗"制度，就是朝廷派人专门到民间寻访采集诗歌，从诗歌内容中了解民间疾苦，并制定相应的政策，或者据此考核当地官员。有一些诗歌还被朝廷乐官修改，成为宫廷演奏的乐谱。相传在孔子之前《诗经》有三千多篇诗歌。后经过孔子删订，成为三百零五篇，删订《诗经》的标准就是西周的礼乐制度。

就"三礼"而言，即《周礼》《仪礼》《礼记》，其中《仪礼》是核心，最初的六经即《诗》《书》《礼》《乐》《易》《春秋》，这里的《礼》指的就是《仪礼》。但是从中古开始，《仪礼》为《礼记》所代替。《仪礼》一般认为是孔子所删定，而《礼记》则是对《周礼》礼乐思想的诠释，其中很多是关于孔子的思想进行阐发。总而言之，"三礼"尽管编撰者有所不同，但是都与孔子所宣扬的礼制有直接的关系，后来也一并纳入孔子的礼乐思想之中，为中国古代礼乐制度的建立与发展奠定了重要的基础。

就《春秋》而言，根据《孟子》《史记》的记载，《春秋》是孔子根据鲁国国史删订而成，是五经之中与孔子关系最为密切的经典。孔子删订《春秋》不是为了记录历史，而是通过历史叙述表达自己的政治理想，即以"春秋笔法"的形式，一字定褒贬，宣扬纲常名教、人伦道德。《庄子·天下》所说，"《春秋》以道名分"①，通过正名来规范每个人的行为，彼此各司其职、各守其业，实现整个社会的和谐有序、和平安定。"三传"是孔子之后儒家学者对《春秋》所作的解释，所反映的思想基本上和孔子《春秋》一致。

此外还有《论语》《孝经》《尔雅》《孟子》，作为古代经典的传记，既解释经典的著述，也发挥着至关重要的作用。其中《论语》是孔子弟子和再传弟子们所编，反映的主要是孔子的思想。《孝经》是孔子弟子曾子与再传弟子所编，反映的主要是孔子、曾子关于孝道的思想。《尔雅》是秦汉时期的

① （战国）庄周撰，（清）王先谦集解：《庄子·天下》，上海古籍出版社 1989 年版，第337 页。

学者编辑，是解释《诗经》《尚书》等经典的工具书。《孟子》是孟子和他的弟子所编，主要阐发的是孔子仁爱、仁政的思想。

综上所述，十三经均与孔子有着直接或间接的关系，可以说没有孔子就没有后来的十三经，孔子是十三经形成的关键性人物。现代新儒家徐复观说："孔子之学，从文献上说，概括了后来之所谓'六经'，所以他才真正可以说集古代文化的大成。同时，他并转化了传统的价值观念，创发了新的价值观念，所以他才真正可以说是后来文化的源泉。"[1] 孔子删订了六经，赋予了六经以全新的价值与意义，成为秦汉以后最重要的文化经典，中华文化的精神也随之产生。可以说，没有孔子就没有后来的十三经，更没有后来的经学、儒学。十三经形成之后，在中国古代风靡了两千多年，成为了中华民族精神文化的根本所在。

三、十三经的价值

十二经影响了两千多年的中华文化与文明。十三经之所以如此重要，主要源于其内在的思想和所宣扬的普世价值。十三经的思想适合中华民族繁衍生息的环境，适合中国古代的王权体制和社会生活，因此经久不衰、生生不息。今人姜广辉先生总结认为：

> "经"是历史上被称作"圣人"的先觉者为人们所制定的思想准则和行为规范。从本质上说，"经"体现一定民族的价值观和生活方式，其作用在于维持社会的整体性和相对的一致性，使某种社会化的生活方式能进入一种良性循环的状态，并在此社会化生活中培养人们应有的高尚道德和精神内涵，从而成为增强其民族凝聚力的文化精神。[2]

十三经在古代被作为求学问道的必读书目，是科举考试的必考内容。如果违逆十三经，古人认为是"离经叛道""荒诞不经""数典忘籍"。十三经中有很多思想贯穿古今深植于中华民族的精神内核，如仁爱、诚信、礼让、孝道、恪敬职守、尊老爱幼、民本思想，等等。

---

① 徐复观：《徐复观论经学史二种》，上海书店出版社 2006 年版，第 29 页。
② 姜广辉主编：《中国经学思想史》第一卷，中国社会科学出版社 2003 年版，第 21 页。

清代阮元校刻《十三经注疏》

　　大体而言，十三经的价值各有特色。

　　《周易》本来是占卜之书，在古代问卜、风水、炼丹等命理之学非常盛行，其理论来源一般都是《周易》。最主要的是，《周易》经过孔子《易传》的阐发，从占卜的书籍转变为哲学经典，为中国古人提供了认识宇宙自然、社会人生的诸多理论。例如，宇宙自然是怎么产生的？《周易》认为"一阴一阳之谓道"，即由阴阳两种气体相互激荡、反应而产生了万物。阴阳观念成为古人认识世界的一种方法，其实阴阳就是事物的两个方面，如天地、男女、父子、君臣、善恶、好坏、冷暖等。另外，《周易》还介绍了如何修身、如何治国。在《周易》中讲到，人无论是想要逢凶化吉，还是建功立业、有所成就，都必须修德，提升自己的道德品行，这样才能成就自我。实际上，《周易》的功能远不止这些。它甚至成为中国一切思想文化的源头，正如四库馆臣所言："《易》道广大，无所不包，旁及天文、地理、乐律、兵法、韵学、算术以逮方外之炉火，皆可援《易》以为说，而好异者又援以入《易》，故《易》说愈繁。"① 可以说，上到天文地理，下到人生处世都有《周易》的影子，《周易》是中华文化的源头与根本所在。

　　《尚书》作为我国最早的官方文献档案，其中蕴含的很多治政思想，如王权神授、以德治国、以人为本、阴阳五行等，对中国古代政治影响非常深远。《尚书》强调万事万物来源于上天的恩赐，"天"是万物的起源与根

---

① （清）永瑢等：《四库全书总目》卷一《易类序》，中华书局 1965 年版，第 1 页。

本，如孔子曾说"死生有命，富贵在天"；古代皇帝的诏书常作"奉天承运，皇帝诏曰"，以表明皇权的地位和命令是上天的意志；又如《水浒传》中的梁山旗号"替天行道"。中国古代的天与西方文明的上帝具有相似性。到了宋代，将宇宙本源由"天"改成了"理"，天理就是万物的本源和价值依据，古人常说天理何在？我们现在也常说有没有理，讲不讲理，即是受古人影响。

《尚书》对中国古代最大的影响是以德治国的思想，在传统的政治学说中"以德治国"是核心，它要求君主不但要提升自己的道德品质，作为臣子和百姓也要提升自己的道德水准。其基本的要求便是要爱人，作为君主要爱护百姓，作为百姓要相互爱护。在传统史书中，"道德"就是评价君主贤明与否最重要的标准。直到今天，我们仍常常强调"以人为本""以德治国"，注重构建和谐的社会环境。

另一方面便是阴阳五行学说，这是在《周易》阴阳学说的基础上发展而来的。阴阳五行学说认为，阴阳二气产生了金、木、水、火、土五种物质，五种物质构成了宇宙中的各种生物。阴阳五行之间是可以相互转化的，阴可以变成阳，阳可以变成阴，金、木、水、火、土相生相克。战国时期齐国的邹衍，发展了阴阳五行说，提出了"五德终始说"。他认为夏代是木德，商代是金德（金伐木，即金克木），周代是火德（火融金，即火克金），而代周的是水德（水灭火），后来秦代建立后，就自认为是水德。黑色代表水，故秦代服色尚黑。黑色感观上是较为压抑的颜色，而秦代为政苛繁，恰恰解释了秦因暴政短命而亡的历史命运。可以说，中国古代的政治学、天文学、气象学、化学、算学、音乐、医学、堪舆学等就是在这个原理和基础上发展起来的。例如，汉代董仲舒就利用阴阳五行说解释《春秋》，建构了自己天人感应的理论体系，中医经典《黄帝内经》也利用阴阳五行说来解释病症与实施治疗。

邹衍像

《诗经》是周代形成的诗歌总集，反映西周初年到春秋中叶社会情况。《诗经》对于中国古代的影响很大，其中"赋诗言志"便是重要体现。

在春秋时期，人与人之间强调礼仪，交谈时都要先说一段《诗经》经文，来委婉地表达自己的意思。《诗经》在春秋时期的社会交往中非常重要，所以"不学诗，无以言"①，即不学习《诗经》，就不知道该如何和别人交往。

《诗经》是中国古代最重要的经典之一，是中国传统文学的源头，在文学发展史上具有重要的价值。正如冯天瑜先生所言："《诗经》是一部从内容到形式都富于首创性的文学杰作，它的思想倾向与艺术风格影响后世文学至深，一部中国文学史，可以说是在《诗》的导引下得以发展的。"②《诗经》丰富细致的语言形式与思想内容，直接影响了后来的汉乐府、建安诗、唐诗、宋词以及元杂剧和明清小说的发展。

《诗经》中百分之六十以上都是表达感情的内容，其思想感情的表达方式对后世影响非常大。如《诗经·鄘风·柏舟》：

> 泛彼柏舟，在彼中河。髧彼两髦，实维我仪。之死矢靡它。母也天只！不谅人只！
> 泛彼柏舟，在彼河侧。髧彼两髦，实维我特。之死矢靡慝。母也天只！不谅人只！③

这首诗讲的是，一位年轻的女子喜欢上了还没有加冠的男子，但是她的选择并没有得到自己母亲的同意，于是她就发誓宁死也要和这位男子在一起，并怨恨自己母亲不能体谅自己的内心。

《诗经》中这种对爱情执着的精神在后来的文学体裁中，也得到了继承和发展。《汉乐府·饶歌·上邪》便是如此：

> 上邪！我欲与君相知，长命无绝衰。山无陵，江水为竭，冬雷震震，夏雨雪，天地合，乃敢与君绝！④

诗中描写了一位痴情女子对爱人的热烈表白，女子对天明誓要和自己心爱的

① （春秋）孔子撰，杨伯峻、杨逢彬注译：《论语·季氏》，岳麓书社 2000 年版，第 162 页。
② 冯天瑜：《中华元典精神》，上海人民出版社 2014 年版，第 35 页。
③ 高亨注：《诗经今注》，上海古籍出版社 2009 年版，第 79—80 页。
④ （宋）郭茂倩编撰：《乐府诗集》，上海古籍出版社 2016 年版，第 228 页。

人白头偕老、永远在一起，将主人公对爱情至死不渝的精神表现得淋漓尽致。与《诗经·鄘风·柏舟》相比，思想感情表达得更加深刻。所以我们说，从《诗经》到《汉乐府》，其中所蕴含的情感精神一直传承不断，并随着时代的发展而得到了进一步的强化。

"三礼"，即《周礼》《仪礼》《礼记》，主要是古代的礼仪规范。我们常说不以规矩不成方圆，中国古代非常强调礼制，作为礼仪之邦，礼仪在政治、思想、文化、道德、伦理、宗教、艺术、文学、史学、哲学等多个领域都有直接的影响，研究中国古代历史与文化就必须研究礼及其所代表的文化体系。

"三礼"最重要的作用是为社会各阶层提供行为规范，《周礼》主要是从大的方面介绍国家礼制，而《仪礼》《礼记》主要从具体的方面，如祭祀祖先、治理国家、交往交际、婚姻家庭、日常生活等方面，作出具体的规定和解说。例如，关于餐饮的规定，《礼记·曲礼》中记载：

> 共食不饱，共饭不泽手。毋抟饭，毋放饭，毋流歠，毋咤食，毋啮骨，毋反鱼肉，毋投与狗骨，毋固获，毋扬饭，饭黍毋以箸，毋嚃羹，毋絮羹，毋刺齿，毋歠醢。客絮羹，主人辞不能亨。客歠醢，主人辞以窭。濡肉齿决，干肉不齿决，毋嘬炙。卒食，客自前跪，彻饭齐，以授相者。主人兴，辞于客，然后客坐。①

可见，当时对宴饮礼仪有非常细致的规定，古人之所以如此要求，乃是认为饮食的礼节是一切礼仪的开始。《礼记·礼运》就说："夫礼之初，始诸饮食"②。除了饮食之外，还有出行、祭祀、结婚、宴请等都有非常细致的礼仪规定。正是因为在商、周时期有一套非常系统的礼仪规范，所以在当时中原的人看来，只有华夏之人才是懂礼的文明人。而生活在周边的部落没有礼仪，是野蛮人，所以被称为东夷、西戎、南蛮、北狄，这种称谓是一种文化上的歧视。礼仪被当时的人看成是区分人和动物、文明与野蛮人的重要标

① （汉）郑玄注，（唐）孔颖达疏：《礼记正义》卷二《曲礼上》，李学勤主编：《十三经注疏》标点本，北京大学出版社 1999 年版，第 61—63 页。
② （汉）郑玄注，（唐）孔颖达疏：《礼记正义》卷二十一《礼运》，李学勤主编：《十三经注疏》标点本，北京大学出版社 1999 年版，第 666 页。

东汉二桃杀三士画像石

春秋时期宴会礼仪严格，贵族极为重视仪态。著名的二桃杀三士即是春秋时期的著名宴会。此事最早见于《晏子春秋·内篇谏下·第二十四》。齐景公有三员大将，公孙接、田开疆、古冶子。他们战功彪炳，但恃功而骄，晏婴为消除祸患，建议齐景公早除掉三人。于是，齐景公设宴召见三人，席间赏赐三人两颗桃子，让其论功取桃，结果三人因此在席间发生争执，最终都弃桃自杀。

准，《礼记·冠义》中就说："凡人之所以为人者，礼义也。"①

《春秋》三传，以现代学科分类看属于史书，但在古人看来却是哲学类书籍，是孔子政治思想最重要的体现。《春秋》三传实际上是以历史叙述的形式，或者说以具体的历史事实来表达深刻的政治思想与哲学观点。

《春秋》三传在中国古代影响非常大。传统编年体史书，如《左传》《资治通鉴》及历朝实录等，都是根据《春秋》体例编纂而成的，无论是在指导思想、编纂形式还是内容选择上都受到《春秋》的直接影响。二十四史虽是纪传体，但实际是《尚书》《春秋》的混合体。《春秋》的写作手法，被称为"春秋笔法"，是传统治史首推的叙述方式和写作风格。《春秋》三传对后世史学评论的影响也很大。《左传》作者左丘明通过"君子曰"抒发评论，首创"史""论"结合的体裁，后司马迁《史记》的"太史公曰"，《资治通鉴》的"臣光曰"，都是效法《左传》而来。有学者认为《左传》"君子曰"开启了史学评论的途径。

《论语》是孔子弟子和再传弟子所编，记述孔子的言行和思想。孔子的

---

① （汉）郑玄注，（唐）孔颖达疏：《礼记正义》卷六十一《冠义》，李学勤主编：《十三经注疏》标点本，北京大学出版社1999年版，第1614页。

思想主要是仁和礼两个方面,仁是内在本质,礼是外在体现,正如一个硬币的两方面。通过孔子和弟子的对话,即语录体,反映孔子的政治思想、教育思想、哲学思想、伦理思想等。全书内容生动活泼。其中表现出孔子率真性情,如宰予大白天睡觉,孔子就很坦诚地比喻其为粪土与朽木。

> 宰予昼寝。子曰:"朽木不可雕也,粪土之墙不可圬也;于予与何诛?"子曰:"始吾于人也,听其言而信其行;今吾于人也,听其言而观其行。于予与改是。"①

总体来看,《论语》是孔子思想最集中的体现,是学习和研究儒学思想的首要必读经典。

讲究孝道,是中华民族的优良传统。孝道影响不仅贯穿整个传统社会,也成为品评人物德行重要的标准,民间有"百善孝为先"之说,朝廷更是强调"以孝治天下"。《孝经》是十三经中最短的一部,共有1799字,但古代上到皇帝,下到百姓无不高度重视。例如,汉代以孝治天下,皇帝的谥号都有"孝"字,如孝文帝、孝武帝、孝庄帝等。精通《孝经》的人可以做官,孝顺父母的人可以通过"举孝廉"做官。在古代看来,对父母孝顺的人,意

---

① (春秋)孔丘撰,杨伯峻、杨逢彬注译:《论语·公冶长》,岳麓书社2000年版,第39页。

味着对朝廷忠心，因此忠孝两全成为古代评价人物的重要标准。

讲究孝道可以说是中国古代最普遍和重要的道德品质，元代人所编的《二十四孝》，在中国古代影响非常大，民间流传极广，现在很多历史古迹都有相关体裁的石刻或画作。比如有汉文帝亲尝汤药、郭巨埋儿奉母、董永卖身葬父、姜诗涌泉跃鲤、陆绩怀橘遗亲等等。蒙学读物《三字经》《弟子规》中都有孝顺父母的内容。不仅儒学，其影响还波及道教、汉传佛教等宗教领域。佛教也讲孝顺父母，不孝顺父母，就是对佛的不敬。可以说，孝道是天下第一义，没有孝道，就没有传统的天下观。

《尔雅》在晚唐时期升格为经书，在十三经中是形式比较特殊的一部经书。它是我国古人阅读古文献、通晓方言、辨名识物的工具书，是对上古以来的古字、古词进行解释的一部综合性辞书。

《尔雅》对于研究《诗经》《尚书》以及先秦时期的典籍很有帮助，如有关先秦时期的疾病就有多种，《释诂》中就说：

> 痡、瘏、虺颓、玄黄、劬劳、咎、悴、瘏、瘉、鳏、戮、癠、瘵、悝、痒、疧、疵、闵、逐、疚、痗、瘥、痱、瘅、瘵、瘼、瘽，病也。①

以上这些词语都表示各种病态，或非健康的状态，古人关于疾病的种种描述，状态不同，用词也不同，不同的语言所表达的感情色彩也有所不同，《尔雅》汇集的上古疾病的各种词语，对于了解古代语言的演变与词意有重要的价值与意义。

孟子是儒家最重要的代表人物之一，其主要发扬了孔子"仁"的学说，提出了性善论，即性本善。认为人从一出生就是善良的，兼有仁义礼智信，所以要扩展这种善良与爱心，尤其是君主要推行仁爱，最终建立仁政。孟子的思想在宋代以后影响非常大，《孟子》思想也成为宋、元、明、清时期的主流政治纲领。《三字经》第一句"人之初，性本善"，就是孟子学说的集中体现。

总的来说，由六经演变而成的十三经，主导和影响了中国历史文化两千

---

① （晋）郭璞注：《尔雅·释诂下》，上海古籍出版社 2015 年版，第 11 页。

清乾隆"十三经石刻"，现藏北京孔庙和国子监博物馆

多年，深入传统社会的政治理念、人文精神、文化教育的各个层面，最终成为中国传统文化的核心和主体。当然，十三经在不同的历史时期，地位与所发挥的作用是不同的。如汉代董仲舒借助阴阳五行学说对《春秋》进行解释，并建构了天人感应的思想体系，《春秋》学由此成为汉代经学的核心。在魏晋南北朝时期，经学玄学化，《周易》成为学术的重心所在，很多学者借助《周易》来阐发宇宙自然的形而上学。在宋代，为应对内忧外患，《春秋》学一度成为显学，当时儒者出于应对佛老之学的挑战及重建新儒学思想体系的需要，开始借助《周易》、四书来建构新的儒学思想体系，《易》学、四书学由此成为宋代经学的核心。宋以后，四书学和《易》学一直影响甚大。到了清代，随着经学考据的兴起，五经再一次成为经学研究的核心，到了清代中后期，《春秋》学又一度成为显学。总而言之，随着不同时代社会政治需要的变化，人们对于经典的依赖也有所不同，这就使经学的发展重心随着时代而改变，儒学也随着经学的不同诠释而展现为不同的形态，经学的不同形态成为各个时代最为核心的学术思想，也是最为核心的价值体系。

《周易》

《周易》是中国古代最古老且奇特的经典，由符号和文字两部分组成，起源是用于占卜的书籍，但是经过孔子的重新整理、解释后，成为一部内容深厚的哲学著作。内容包含《经》和《传》两部分，《经》主要是六十四卦和三百八十四爻，《传》是对《经》最早的解说，相传为孔子所作。《周易》因为哲理深厚，在汉代被学者列在《诗经》《尚书》《春秋》等经典之前，成为群经之首。这样就改变了春秋时期六经的排列顺序，先秦时期一般以诗、书、礼、乐、易、春秋的排序，汉代则变为易、诗、书、礼、乐、春秋。《周易》成为中国古代哲学思想的源头和理论基础，清代《四库全书总目》的序言中就评价说"《易》道广大，无所不包"①。

今天流行的《周易》文本只是古代《易》的一种，相传《易》有《连山》《归藏》《周易》三种②。一般认为，《连山》形成于夏代，《归藏》形成于商代，而《周易》形成于周代。当然也有三《易》并存于周代的说法。"周易"的"周"，一般解释为周代的意思，比较流行的说法还有"周遍"的意思。"周易"的"易"有三种意思，第一种是"易"，就是简易，天地自然的法则其实很简单，可以用八卦来推演；第二种是"变易"，用六十四卦来表明天地自然万物随时在变化之中，永无止息；第三种是"不易"，就是说天地自然万物尽管错综复杂，但是有规律可循。

三《易》的基本区别，首先是形成时代不同。其次是三个文本的开头一卦不同，《连山》开头一卦是"艮"卦，表示连山绵绵；《归藏》开头一卦是"坤"卦，表示万物都从大地上产生；而《周易》开头一卦是"乾"，表示万物产生于上天。再次就是六十四卦的名称有所不同。

也有学者认为，《周易》是周文王在夏代《连山》、商代《归藏》两种《易》

---

① （清）永瑢等：《四库全书总目》卷一《易类·序》，中华书局 1965 年版，第 1 页。

② （汉）郑玄注，（唐）贾公彦疏：《周礼注疏》，李学勤主编：《十三经注疏》标点本，北京大学出版社 1999 年版，第 637—638 页。

的基础上建立起来的①。的确，《周易》与周代的占筮息息相关，如《左传》庄公二十二年记载，"周史有以《周易》见陈侯者，陈侯使筮之"②；昭公五年，"庄叔以《周易》筮之"③；哀公九年，"阳虎以《周易》筮之"④。这都说明在春秋以前，《周易》被视为占筮之书。相比较而言，《左传》几乎没有提及《连山》《归藏》。后来，随着时间的流逝，《连山》《归藏》都相继亡佚了，只留存下《周易》。《连山》《归藏》今天仅有后人的辑佚本。

今本《周易》由两部分组成，第一部分是《易经》，是由卦、爻两种符号和卦辞（解释六十四卦）、爻辞（解释三百八十六爻）两种文字构成，基本上就是用来占卜的。第二部分就是孔子所作的《易传》，主要阐发《易经》哲理的。它一共有"七种十篇"：分别是《彖传》上下（解释每一卦的整体意义）、《象传》上下（解释每一个卦象的文字）、《系辞》上下（解释整个《周易》经文哲学思想的）、《文言》（专门阐发乾坤两卦卦意的）、《序卦》（解释六十四卦排行顺序）、《说卦》（解释卦爻来历和象征意义的）、《杂卦》（解释六十四卦卦名和卦意的）。这七种十篇，一般都被称为"十翼"，即辅助理解和解释《周易》经文的文字。

在先秦时期，经文和传文是彼此独立的，没有像今天一样合并在一起。如西晋太康二年（281年），出土的战国魏襄王墓中的竹简《周易》，只有经文上下篇，没有传文。1972年长沙马王堆汉墓出土的帛书《周易》，除了有经文上下篇之外，开始有少部分《传》附在经文之后。需要注意的是，马王堆汉墓帛书《周易》，其卦名、卦的顺序与今本有所不同；另外，《易传》中虽有《系辞传》，但内容与今本有差别；同时，《易传》中也没有《彖传》《象传》《文言传》，却另有《要》《昭力》等三篇。可以说，今本《周易》经传文本，

---

① 周山：《周易解读》，上海辞书出版社2011年版，第20页。周山先生认为，周文王不仅在《连山》《归藏》的基础上对卦名、卦序作了修订，还对各卦的卦爻辞进行了重新整理和编写。比如将《归藏》的"兼"改为"谦"，将"称"改为"升"，将"大毒畜"改为"大畜"，等等。

② （晋）杜预注，（唐）孔颖达疏：《春秋左传正义·庄公二十二年》，李学勤主编：《十三经注疏》标点本，北京大学出版社1999年版，第269页。

③ （晋）杜预注，（唐）孔颖达疏：《春秋左传正义·昭公五年》，李学勤主编：《十三经注疏》标点本，北京大学出版社1999年版，第1212页。

④ （晋）杜预注，（唐）孔颖达疏：《春秋左传正义·哀公九年》，李学勤主编：《十三经注疏》标点本，北京大学出版社1999年版，第1651页。

马王堆汉墓出土帛书《周易》

与先秦时期出现的很多传本，在结构、卦名、卦序等方面有所不同，今本《周易》只不过是先秦时期众多传本中的一种。

正是因为先秦时期经文、传文分开流传，所以秦始皇焚书坑儒，用来占卜的《易经》，没有遭到焚烧。而《诗经》《尚书》《春秋》等经典因为与政治有直接的关系，遭到了焚毁，以至于到了汉代残缺不全。

《周易》经文、传文开始合在一起是在西汉。西汉古文经学家费直最先用《易传》来解读《周易》。到了东汉末年，古文经学家郑玄首次将《彖传》《象传》与经文六十四卦卦爻辞分别编排在一起，即在每一卦的后面附上"彖曰""象曰"。曹魏时期的王弼作《周易注》，在费直、郑玄的基础上，将《周易》经文与传文做了进一步的编排；即将《序卦》放在每一卦的前面，说明六十四卦为什么这样排列；将《文言》放在乾坤两卦的后面，进一步阐发乾坤两卦所蕴含的深厚哲理；另将《系辞》《说卦》《杂卦》放在后面，由此最终奠定了后世《周易》文本的基本形式。后来，晋人韩康伯继续注解《易经》所用的都是郑玄、王弼的版本。唐代初年，孔颖达主编《五经正义》，其中《周易正义》也是在王弼、韩康伯的基础上进行。即使是宋代程颐，其《程氏易传》用的也是王弼的本子。我们今天用的《周易》通行本，也是郑玄、王弼、孔颖达等人的注释本。

一、《周易》经传的成书

《周易》成书很早，古人一般都认为组成《周易》的八卦是由中国神话传说人物伏羲发明的。伏羲是中国传世文献中记载的最古老的王。相传他人首蛇身，他母亲踩了一个巨人的脚印，有所感应之后怀孕 12 年，才将其诞下。后来，人间洪水泛滥，吞没了整个人类，只有伏羲和他的妹妹女娲活了下来。为了繁衍后代，于是兄妹结婚，由此成为中华民族最古老的祖先。当然，这只是传说，就像盘古开天辟地一样，是被后人虚构出来建构历史的。不仅中国如此，世界上每个民族都有自己的创世神话，如西方国家有上帝造人说。

相传伏羲天资聪明，智慧超常，对各种事情都很好奇。他利用简单的符号来描述当时的宇宙自然与人类社会，这就是八卦的产生。对于伏羲画八卦，《易传·系辞》记载：

> 古者包牺氏之王天下也，仰则观象于天，俯则观法于地，观鸟兽之文，与地之宜，近取诸身，远取诸物，于是始作八卦，以通神明之德，以类万物之情。[1]

这句话中的包牺氏，又作伏羲氏、宓羲氏、庖羲氏、包羲氏、伏戏氏等。意思是：上古的时候，伏羲做了天下的大王之后，抬头观看天象（即星相学），低头考察地理（即风水堪舆学）。观察飞鸟走兽的肤色花纹等各种动物鸟类的情况。考察各种土壤及所生长的不同植物动物。根据远近不同的及物画八卦。总而言之，伏羲所画的八卦是天地自然万物的体现。

八卦的每一个卦都由阴阳两种符号组成，这两种符号叫作爻。"——"代表阳爻；"— —"代表阴爻。为什么要画成这样，有很多种观点，比如结绳记事说，没有绳结的地方就表示阳爻，有绳结的地方表示阴爻；郭沫

伏羲像

---

① （魏）王弼注，（唐）孔颖达疏：《周易正义》卷八《系辞下》，李学勤主编：《十三经注疏》标点本，北京大学出版社 1999 年版，第 298 页。

若的生殖崇拜说，阳爻、阴爻分别象征男女的生殖器①；还有张政烺先生的数字卦，认为阴阳两爻来源于数字的演变；等等。无论如何解释，阴、阳两爻就是事物的两种展现形式，具有很强的象征意义，如天地、黑白、男女、父子、夫妇、冷热、胖瘦、高矮、动静、中外等。总之，阴阳两爻就是表示事物不同状态的对立和统一。

阴阳两爻三个一组，相互重合，组成了八卦，分别是乾、坤、震、巽、坎、离、艮、兑。古人为了方便记忆编有口诀：

> 乾三连，坤六断；震仰盂，巽下断；
> 坎中满，离中虚；兑上缺，艮覆碗。

八卦的每一个卦都有象征意义，如性别、属性、季节、动物、器官等，这在《说卦传》中有明确的记载。乾卦象征天、父亲、马、人头、西北方向等。不仅如此，八卦还有一定的属性、性质或品格（或古人所说的卦德），《说卦传》中说："乾，健也；坤，顺也；震，动也；巽，入也；坎，陷也；离，丽也；艮，止也；兑，悦也。"总而言之，八卦表达了古人对宇宙自然界、人类社会的认识，古人在占卜算命时，即根据这些象征意义来测算。这就是早期八卦的形成，之后就有了六十四卦。

对于六十四卦和《易传》的形成，后来《史记》《汉书》根据《系辞传》都作了非常细致的描述。如《史记》说："昔西伯拘羑里，演《周易》"②，"其（西伯）囚羑里，盖益《易》之八卦为六十四卦"③。司马迁认为伏羲画八卦之后，传到了周代，周文王因为"不臣"被商纣王囚禁在羑里（今河南汤阴县一带）。在羑里期间，将八卦两两相重推演为六十四卦。同时还将六十四卦分为上下两篇，其中上篇三十卦，下篇三十四卦，并分别撰写了卦爻辞，以表示吉凶祸福。

---

① 郭沫若在其《周易时代的社会生活》一书中说道："八卦的根柢我们很鲜明地可以看出是古代生殖器崇拜的孑遗。画一以象男根，分而为二以象女阴，所以由此而演出男女、父母、阴阳、刚柔、天地的观念。"郭沫若：《周易时代的社会生活》，收录于《民国丛书》第一编（76），上海书店出版社 1989 年版，第 236 页。

② （汉）司马迁：《史记》卷一百三十《太史公自序》，中华书局 1963 年版，第 3300 页。

③ （汉）司马迁：《史记》卷四《周本纪》，中华书局 1963 年版，第 119 页。

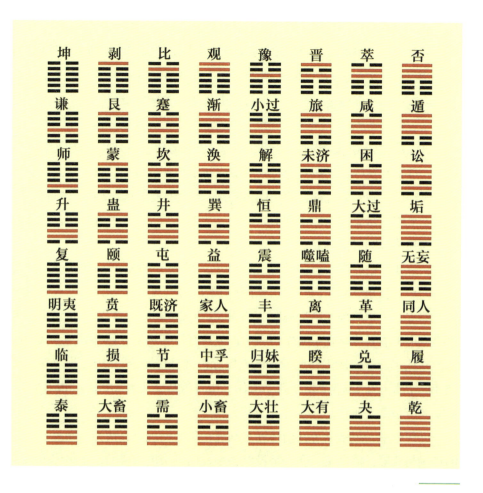

六十四卦

在周代很长一段时间内，《周易》六十四卦都被用来占卜。到了春秋时期，孔子鉴于世道衰微、礼崩乐坏，于是整理六经，希望传承和弘扬西周的礼乐文化。他对《周易》非常重视，曾经反复研读《周易》，把编排《周易》竹简的牛皮绳子都磨断了好多次，留下了"韦编三绝"的成语。后孔子作了《易传》十篇，以解释《易经》所蕴含的哲理，完整的《周易》由此形成。班固《汉书·艺文志》记载：

《易》曰："宓戏氏仰观象于天，俯观法于地，观鸟兽之文，与地之宜，近取诸身，远取诸物，于是始作八卦，以通神明之德，以类万物之情。"至于殷、周之际，纣在上位，逆天暴物，文王以诸侯顺命而行道，天人之占可得而效，于是重《易》六爻，作上下篇。孔氏为之《彖》《象》《系辞》《文言》《序卦》之属十篇。故曰《易》道深矣，人更三圣，世历三古。及秦燔书，而《易》为筮卜之事，传者不绝。[1]

班固《汉书·艺文志》的观点，其实就是对《易传·系辞》、司马迁《史记》观点的继承和发挥，进而对《周易》的形成作了细致的说明。班固认为《周易》的形成经历了漫长的过程，即：上古时期，伏羲创造了八卦；到了中古时期，周文王又将八卦推演为六十四卦，并为六十卦作卦爻辞；近古时期，孔子晚年作《易传》"七种十篇"。

从宋代开始，有学者怀疑《周易》成书的说法，如欧阳修在他所写的《易童子问》中指出，《易传》中的《系辞》《文言》《说卦》等篇目中有前后矛盾的地方，于是认为《系辞》《文言》《说卦》《序卦》《杂卦》不是出于一人之手，也不能看成是孔子所作。当然，他没有怀疑《彖传》《象传》，认为此两种是孔子所作。欧阳修之后，清人姚际恒《易传通论》、康有为《新学伪经考》等都认为《易传》不是孔子所作。康有为甚至认为《序卦》《说卦》《杂卦》三篇是汉人所作。

近代以来，很多学者开始怀疑司马迁、班固的观点，认为《周易》经传的形成与伏羲、周文王、孔子都没有关系，而是历史形成的，是集体智慧的结晶。比较有代表性的如郭沫若在《周易之制作年代》中说，八卦并非作于伏羲，而是既成文字的诱导物，它们的构成年代不能出于春秋以前。《周易》非文王所作，孔子和《周易》也没有关系。《周易》古经的作者是孔子的再传弟子馯臂子弓，时代约当春秋末或战国初。《易传》形成于秦汉间，作者无法确定。又如李镜池先生就认为："《易经》卦、爻辞是编纂成的，有编者，姓名失传，可能是周王室的一位太卜或筮人，即《周礼·春官·宗伯》所说'掌《三易》'的人。编纂时间约在西周中后期。《易传》七种十篇（《十翼》）作者不是一个人，姓名不可考，从内容思想看，可以推定出于儒

---

[1] （汉）班固撰，（唐）颜师古注：《汉书》卷三十《艺文志》，中华书局1964年版，第1704页。

家后学之手。写作时期，约在战国后期到汉初。"① 再如高亨先生在其《周易古经今注·周易琐语·周易古经的作者与时代》中说："《周易》古经，盖非作于一人，亦非著于一时也。"②"《周易》古经，大抵成书于周初。其中故事，最晚者在文、武之世。"③ 在《周易大传今注·〈周易大传〉概述·〈周易大传〉之作者与时代》中又说："《易传》七种大都作于战国时代"，"《易传》七种不出于一人之手"。④

就《周易》经文来看，即六十四卦及卦爻辞。首先，普遍认为《易经》发源于商周之际的祭祀占卜。《周礼·春官·太卜》记载，太卜"掌三《易》之法，一曰《连山》，二曰《归藏》，三曰《周易》。其经卦皆八，其别皆六十有四"。⑤ 当时掌管占卜的太卜、太祝、太史等，将每次《周易》占卜的结果都记录下来，并进行分析总结，将应验的卜辞挑选出来，作为以后占卜的参考依据。经过常年的积累与传承，最终形成了《易经》六十四卦。可以说，《易经》是当时商周之际王室祭祀占卜结果的总结，成书于巫觋之手，年代应在西周时期。1929 年，顾颉刚在其《周易卦爻辞中的故事》一文中，通过对《易经》中王亥丧牛于易、高宗伐鬼方、帝乙归妹、箕子之明夷、康侯用锡马蕃庶等历史事实进行考证，认为《周易》经文卦爻辞"著作年代当在西周初叶"⑥。其次，关于《易传》，学者一般认为并不是孔子所作，而是战国时期很多儒家学者对《周易》研究的汇集。不仅如此，很多学者还就《易传》各篇的成书作了细致的分析与研究，提出了不同的观点⑦。甚至 20 世纪 80 年代，有学者认为《易传》乃是道家的作品。

近代以来的这些观点是否正确，还有待深入研究才能最终确定。《周易》

① 李镜池：《周易探源》，中华书局 1978 年版，第 153 页。

② 高亨：《周易古经今注》，中华书局 1984 年版，第 10 页。

③ 高亨：《周易古经今注》，中华书局 1984 年版，第 12 页。

④ 高亨：《周易大传今注》，齐鲁书社 2009 年版，第 4 页。

⑤ （汉）郑玄注，（唐）贾公彦疏：《周礼注疏·春官宗伯下》，李学勤主编：《十三经注疏》标点本，北京大学出版社 1999 年版，第 637—638 页。

⑥ 顾颉刚：《周易卦爻辞中的故事》，载《燕京学报》第 6 期，又载《古史辨》第三册上编。后来李学勤先生在其《周易探源》一书中对顾颉刚的结论又作了进一步的论证，并认为"经文的形成很可能在周初，不会晚于西周中叶。顾颉刚先生的观点，看来是可信的"。（李学勤：《周易探源》，巴蜀书社 2006 年版，第 18 页。）

⑦ 杨庆中：《周易经传研究》，商务印书馆 2005 年版，第 172—189 页。

经文成书于掌管占卜的太卜、太祝、太史的观点较为可信，但怀疑孔子没有作《易传》，这个观点太过于武断。

一是古代的传世文献证明了孔子与《周易》有直接的关系，《论语》《史记》《礼记》等文献都记载了孔子和《易传》有直接的关系。

二是近年出土的文献也证明孔子曾经作过《易传》。如1972年12月出土的长沙马王堆三号汉墓的帛书《周易》中，就有一篇《要》的文章记载了晚年的孔子对《周易》进行钻研的情况："夫子老而好《易》，居则在席，行则在橐。"[①] 这里的"橐"是口袋的意思，古代一般都用来装书。强调晚年的孔子，无论是坐卧起居，都随身带着《周易》，以便随时研究。这个记载与《史记》"孔子晚而喜《易》……读《易》，韦编三绝"[②] 意思相近，说明孔子晚年对《周易》非常痴迷，并编纂了相关的著述。

总而言之，无论是从传世文献来看，还是从出土文献来看，孔子都曾经作过《易传》。现代学者徐芹庭经过详细考证也持《易传》为孔子所作的观点。

> 夫《十翼》备极精蕴，发自韦编三绝之后，非孔子之所赞述，孰能参赞羲文之经，如此其至者乎，纵非孔子所自订，亦必七十子之徒所记闻于夫子之言，而辗转相传以笔录成书者……况《系辞》《文言》多言子曰者，或为后人所加，或为七十子之徒所整理，要之，其为夫子之言一也。且非夫子，谁能具此造化之笔哉？[③]

徐芹庭先生认为，《易传》系统地阐发了天地宇宙、人文社会的深刻哲理，这种思想在那个时代只有孔子这样的圣人才可以作得出来。当然，还有很多学者研究也认为如此，这里就不赘述。

至于《文言》《系辞》中为何有"子曰"之语，是孔子后传弟子不断整理《周易》的结果，其实不止《周易》，现存的所有先秦文献都曾经被整理过，并不是原先的旧貌。对此廖名春先生的表述比较合理，"总体说来，《易传》的思想源于孔子，孔子与《易传》有着密切的关系。但战国时期的孔子后学对

---

① 于豪亮：《马王堆帛书〈周易〉释文校注》，上海古籍出版社2013年版，第185页。
② （汉）司马迁：《史记》卷四十七《孔子世家》，中华书局1963年版，第1937页。
③ 徐芹庭：《易经源流：中国易经学史》（上册），中国书店2008年版，第57页。

《易传》各篇也做了许多创造、发挥工作。因此，《易传》的作者主要应是孔子及其后学。"① 实际上，《易传》的成书模式，是先秦时期的基本模式。《孝经》《左传》《尚书》《诗经》等都有原本和今天定本的过程。所以，我们认为，孔子曾经撰写过《易传》原本，后来又经过儒家后传弟子的编辑，形成了今天的文本，但《易传》基本上还是孔子本人的思想。

以上就是《周易》经、传两部分形成，其中最值得关注的是三个人，首先是伏羲，创画八卦，通过简单的符号来表示宇宙自然、人类社会复杂的存在与哲理；其次就是周文王，将八卦推演为六十四卦，并写了卦爻辞，使《周易》开始变成一部实用的书籍，即可以用来占卜天命，服务人事；再次就是孔子，作《易传》，使得《周易》由一部占卜之书，转化为一部深厚的哲学著作。从此以后，越来越多的学者研究《周易》，并利用《周易》来理解整个宇宙社会的起源、规律等，从而奠定了中国古人基本的宇宙观、社会观和人生观。后世的很多学者也借助《周易》阐释自己的观点和理念，使传统思想文化不断产生新的发展，例如，魏晋玄学、宋明理学的形成。这些对我国传统思想文化的发展都起到了至关重要的作用。

二、易学简史

《周易》作为十三经之首，得到了历朝历代的重视，研究者不计其数。有人统计，从先秦两汉以来，有关《易》学的研究著述有三千多种，历代为《周易》作注的有一千多家，形成的文献达百万卷之多。历代君主、士大夫乃至民间百姓都非常重视《周易》，或者利用其卜算吉凶，或者用其建构新思想、发展新学说。

《周易》研究的历史非常早，可以说自其产生便开始。如果从《史记》《汉书》的记载来看，最早的研究者可以说是周文王，他将象形符号变成了可以占卜的工具书，并作了卦爻辞(还有一种说法，说周文王作卦辞，周公为《周易》经文作了爻辞)。到了春秋时期，孔子撰写了《易传》一书，使《周易》变成了一部哲学著作。这里的《易传》只能看成是今本《易传》的前身，还不是今本，今本《易传》经历了后世儒学弟子的编辑最终形成。总的来看，在先秦时期，伏羲、周文王、周公和孔子在《周易》历史上作出了里程碑

---

① 廖名春：《〈周易〉经传十五讲》(第二版)，北京大学出版社 2012 年版，第 201 页。

洞曉其始末而得瑕疵非但攄理空談不能中其要
害者比也惟本宋薛季宣之說以河圖為即後世圖
經洛書為即後世地志顧命之河圖即今之黃冊則
未免主持大過至矯枉轉使傳陳摶之學者得
捷經典而反唇是其一失然其宏綱巨目辨論精詳
與胡渭圖書辨惑均可謂有功易道者矣

欽定四庫全書

易學象數論卷一

餘姚黃宗羲撰

圖書一

歐陽子言河圖洛書怪妄之尤甚者自朱子列之本
義家傳户誦今有見歐陽子之言者且以歐陽子為
怪妄矣然歐陽子言其怪妄亦未嘗言其怪妄之由
後之人徒見圖書之說載在聖經雖明知其穿鑿傳會
終不敢犯古今之不韙而黙其非中間一二大儒亦

黄宗羲《易学象数论》书影,《四库全书》本,现藏中国国家图书馆

式的贡献,正如古人总结所说:"伏羲制卦,文王卦辞,周公爻辞,孔子十翼也。"

孔子之后,尤其在秦汉时期,《周易》开始成为群经之首,得到了更多人的关注和研究。《四库全书》对中国古代《易》学的发展历程作了大体的概括:

> 《易》之为书,推天道以明人事者也。《左传》所记诸占,盖犹太卜之遗法。汉儒言象数,去古未远也。一变而为京、焦,入于禨祥;再变

而为陈、邵，务穷造化，《易》遂不切于民用。王弼尽黜象数，说以老
庄。一变而胡瑗、程子，始阐明儒理；再变而李光、杨万里，又参证史
事。《易》遂日启其论端。此两派六宗，已互相攻驳。[①]

四库馆臣将中国古代易学研究分为两大派、六小家。两大派就是象数派
和义理派。象数派注重从卦爻象及八卦所象征的物象来解说《周易》；义理
学派注重从卦名、卦爻辞的意思来分析《周易》。简而言之，象数就是根据
《周易》卦象和数理逻辑来研究；义理则是偏重《周易》的思想和哲理。这
六宗分别是占卜宗、禨祥宗、造化宗、老庄宗、儒理宗、史事宗。六宗其实
就是象数、义理两大派的细化。

> 象数派：占卜宗（先秦、汉儒）、禨祥宗（京房、焦延寿）、造化宗
> （陈抟、邵雍）
> 义理派：老庄宗（王弼）、儒理宗（胡瑗、程颐）、史事宗（李光、
> 杨万里）

四库馆臣的分类尽管客观，但还是比较笼统。下面就《四库全书》所总
结的两派六宗，按照各宗派的时间顺序具体说明。

（一）占卜宗

先秦时期，《周易》主要是用来占卜的，探讨《周易》义理不占主要地位，
春秋孔子之后，开始探讨《周易》义理并进而逐渐形成了"以德代占"的观念。

上古之《易》三种，即《连山》《归藏》《周易》。《周易》只是其中之一。
夏有《连山》，商有《归藏》，说明夏商两代，人们就已经用《易》进行占卜
预测了。

根据晚清以来出土的殷墟甲骨卜辞，我们可以断定，商代占卜活动已经
非常兴盛。当时的商代王室凡事必占，占卜内容涉及到日常生活的各个方
面，包括祭祀、战争、打猎、农业、天象、出行、官员任免、土木工程、婚
丧嫁娶、生儿育女等等。

---

① （清）永瑢等：《四库全书总目》卷一《易类·序》，中华书局 1965 年版，第 1 页。

我今天可以出门祭祀么？

今天下雨么？

这次外出打猎的结果怎么样？

今年是不是风调雨顺啊？

今年的庄稼可以获得好收成么？

我能任命他做太宰么？

今天适合太庙动工么？

哪一天适合迎娶王后？

……

从殷墟卜辞来看，商代王室几乎天天占卜，事事占卜。如果遇重大国事，更是反复占卜发问，不厌其烦。商代王室占卜本身更有象征意义，表明其所做的一切都是上天的安排，人们都必须无条件遵从。可以说，占卜对于商王而言，是统治国家、维护王权的手段，以此强化商王的崇高地位。

西周与商代相比，有了很大的变化。第一，开始淡化天命和占卜，强调敬天修德、以德治国。第二，改变了占卜方式。西周以农业立国，改变了商朝游猎、畜牧为主的生活方式，占卜也改为利用蓍草进行占筮。蓍草是一种长寿草，周人认为蓍草活得长，如同老年人一样，知道的也多，所以利用它来占卜。同时，在国家重大事情上，周人也仍用龟甲。第三，与商人占卜皆听天由命不同，周人更注重人的主观能动性与道德修为。《史记》记载，武王伐纣之前，占卜结果是"凶"，武王和各路诸侯犹豫要不要起兵攻打商朝。这时，姜太公就认为周人以德治国、而商朝失去民心，所以力主伐商，最后武王克商取得了

商代甲骨卜辞。占卜内容为商王武丁占卜妇好生男生女。

胜利。这表明，西周自开国，就更加注重人本身的因素，而开始淡化上天的意志。

春秋时期，利用《周易》占卜还是非常流行。《左传》一书中提到《周易》的有 19 条，其中 16 条关于占筮。这说明，《周易》在春秋时期主要是用来占卜的。只是与以往相比，这个时候的《周易》占卜更加注重人的主观能动性与道德修为。《左传》记载了这样一个占卜实例，被后世研究《周易》的学者经常引用：

> 穆姜薨于东宫。始往而筮之，遇《艮》之八，史曰："是谓《艮》之《随》。随，其出也。君必速出。"姜曰："亡！是于《周易》曰：'《随》，元、亨、利、贞，无咎。'元，体之长也。亨，嘉之会也。利，义之和也。贞，事之干也。体仁足以长人，嘉德足以合礼，利物足以合义，贞固足以干事。然，故不可诬也，是以虽随无咎。今我妇人，而与于乱，固在下位，而有不仁，不可谓元；不靖国家，不可谓亨；作而害身，不可谓利；弃位而姣，不可谓贞。有四德者，随而无咎；我皆无之，岂随也哉？我则取恶，能无咎乎？必死于此，弗得出矣！"①

这段话的大体意思是说，鲁成公的母亲穆姜与鲁国大夫叔孙侨私通，并打算发动叛乱，阴谋推翻鲁成公的统治，让叔孙侨来当国君，但是政变失败了，叔孙侨被驱逐出国，穆姜也被囚禁。这个时候，穆姜感觉自己的生死非常渺茫，于是就用《周易》为自己占了一卦，得到"《艮》卦"，《艮》卦象征着山，其属性有"停止"的意思，所以，预示着穆姜将继续被囚禁。

当时的史官为了安慰穆姜，从变卦的角度作了分析。当时占卦，一般要用蓍草得出两个卦，一个是本卦，一个是变卦。史官认为，尽管穆姜得到的本卦是艮卦，有"停止"的意思，但是变卦是随卦，卦象是"下震上兑"，本身就有走动的意思。卦辞也说"元、亨、利、贞，无咎"，穆姜会大吉大利，没有任何祸患。穆姜也是个明白人，知道谋反属于滔天大罪，不可能那么简单。就从个人的行为和道德出发作了解释，她说尽管随卦的卦辞是"元、

---

① （晋）杜预注，（唐）孔颖达疏：《春秋左传正义·襄公九年》，李学勤主编：《十三经注疏》标点本，北京大学出版社 1999 年版，第 869—871 页。

亨、利、贞，无咎"，是个大吉大利的卦，但这需要美好的德行和符合道义的行为才能"无咎"。而自己作为皇后一来不恪守妇道，二来还与人谋划政变谋反，这从哪个角度来说都不会"无咎"。相反，没有德行反而拥有好卦，看来大祸就要临头了。果然，穆姜就死在监狱里了。

穆姜占卜这个例子表明春秋时期人们对《周易》占卜并非盲目迷信，而是更加注重从道德伦理的高度来分析。说明在春秋时期，占筮本身已经下降到相对次要的位置，人们更加注重自身的道德修为与做事的效果。这种变化有一定社会原因。春秋时期，王权衰微，人们的天命等级观念逐渐淡化，世卿世禄制度也逐渐解体，很多人都可以通过自己的努力来改变命运，不再完全听天由命了。此外，随着官学下移，百姓也可以学习知识文化，于是对宇宙自然、社会人生有了更加深入的认识，改变了过去迷信占卜、迷信上天意志的思想。这反映在负责占卜的巫史祝卜群体的地位下降，占筮决定一切的时代也一去不复返了。

在这种社会文化变迁的大环境下，孔子作为大学者，结合当时人们对《周易》占卜的认识，撰写了《易传》，极力发挥《周易》中的哲学思想，更加强调人的主观能动性与道德修为。马王堆汉墓出土的简帛《易传》就记载：

> 《易》，我后其祝卜矣，我观其德义耳也。幽赞而达乎数，明数而达乎德，有仁（存）者而义行之耳。赞而不达于数，则其为之巫；数而不达于德，则其为之史……吾求其德而已，吾与史巫同途而殊归者也。君子德行焉求福，故祭祀而寡也；仁义焉求吉，故卜筮而希也。祝巫卜筮其后乎！①

在这段话中，孔子清楚地表达了自己的观点，即对待《周易》要注重"观其德义""后其祝卜""吾求其德而已"，更关注道德和礼义，占卦卜筮都是次要的。同时代的老子，也是注重发挥《周易》中的思想，强调阴阳强弱祸福的转化，如他说："祸兮，福之所倚；福兮，祸之所伏。"②

---

① 邓球柏：《帛书周易校释》，湖南人民出版社2002年版，第573页。
② （春秋）李耳著，（魏）王弼注：《老子》第五十八章，上海古籍出版社1989年版，第14页。

春秋以后的儒家，基本上继承了孔子重视《周易》"德义"的观点。比如战国时期的荀子就曾说过："善为《易》者不占。"[1] 就是说，真正了解《易》理的人是不需要占卜的，因其对于天地人之道已经都领悟了，知道该如何发挥主观能动性来逢凶化吉了，不需要外在的心理暗示、听天由命了。从此之后，研究《周易》"德义"成为《易》学发展史上的重要组成部分。

孔子去世后，其《易》学被弟子及再传弟子继承。《汉书·儒林传》记载了孔子《易》学的传承谱系：

> 自鲁商瞿子木受《易》孔子，以授鲁桥庇子庸，子庸授江东馯臂子弓，子弓授燕周丑子家，子家授东武孙虞子乘，子乘授齐田何子庄。及秦燔书，《易》为筮卜之书，独得不禁，故传授者不绝也。[2]

孔子撰写《易传》使《周易》开始由占筮之书转变为探讨伦理、道德、哲学的书籍。孔子之后，《易》学经过弟子的历代承传，历经六代至汉初齐人田何，田何就是汉代《易》学的祖师。

田何又将《易》学传给了杨何，杨何又传给田王孙。田王孙又传给了施雠、孟喜、梁丘贺。孟喜又传给了焦延寿，焦延寿又影响了京房。随后，京房又在前人的基础上，全面继承和发展了汉代象数《易》学。这一时期，汉武帝罢黜百家，独尊儒术，于是将施雠、孟喜、梁丘贺、京房四家相继立为官学，这就是西汉今文经学《易》学。到了东汉，这四家依旧被立为官学。有汉一代，田何一支的今文《易》学一直占据主导地位。而在民间还有费直、高相两家古文《易》学，一直在民间发展，直到东汉末才引起朝野的关注[3]。他们用孔子《易传》解释《易经》，注重义理思想阐发，后来发展为魏晋王弼的义理学派。汉代今古文《易》学之间最大的不同，就在于田何所

---

[1] （战国）荀况撰，（唐）杨倞注：《荀子》卷十九《大略篇》，上海古籍出版社2010年版，第340页。

[2] （汉）班固撰，（唐）颜师古注：《汉书》卷八十八《儒林传》，中华书局1964年版，第3597页。

[3] （南朝宋）范晔撰，（唐）李贤等注：《后汉书》卷七十九上《孙期传》作了详细记载："建武中，范升传《孟氏易》，以授杨政，而陈元、郑众皆传《费氏易》，其后马融亦为其传。融授郑玄，玄作《易注》，荀爽又作《易传》，自此《费氏》兴，而《京氏》遂衰。"中华书局1965年版，第2554页。

代表的今文《易》学注重象数，古文《易》学家们则更加注重义理。

总而言之，从先秦至两汉，占筮《易》学是主流，义理《易》学只是潜流。孔子之后占卜依旧非常流行，如秦始皇时，朝廷专门设立太卜官。秦始皇焚书，卜筮类的书籍不焚，《周易》由此逃过劫难。秦始皇晚年，听闻"今年祖龙死"①的谶言，也利用《周易》占卜，"卦得游徙吉"，就四处远游，最后死在了途中。汉武帝时期，尽管重视儒学，但也重用大批占卜之人，征伐匈奴、南越等战役前都要先进行占卜。西汉前期《易》学的祖师田何及其后传弟子，基本上秉承孔子《易》学观，非常注重义理思想。但到了西汉中期，孟喜、京房等人受到董仲舒利用阴阳五行学说研究《春秋》的影响②，纷纷将阴阳术数和《周易》结合起来，从而形成了"卦气说"，由此孟喜、京房成为汉代象数《易》学的主要代表。

（二）禨祥宗：京房、焦延寿

禨祥，就是吉凶的征兆，言外之意即灾异占卜。两汉是《易》学发展的黄金时期。象数《易》学是这一时期的主要表现形式。两汉的《易》学祖师是田何。田何的后传弟子施雠、孟喜、梁丘贺、京房被立为官学。因为当时官方《易》学使用汉代隶书所写，今文经学。在民间有费直、高相，为古文经学③。东汉《易》学基本上是今文经学占主导。东汉末年，费氏《易》学经过马融、郑玄等人的宣扬，才得到官方的重视。

《四库全书》将京房、焦延寿单独提出来，因为京房是汉代象数《易》学最有名的学者。焦延寿是他的老师，最擅长预测灾变，相传又为孟喜的弟子。京房，今河南人，本姓李，由于非常喜好音律，便根据音律推算，将姓改为"京氏"。他师从象数《易》学大师——焦延寿学习《周易》。焦延寿喜欢借助《周易》的卦象、爻象，来推算灾异，相当灵验。京房为人很聪明，

---

① （汉）司马迁：《史记》卷六《秦始皇本纪》，中华书局1963年版，第259页。

② 因为从西汉中期之后，很多经学家都将董仲舒看成是一代宗师，受到他的影响，各家都纷纷将阴阳术数与儒家经义结合起来。在这种思潮影响下，阴阳术数之学与《春秋》结合起来，形成了"春秋阴阳说"；与《尚书》结合起来，形成了"洪范五行说"；与《礼》结合起来，形成了"明堂阴阳说"；与《诗经》结合起来，就形成了"四始五际说"等等。

③ （唐）魏徵等：《隋书》卷三十二《经籍志》："其本皆古字，号曰《古文易》。"中华书局1973年版，第912页。

得到了焦延寿的真传。其弟子曾说："房言灾异，未尝不中。"[1] 由于京房很有才华，很快被汉元帝重用。

京房身处西汉衰落阶段，各地豪强争权夺利，腐败成风，社会矛盾非常尖锐。这一时期自然灾害频仍，朝廷疲于应对而无良治。由于京房会推算灾异，于是汉元帝便任用他预言灾异，以图找出解决灾害的办法。京房多次准确地预言了灾害的降临时间，还提出了很多应对办法，由此得到了汉元帝的宠信。但是，京房天生贪婪，还经常借助自己的名望干预朝政。京房曾向皇帝献上"考功课吏法"，实际上就是改革考核办法，但此法损害了勋贵的既得利益，于是遭权贵构陷，被处以弃市之刑。他的老师焦延寿曾说："得我道以亡身者，必京生也。"[2]《异苑》中记载了一则盗墓故事："京房尸至义熙（东晋安帝年号）中尤完具，僵尸人肉堪为药，军士分割之。"[3]

京房作为汉代象数《易》学的佼佼者，对后世影响非常大，《四库全书》将他列为单独一派。从现存文献来看，京房《易》学最大的特点就是把阴阳术数和《周易》进行结合，形成了一个新的天人感应理论，一般称之为"卦气说"。简而言之，孟喜利用阴阳说和五行说，将《周易》六十四卦与四时（春、夏、秋、冬）、十二月、二十四节气和七十二候相匹配，用来解释一年中节气的变化，同时推断人事的吉凶祸福，这就是"卦气说"。

京房进而将五行相生相克的理论与《周易》六十四卦的各卦、各爻相配，以此来解释卦爻象中的吉凶。用五行说解释《周易》卦爻吉凶是京房的首创，这在前代是没有的。此外，京房还提出了很多新的占筮体例，如纳甲说，即将六十四卦按照八卦分为八宫，八宫卦再和十个天干相配，因为甲是天干之首，所以称纳甲；八宫卦的每一卦的各爻与十二个地支相配，称为纳支。

总的来说，京房作为两汉时期的重要《易》学家，善言灾异，成为先秦两汉占筮《易》学的典范。其实，借助儒家经典解说阴阳灾异是两汉经学的共同特征，董仲舒借助《春秋》说灾异，夏侯胜借助《尚书·洪范》说灾

---

[1] （汉）班固撰，（唐）颜师古注：《汉书》卷七十五《京房传》，中华书局1964年版，第3164页。

[2] （汉）班固撰，（唐）颜师古注：《汉书》卷七十五《京房传》，中华书局1964年版，第3160页。

[3] （南朝宋）刘敬叔撰，范宁校点：《异苑》，中华书局1996年版，第67页。

异，翼奉借助《诗经》说灾异，等等。京房所建构的以"卦气说"为核心的宇宙生成理论，将八卦看成是宇宙的缩影，而自然界的一切变化都可以用八卦中阴阳二气的变化来解释。由于这种思想体系，侧重解释天人感应、灾变灾异，后来很多学者也在此基础上牵强附会，以至于变得繁琐而芜杂，使得《易》学的发展走上了歧路。到了魏晋时期，随着王弼玄理《易》学的出现，这种风气才得以改观。

（三）老庄宗：王弼、韩康伯

魏晋时期玄学盛行，玄学强调虚无、空灵、无为的宇宙观与人生观。两汉时期所盛行的繁琐杂乱的象数《易》学不再流行。这一时期《易》学注重将《周易》与魏晋玄学结合起来，以老庄思想解读《周易》，由此形成了玄学派义理《易》学体系。其中，王弼（226—249 年）是代表人物。

王弼出身世家大族，五世祖、六世祖在汉代位列三公，其外曾祖父是荆州牧刘表。他出身显赫，从小非常聪明，十多岁就精通老庄之学，能言善辩。生活上，放荡不羁，标榜老庄虚无主义的生活态度。王弼才华出众，生性高傲，经常嘲笑他人，其依附曹爽，曹爽被司马家族杀害后，受到牵连而被削夺官职，24 岁暴病身亡。王弼虽然寿命很短，但是写下了很多著作，有《周易注》《周易略例》《老子注》《老子指略》《论语释疑》等等。

王弼《易》学的重要贡献主要体现在两个方面，一是解释《周易》的方法上，他提出了很多和汉代解读《周易》不同的方法，如采用"取义说"。他认为卦爻辞的涵义借助文字就可以解读，不用拘泥于卦爻所象征的物象，这就否定了汉代通过卦爻象解读《周易》的主要方式。又如强调"一爻为主说"，即一卦的意义主要取决于某一爻，不需要太繁琐的解释。二是王弼用老庄思想解读《周易》，发掘《周易》中的哲学思想。其研究《周易》的目的，并非占卜算命、推算阴阳灾异，而是着重探讨现象与本质之间的内在关联，如强调"得意忘象"。与此同时，王弼借助《易》学诠释建构了系统的玄学思想体系。王弼玄学体系的核心思想是"以无为本"，认为"无"是宇宙自然、社会政治、人生价值的根本所在，所以人与社会应当顺应自然、无为而有为。

总而言之，王弼的玄学《易》，是曹魏时期古文经学与老庄玄学兴盛并结合的产物，既注重思想义理，又注重对现象本质关系探讨。王弼作为玄学

《易》的代表人物，无论是在《易》学解释方法上，还是在借助《易》学所建构的玄学思想体系上都有深远的影响。玄学《易》学对隋唐时期佛学的本土化、宋明时期理学的建构都提供了丰富的思想基础与方法路径。

韩康伯（332—380年），名伯，字康伯，颍川人，撰有《系辞注》三卷。韩康伯继承和发展了王弼的学说，从思想义理的角度解读《周易》。在他看来，《易》理是《周易》象与数的根本所在。相比王弼来说，他将"得意忘象"的"意"更加抽象，以"理"来代之，这成为后来程颐建构理学的重要思想基础。

（四）造化宗：陈抟、邵雍

陈抟（872—989年），字图南，今河南鹿邑人，为五代宋初道士，据传享年118岁。相传他5岁才会说话，自小痴迷《周易》八卦，后来试进士不中，开始遍访名山，研习神仙养生之术，名声大噪。他闻赵匡胤称帝建宋，高兴的从驴上掉了下来，认为天下终于可以安定了。后为宋太宗所召见，赐号"希夷先生"。（希指所而不闻，夷指视而不见，出自《老子》："视之不见，名曰夷；听之不闻，名曰希。"[1]）

陈抟在《易》学上的贡献主要为，创造性地绘制了"太极图""先天方圆图""八卦生变图"等一系列《易》图，通过图式的形式来表示《周易》的阴阳变化原理。由此陈抟成为太极文化的创始人。陈抟用图式的形式来表现《周易》，在一定程度上复活了汉代象数《易》学，但他没有沿袭汉代象数《易》学繁琐芜杂、牵强附会的弊端。这种方法被后来的邵雍、朱熹所继承。元明清科举考试所用的朱熹《周易本义》即绘有陈抟的《周易》太极图式。

另外，陈抟在易学理论与儒学建构上也有贡献，主张儒、释、道应当融合贯通[2]，以此以治《易》、以治学、以治心、以治身、以治天下一切。

陈抟一般被视为宋代《易》学的开山祖，相传他的《易》学经过种放，传给了穆修、李溉；穆修传给了李之才，进而发展为周敦颐、邵雍的《易》学；李溉传给了许坚，再传给了范谔昌，进而发展为刘牧的图书《易》学。

---

[1] （春秋）李耳著，（魏）王弼注：《老子》第十四章，上海古籍出版社1989年版，第3页。

[2] 这其中的思想文化背景是：唐末五代时期佛教禅宗、道家内丹之学都非常发达，而儒学则非常衰微。宋代建立之后，需要一个有利于社会政治统治的学说出现，作为当时的著名人士陈抟主张三家合一。

邵雍像

北宋中期图书《易》学的重要人物如邵雍、刘牧，理学的开山祖师周敦颐都是陈抟的后传弟子。

邵雍（1011—1077年），字尧夫，号康节，祖籍河北人，随父亲迁至今河南辉县。他隐居山中，将住所命名为安乐窝，人称安乐先生。他终生不仕，潜心研究《周易》，与司马光、富弼、吕公著、程颢、程颐等人交往非常密切。他是陈抟的三传弟子，朱震说："陈抟以先天图传种放，放传穆修，修传李之才，之才传邵雍。"①

邵雍《易》学传自陈抟，但又颇多创建。他的《易》学最大特点就是继续以图式的形式，来阐发陈抟《易》学。与陈抟不同的是，邵雍侧重探讨宇宙的起源问题，即伏羲《易》学。后人将邵雍的《易》学称为先天《易》学，而将《周易》称为后天《易》学。

邵雍在《易》学史上有两大重要贡献。第一，邵雍借助图式与数理逻辑的形式探讨宇宙起源与发展演化。根据朱熹的观点，邵雍所画的《易》图主要有四种：伏羲八卦次序图、伏羲八卦方位图、伏羲六十四卦次序图、伏羲六十四卦方位图。这四个图可以分为两类：次序图和方位图。这些图的目的是阐释八卦的起源和六十四卦的形成过程，以此来推算天地万物的起源和人类社会的吉凶祸福。在邵雍看来，天地万物都起源于"数"。他将"易有太极，是生两仪"中的"太极"理解为"一"，万物开始于"一"，然后就是二、四、八、十六……以此类推，即相当于2的n次方一直推演下去，以至无穷。程颢将这种方法称为"加一倍法"，朱熹称为"一分为二法"。这种方式其实就是利用数理逻辑进行解释《周易》的起源。邵雍的这种数理《易》学比较复杂。他曾经想传授于二程兄弟，程颢认为难以用二十年时间掌握

---

① （宋）朱震：《汉上易传·表》，上海古籍出版社1989年版，第5页上。

此说。① 第二，邵雍将《周易》的演变规律与宇宙历史进程结合起来，以论证社会的演变，这即后世所称的"皇极经世图"。邵雍将天地从开始到结束的过程分为元、会、运、世四大阶段。其中，一元十二会，一会三十运，一运十二世，一世三十年。一元实际上就是一年的放大（年十二月，月三十日，日十二时辰，一时辰三十时分），共十二万九千六百年。邵雍断定历史以此为周期，由兴盛到衰亡。

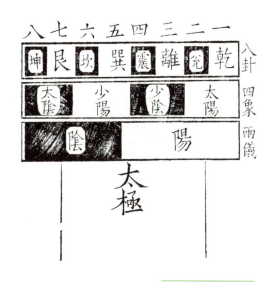

伏羲六十四卦次序图

总的来说，邵雍借助图数之学建构出一个自宇宙到人类社会的学说体系，实际上远远突破了《周易》的框架，突破了《系辞》《说卦》《杂卦》所言的宇宙体系和结构，也突破了以往学者所采用的宇宙模式。他所言的元、会、运、世等，也不完全是《周易》中的天地之数、大衍之数，其体系实质上是个全新的哲学体系。相比汉《易》象数之学，邵雍的象数之学不讲阴阳灾异和天人感应，但象数却被哲理化了，尤其是数成为自然宇宙和人类社会演化的根源。与义理派《易》学相比，他对数的突出，其目的还是为了探寻其中的易理，进而找出有关治乱兴衰的哲理。他将图数学和理学进行了结合，形成"数理合一"的理论模式，由此直接奠定了他在理学史上的地位。

（五）儒理宗：胡瑗、程颐

胡瑗（993—1059 年），字翼之，又称安定先生，北宋泰州人，与孙复、

---

① （宋）程颢、程颐：《二程语录集》："明道云：'待要传与某兄弟，某兄弟那得工夫？要学，须是要二十年工夫。'"山东画报出版社 2004 年版，第 322 页。

石介并称"宋初三先生"。胡瑗有《周易口义》传世，此书是现存宋代最早的义理派《易》学著作。

胡瑗《易》学为宋代《易》学中义理一派的开创者，他不论《易》之"互体"，于象数"扫除略尽"①。胡瑗对程颐《易》学的影响最为直接，《四库全书总目·周易口义》说："考《伊川年谱》，皇祐中游太学，海陵胡翼之先生方主教道，得先生文试，大惊，即延见，处以学职。意其时必从而受业焉。世知其从事濂溪，不知其讲《易》多本于翼之也。"②清四库馆臣评论其书说"在宋时，固以义理说《易》之宗也"。

胡瑗作为宋代理学的先驱人物，开始利用《易》学探讨儒家的宇宙论和本体论问题，但是其学术的重心还是在经世致用之上，他的《易》学偏重人事、重功用，他借助《周易口义》表达了现实人事中诸多方面的解决方案，如君臣如何相处，君子如何学习，如何教育别人，如何修身养性，如何事父事君，如何治家理政，如何与小人斗争等等。

胡瑗在解《易》上与汉唐注疏虽多有不同，但是其《易》学在整体上未能跳出旧有的理论框架，依旧徘徊于汉唐旧说之间，没能够建

程颐像

程颐（1033—1107），北宋哲学家、教育家。字正叔，学者称伊川先生，洛阳（今属河南）人。曾任秘书省校书郎，官至崇政殿说书。反对王安石新政。曾和兄程颢学于周敦颐，并为北宋理学的奠基者，世称"二程"。与其兄颢的学说后来为朱熹所继承和发展，世称程朱学派。著作有《易传》《颜子所好何学论》等，编入《二程全书》中。

---

① （宋）陈振孙撰，徐小蛮、顾美华点校：《直斋书录解题》卷一《周易口义》解题："新安王炎晦尝问南轩曰：'伊川令学者先看王辅嗣、胡翼之、王介甫三家，何也？'南轩曰：'三家不论互体，故云而。然杂物撰德，具于中爻，互体未可废也。'南轩之说虽如此，要之，程氏专治文义，不论象数。三家者，文义皆坦明，象数殆于扫除略尽，非特互体也。"上海古籍出版社 2015 年版，第 10 页。

② （清）永瑢等：《四库全书总目》卷二《周易口义》提要，中华书局 1965 年版，第 5 页。

构出一个全新的理论体系来。但他对性、心、体、理、动、静、诚、敬等概念范畴作了探讨，而这些都成为了之后程颐等理学家们继续深化发掘的学术思想基础。

程颐，宋代理学的奠基人。他和王安石属于一个时代，与司马光、富弼、吕公著等大政治家交游非常密切。程颐经司马光、富弼的举荐成为宋哲宗的老师。程颐《易》学的最大特点在于注重《周易》中的思想，并将"理"或"天理"作为《易》学、理学的核心范畴。在他看来，天理是《周易》产生和发挥作用的内在根据，是万事万物的源头与价值依据。程颐还以此为基础，对语言与思想、现象与本质等问题进行了探讨，并对社会政治问题提出了自己的看法，强调以德治国、以理治国等等。由于他是宋代理学的奠基人，更是理学派《易》学的典范，所以成为中国古代义理派《易》学的代表性人物。

总之，程颐《程氏易传》是继魏晋王弼《周易注》之后具有里程碑意义的《易》学著作。后来理学集大成者朱熹继承了程颐的《易》学思想，并吸收了陈抟、邵雍、刘牧等人象数《易》学的成果，重点探讨《周易》占卜、象数的思想，弥补了程颐注重义理轻视象数的不足。到了南宋末年，理学被确立为官方学说，由于程颐《程氏易传》重视义理、朱熹《周易本义》重视占卜、象数，各有偏重，所以朝廷将它们并在一起作为科举考试的必修书目，一直影响到清代。可以说，程颐《易》学是宋代以后理学派《易》学的典范。

胡瑗、程颐之后，随着理学被确立为官学，理学化《易》学也随之得到了长足发展。其中，朱熹在

张载像
张载（1020—1077 年），北宋哲学家，理学创始人之一。字子厚。世称横渠先生。凤翔郿县人。曾任著作佐郎、崇文院校书等职。讲学关中，故其学派被称为"关学"。提出"太虚即气"的学说。批判佛、道两家关于"空""无"的观点。其思想对宋明理学影响很大。著作有《正蒙》《经学理窟》《易说》等，编入《张子全书》中。

程颐的基础之上，吸收周敦颐、邵雍、张载等人的思想，进一步发展了理学化《易》学。元明两代，理学进一步官学化，理学化《易》学更是得到了进一步继承和发展。比较著名的有：元代吴澄《易纂言》《易纂言外翼》，明代胡广《周易大全》、蔡清《易经蒙引》、来知德《周易集注》等，都是理学化《易》学继续发展的代表。

（六）史事宗：李光、杨万里

李光（1078—1159年），字泰发，今浙江人。两宋之际的重要学者和政治家。北宋末，蔡京等人擅权，金兵入侵，他对内反对蔡京等人，对外主战。入南宋，累官至吏部尚书、参知政事。因反对与金割地求和而得罪秦桧，贬到岭南。后秦桧死后，被赦免，回到家后去世。宋孝宗即位后，赐谥庄简。传世著作有《读易详说》十卷、《庄简集》十八卷。

《读易详说》是李光的经世之作，为其被流放的过程中写成的。他注重借助卦爻象、卦爻辞来阐发自己的观点，虽然他也肯定《易》本为象之书，所谓"易，无非象"[1]，"易，无非象也，盖制器所以尚象，立象所以明义也"[2]。但在实际的解释过程中，他始终没有将重心放在易象或易数的解释上，而是着力于人事，通过援引大量的历史史实，来表达他对朝廷政治和社会人心的关注。比如他认为统治者应当节用爱民，在解释《节》时说：

> 圣人制经国之术，必量入为出。上之用度有节，故不伤财。取于民有制，故不害民。夏后氏五十而贡，商人七十而助，周人百亩而彻，其实皆什一也，此三代取民之道也。秦、隋之君，穷奢极欲，府库空竭，而百姓离叛。卒以亡天下者，由不知立制度以为节，故海内荡然也。[3]

李光认为统治者应当量入为出，节俭财用，有所节制，对民也有利。他列举了夏、商、周三代收取赋税的标准，认为这是可以效仿的榜样。并从反

---

① （宋）李光：《读易详说》卷一《乾》，收于《四库全书珍本初集·读易详说》一，商务印书馆1935年版，第4页左。

② （宋）李光：《读易详说》卷八《鼎》，收于《四库全书珍本初集·读易详说》五，商务印书馆1935年版，第35页左。

③ （宋）李光：《读易详说》卷十《节》，收于《四库全书珍本初集·读易详说》六，商务印书馆1935年版，第15页右。

面以秦、隋两代作为例子，认为如果统治者不知道节用爱民，必然造成"府库空竭，百姓离叛"，最终身死国亡等等。四库馆臣曾评价这部书："书中于卦爻之辞，皆引证史事，以君臣立论，或不免有所牵合，然意存法戒，究胜空谈，援古事以证爻象，始自郑玄；若全经皆证以史，则光书其始也。"①

总的来说，李光通过经、史合一的解释模式，理论与史实相结合，有力地发挥了《周易》在现实中的指导作用。徐志锐先生在《宋明易学概论》中评价："李光的经世《易》学，在宋代的《易》学发展史中，是有重要地位的。他坚持了《周易》哲学与政治结合的方向，使义理的研究更注重于社会实际，从而显现出《易》学的实用价值。在宋代的《易》学史中，李光《读易详说》是代表着一个流派的出现。其后又有杨万里引史以证经，可视为是这一流派的接续。"② 李光《易》学将经学和史学、哲学和政治有机地结合起来，成为《易》学解释学史上的一个重要模式，在宋代《易》学史中占有重要的地位。

杨万里（1206—1127 年），字廷秀，号诚斋，今江西吉水人。南宋初年的著名学者、诗人，与尤袤、范成大、陆游合称南宋"中兴四大诗人""南宋四大家"。《诚斋易传》是他的《易》学代表作。

杨万里的《易》学，与李光一样，主要是引用了大量的史实解读《周易》六十四卦，以此为《易》学的理论提供了更加丰富的历史内容。其实，用历史解读《周易》由来已久，首先《周易》本身就有很多历史史实，这就使得后代学者解读《周易》必须援引历史史实。从汉代以后，郑玄、孔颖达等人也都用史实解读《周易》，宋代的胡瑗、程颐更是援引大量的历史史实来解读《周易》。李光、杨万里只不过继承了前人的方法，并将这种方法更加系统化专业化，由此发展成为解读《周易》的一种重要方法。

四库馆臣的分类呈现了中国古代《易》学发展的不同阶段和不同代表，比较客观。对于这样的划分，现代学者徐芹庭认为还是比较粗略，他做了更为细致的分派，大体有十七派③。

（1）占筮派与简易占筮法。主要是指从上古一直流传到后世的占卜。

（2）象数派。汉代儒家学者多言象数，之后历代都有，尽管有王弼、孔

① （清）永瑢等：《四库全书简明目录》卷一，上海古籍出版社 1985 年版，第 6 页。
② 徐志锐：《宋明易学概论》，辽宁古籍出版社 1997 年版，第 168 页。
③ 参见徐芹庭：《易经源流：中国易经学史》（上册），中国书店 2008 年版，第 63—70 页。

周敦颐像

周敦颐（1017—1073），北宋理学家。字茂叔。道州营道（今湖南道县）人。曾官大理寺丞、国子博士。因筑室庐山莲花峰下的小溪上，以濂溪名之，后人遂称"濂溪先生"。著有《太极图》《通书》行于世。

颖达、程颐等人倡导义理《易》学，但象数在古代一直占有主流地位。

（3）禨祥灾异卦气卦候派。《易》之禨祥灾异在《春秋》《左传》中就非常多见，但真正发展是从《易纬》开始，然后汉代的孟喜、焦赣、京房等人都非常地推崇。

（4）老庄派。就是借助老庄之学解读《周易》的，如王弼《周易注》，韩康伯注解《系辞》《序卦》《杂卦》，孔颖达《周易正义》，这主要盛行于魏晋南朝与隋唐。

（5）儒理派。主要是理学解读《周易》，肇始于周敦颐《太极图说》，之后张载《易解》、程颐《程氏易传》、朱熹《周易本义》都是代表。由于程朱理学为宋、元、明、清的主导，所以儒理派《易》学在宋、元、明、清时期最为流行。

（6）史事派。是用历史史实来辅助解读《周易》，如汉唐时期的韩婴、焦赣、京房、马融、郑玄、虞翻、干宝、荀九家（荀爽等九家），宋以后又有李光、杨万里，近代以后又有胡朴安《周易古史观》、张承绪（洪之）《周易象理证》，等等。

（7）图书派。就是从《河图》《洛书》出发，探讨《周易》的起源与特征。这在宋代最为兴盛，如陈抟、刘牧、邵雍、朱震、朱熹等都是代表。

（8）集解派。魏晋之后，学者解释《周易》已经不完全遵守家法的规定，而是兼收并蓄，兼采多家注解而成一书。如《隋书·经籍志》著录的《马郑二王集解》十卷，《周易荀爽九家注》十卷，《周易杨氏集二王注》五卷等。唐以后的代表有李鼎祚集三十五家而成《周易集解》，五代房审权作《周易义海》一百卷，宋李衡在此基础上又作《周易义海撮要》十二卷，等等。

（9）古易派。汉代《易经》与《易传》分离，从西汉末年开始，古文《易》

学家费直用《易传》开始解读《周易》经文。之后马融、郑玄等人都相继将《周易》经传合并起来进行解释，而且郑玄还将《彖辞》《象辞》上下放在六十四卦卦爻辞的下面。到了曹魏时期，王弼又将《文言》分别放在《乾》《坤》两卦的下面。以后的南北朝隋唐五代以及宋代的学者，都沿用王弼的《周易》经传合一的版本。从宋代开始，有学者将《周易》经传分开研究，如吕大防《周易古经》、晁说之《古周易》、吕祖谦《古周易》、朱熹《周易本义》等，在宋、元、明、清时期也影响很大。

（10）疑古派。这主要开始于北宋欧阳修《易童子问》，该派怀疑《文言》《系辞》《说卦》非孔子所作。之后历代多有响应，一直到近代依旧有学者怀疑《易传》非孔子所作。

（11）佛理心性派。主要是运用佛教义理来解说《周易》，如苏轼《易传》、杨简《易传》等，明代学者更多。

（12）辑佚派。自南宋王应麟开始辑佚郑玄《易》学，之后有明清的姚士粦、马国翰、惠栋、张惠言，近代的黄奭、王仁俊等都有辑佚古代《易》学的成果。

（13）易林火珠林派。此派主要是用来占断吉凶祸福，始于汉代焦延寿《易林》。之后又有京房《周易集林》、许峻《易新林》、郭璞《周易新林》，等等。

（14）天文律历派。此派主要与天文历法、音律有关，如汉代郑玄《周易注》、唐代李淳风、清代惠栋、民国徐昂等人都属于此派。

（15）哲学科学宗教派。此派主要开始于清代晚期，随着西学东渐，很多学者开始将《周易》与西方科学相结合进行研究，如严复以《周易》义理来解释天演论、薛学潜《易与物质波量子力学》《超相对论》、丁超五《科学的易》、王弼卿《周易与现代数学》、赵尺子《三民主义与周易哲学》、王寒生《易教中的宗教哲学》、李石岑《以解析几何之坐标解易》、杜而未《以宗教释易》，等等。

（16）音训派。从汉代马融、郑玄开始，解释《周易》便已经涉及音训，之后王肃《易音》、徐邈、李轨《易音训》、唐陆德明《周易音义》、宋吕祖谦《古易音训》、明张献翼《读易韵考》、清顾亭林《易音》等都是如此。

（17）易学别传派。此派主要是模拟《周易》或术数之类的，如扬雄《太玄经》、卫元嵩《关朗易传》、邵雍《皇极经世》、司马光《潜虚》、蔡沈《洪

马融像

马融（79—166年），东汉经学家、文学家。字季长。右扶风茂陵（今陕西兴平东北）人。曾任校书郎、议郎、南郡太守等职。从挚恂学。遍注《周易》《尚书》《毛诗》《三礼》《论语》《孝经》，使古文经学达到成熟的境地。生徒常有千余人，郑玄、卢植都出其门。他除注群经外，兼注《老子》《淮南子》。

范皇极内外篇》、黄道周《三易洞玑》等都是模拟《周易》而作。其余如《易纬》《六壬》《太乙》《奇门遁甲》等都是术数派。

总而言之，不管历史上出现什么《易》学流派，如果根据时代来划分，大体可以分为四个时期：先秦两汉《易》学、魏晋南北朝隋唐《易》学、宋元明清《易》学、近代《易》学四个大的时期。先秦两汉时期是《易》学的奠基时期，主要以占筮、象数为主。魏晋南北朝隋唐时期的《易》学，随着王弼的出现，改变了之前注重占筮的特征，尤其是改变了两汉时期术数《易》学牵强附会的风气，学者们开始注重探讨《周易》中的哲理，如语言与意义、现象与本质的关系等形而上的问题。但不能否认的一点是，以阴阳术数为主的象数《易》学不仅依旧在中古非常盛行（如三国管辂、东晋郭璞、干宝、唐李鼎祚等），而且在思想体系与方法上还深受汉代天人感应、阴阳灾变的神学体系与章句训诂之学影响。宋元明清时期的《易》学主要是理学化的《易》学，清代《易》学缺乏自己的特色，主要是整理前代《易》学。近代以来，《易》学开始受到西学的影响，跳出了经学研究的束缚，利用现代知识，如科技、政治、伦理、教育、医学等的思维来研究《周易》，由此《易》学开始了新的历程。

《尚书》

夏、商、周三代是中华文明兴起的时期，为秦以后中华文明的繁荣奠定了重要的基础。夏、商、周时期所形成的社会结构、政治理念、宗教观念、思想文化等对后世两千多年的华夏文明产生了直接且深远的影响。了解上古时代的历史与文化，除了二里头遗址、殷墟卜辞、青铜器等出土遗址与文物，更重要的是依靠传世文献，其中最重要的便是《尚书》。《尚书》是夏、商、周三代历史与文化的荟萃，是了解三代最重要的文献。如果说，夏、商、周三代是中华民族文明与文化的根本所在，《尚书》则是根本中的根本。《尚书》内容涉及到了政治、宗教、哲学、伦理、道德、法律等多个方面，所宣扬的政治哲学、文化伦理对古代社会政治秩序的稳固、传统文化的形成具有非常深远的影响。正如顾颉刚所说："《尚书》一书可说牵涉到全部中国古代史，以至影响全部中国史。"[1]

　　《尚书》一词最早见于《史记》，也称《书》或《书经》，是我国现存最古老的皇家文献，记载了上起尧、舜、禹（《尧典》），下到春秋时期秦穆公（《秦誓》），整个先秦近2000多年的历史，它对这一时期重要的历史传说、历史人物、历史事件，如尧舜禹禅让、大禹治水、盘庚迁殷、武王伐纣、周公摄政、周公制礼作乐等，都有记载。全书内容丰富、语言生动、结构紧凑，并非后世所言的佶屈聱牙、艰涩难懂。因此，有学者将其看成是中国文学史上的第一部散文集，同时也是我国最早的一部历史书。

　　《尚书》宣扬的以民为本、"以德治国"、大一统等政治理念与天命观、阴阳五行学说等思想对中国秦汉以后的社会政治、思想文化影响非常大，历朝历代的帝王都将其作为政治教科书和治国宝典，官僚士大夫也将其作为修身治国的"大经大法"，是古代科举士子们考试的必读书目。时至今日，《尚书》依旧有其独特魅力，如为政者要亲民、心怀仁德、礼法并用等依旧有重要的价值。

---

① 刘起釪：《古史续辨》，中国社会科学出版社1991年版，第382页。

一、《尚书》的产生

《墨子·明鬼下》："故尚者《夏书》，其次商、周之《书》，语数鬼神之有也。"① 先秦时期一般都称呼为"书"，很少有"尚书"连称的。"尚书"的名称流行是在西汉。

"尚书"的由来，东汉末年郑玄认为："尚者上也，尊而重之，若天书然，故曰《尚书》……孔子乃尊而命之曰《尚书》。"② 他认为《尚书》如同天书，所以"尚"是崇尚、尊重之意。但一般都认为"尚"通"上古"的"上"，且《尚书》内容主要讲的就是夏、商、周三代的事情，一般理解为有关上古帝王的书籍，或者上古时期的历史档案。东汉王充《论衡·正说》中就说："《尚书》者以为上古帝王之书，或以为上所为下所书，授事相实而为名。"③ 他认为，"尚书"其实就是有关上古帝王的书籍，是这些帝王所作所为被后人记载下来。唐孔颖达《尚书正义》也认为，"尚书"就是"上代以来之书"。今人刘起釪总结以往的观点认为：

> "尚"只是上古的意思。用今天语言来说，《尚书》就是"上古的史书"。实际是古代原保存在官府档案中的文献史料，经后人加以编汇的。④

刘起釪认为《尚书》就是上古的史书，就是古代的官府档案，经过后人的汇编，然后便成了今天的模样。

《尚书》是上古时期的皇家档案的观点自古便是主流观点。近代以来也有学者提出了新看法，如何新认为《尚书》是当时宗庙祭祀之神圣之经典：

> 愚意以为，《尚书》者，乃"太尚"（宗社）所藏华夏先祖之史传政

---

① （战国）墨翟撰，张永祥、肖霞译注：《墨子译注·明鬼下》，上海古籍出版社 2016 年版，第 264 页。

② （汉）孔安国传，（唐）孔颖达疏：《尚书正义》卷一《尚书序》引郑玄说，李学勤主编：《十三经注疏》标点本，北京大学出版社 1999 年版，第 16 页。

③ （汉）王充：《论衡》卷二十八《正说篇》，上海人民出版社 1974 年版，第 430 页。

④ 刘起釪：《尚书学史》，中华书局 1989 年版，第 8 页。

典文献也。尚，古堂字。太堂，即"太尚"，亦即明堂太室，是上古国家宗社之所在。[1]

何新看来，"尚书"的"尚"，就是上古时期的"堂"字，"尚书"即"堂书"。又因为"堂"是"太堂"的简称，太堂是夏、商、周时期的"明堂太室"，又称为"太社"，主要功能是掌管宗庙祭祀、礼乐制度和政治文献。所谓的"堂书"就是国家宗庙所收藏的经典，是神圣的、权威的政治文献。何新还进一步认为，太堂收藏的政治文献，不仅有《尚书》，还有《诗经》。所以，上古将《诗》《书》《礼》《乐》并提，都是宫廷祭祀常用的经典。后来，"太社"在秦汉时期被改称为"太常"或"太尚"，太常是九卿之一，沿袭了夏、商、周时期负责祭祀礼乐、人才选拔、收藏政典等职能。太常下属官有"尚书令""太史令""太乐令"。由此认为，"尚书"与上古宗庙祭祀有一定的关系，是国家宗庙所藏的史书政典，而不是简单的宫廷档案。

至于孔子与《尚书》的关系，何新认为："春秋之际，战乱频仍，王室凌夷颠覆，周之王政亦几乎不存，典籍档案失散。于是孔子将其收集整理，重新编辑，将一部分来自周王室的档案编为《尚书》，将鲁之王室档案编为《春秋》，用以传授子弟。"[2]何新的观点有新意，认为《尚书》最早的古本，与《诗经》《春秋》一样，都是孔子根据官方文献编纂而成的。

（一）《尚书》的产生

按照西汉孔安国《古文尚书·序》的观点，其成书可以追溯到传说中的三皇五帝。

> 古者伏牺氏之王天下也，始画八卦，造书契，以代结绳之政，由是文籍生焉。伏牺、神农、黄帝之书，谓之"三坟"，言大道也。少昊、颛顼、高辛、唐、虞之书，谓之"五典"，言常道也。至于夏、商、周之书，虽设教不伦，雅诰奥义，其归一揆。是故历代宝之，以为大训……先君孔子，生于周末，睹史籍之烦文，惧览者之不一，遂乃定《礼》《乐》，明旧章……讨论《坟》《典》，断自唐、虞以下，讫于周。

---

[1] 何新：《何新论孔子论孔学》，同心出版社 2012 年版，第 177 页。
[2] 何新：《何新论孔子论孔学》，同心出版社 2012 年版，第 176 页。

芟夷烦乱，翦截浮辞，举其宏纲，撮其机要，足以垂世立教。《典》、《谟》、《训》、《诰》、《誓》、《命》之文凡百篇。所以恢弘至道，示人主以轨范也。帝王之制，坦然明白，可举而行，三千之徒并受其义。①

孔安国②认为《尚书》是伏羲所作，伏羲不但创造了八卦，还创造了文字，从此以后书籍就产生了。在伏羲、神农、黄帝时期的典籍称为《三坟》，讲天地之道。到了少昊、颛顼、高辛、唐尧、虞舜时期的典籍，叫《五典》，讲人间之道。《三坟》《五典》就是《尚书》最早的来源。

夏、商、周时期，产生了更多的政治典籍，其思想内涵上与《三坟》《五典》性质"其归一揆"。据《史记》《汉书》记载，当时共有三千多篇。到了东周春秋时期，孔子鉴于篇目繁多、内容庞杂，于是删繁就简，保留了一百篇，以此作为教科书，教授其弟子们，以弘扬夏、商、周三代的礼乐文明与德治文化。孔安国的观点，《尚书》产生于伏羲、神农等的传说时代，这种观点虽然缺乏文献的证明，但这和《周易》的产生一样，都以此来宣扬

黄帝像

---

① （汉）孔安国传，（唐）孔颖达疏：《尚书正义》卷一《尚书序》，李学勤主编：《十三经注疏》标点本，北京大学出版社 1999 年版，第 1—8、10—11 页。

② 孔安国是孔子的十一代孙，他曾向当时的伏生学习，伏生是汉代今文《尚书》的开山祖师。他学识非常渊博，精通经学。相传汉景帝之子鲁恭王拆除孔子旧宅的时候，在墙壁中出土了古文《尚书》，它比汉代通行的今文《尚书》多出十六篇。于是，孔安国将古文改写为当时通行的隶书，并为之作"传"，成为"尚书古文学"的开创者。今传《尚书孔氏传》，一称《孔安国尚书传》，明清学者定为后人伪托。

《尚书》的神圣性与权威性，是古人"神道设教"的体现。孔安国的观点在中国古代得到很多学者的认同，成为古人对《尚书》的基本认识。

《尚书》起源，还有一种观点在古代非常流行，是刘歆根据《易传》所言推出的"洛出书"的观点。

> 《易》曰："天垂象，见吉凶，圣人象之；河出图，洛出书，圣人则之。"刘歆以为伏羲氏继天而王，受《河图》，则而画之，八卦是也；禹治洪水，赐《洛书》，法而陈之，《洪范》是也。[①]

西汉末年的古文经学家为了提升《尚书》的地位，将《尚书》尤其是《尚书·洪范篇》的起源，与《洛书》神话联系到了一起。这种说法被东汉班固继承，在《汉书·艺文志》"尚书类"的小序中也说道："《易》曰：'河出图，洛出书，圣人则之。'故《书》之所起远矣，至孔子纂焉：上断于尧，下讫于秦，凡百篇，而为之序，言其作意。"[②] 班固就认为《尚书》起源于《洛书》。

据今人的研究，《尚书》产生前，有一个文字和书籍产生的漫长过程。"书"原是一个泛称，《说文解字·叙》说："著于竹帛谓之书。"在《尚书》确定之前，应当有各种类型、内容以及各个时代的书，后来专指经孔子删订之后的上古文献，才称为《尚书》。《尚书》也由泛称转变为专称，即儒家经典的《尚书》。这个过程和《春秋》相似，孔子之前《春秋》有《周春秋》《燕春秋》《宋春秋》《齐春秋》《鲁春秋》等。后来孔子根据《鲁春秋》编订《春秋》，此后《春秋》便成了专称。

根据传世文献记载，《尚书》最晚产生于殷商时代。《尚书·多士》记载：

> 惟殷先人，有册有典。[③]

[①] （汉）班固撰，（唐）颜师古注：《汉书》卷二十七上《五行志》，中华书局1964年版，第1315页。

[②] （汉）班固撰，（唐）颜师古注：《汉书》卷三十《艺文志》，中华书局1964年版，第1706页。

[③] （汉）孔安国传，（唐）孔颖达疏：《尚书正义》卷十六《多士》，李学勤主编：《十三经注疏》标点本，北京大学出版社1999年版，第426页。

其中的册与典，都指竹简文书，也包括龟甲兽骨。它们所涉及的内容非常广泛，如宗庙祭祀、婚丧嫁娶、典章制度、诏令奏议、文书文告、占卜吉凶等。这些都可以看成是商王朝的官方档案，即"册"和"典"。按照何新的观点，"册""典"中非常重要的部分，尤其事关祭祀、诏令等的文书，后来演变为了《尚书》。

记载这些文书档案的是巫、祝、卜、史等人，当时合称"巫祝卜史"。随着宫廷事务的繁杂与分工的细化，其中"巫祝卜"变为专门负责祭祀占卜，而有关文书记载的事务，则慢慢由史官负责。这些史官开始专门负责宫廷文献的整理与文化传承，逐渐脱离了祭祀、占卜的行列。

到了西周，史官制度进一步完善，分工更加细化专业，有了大史、小史、内史、外史、左史、右史、御史、女史等职官，每个职官都只负责其中的一项事务，这在《周礼》中就有详细的记载。其中左史、右史专门负责记载帝王言行，如《汉书·艺文志》载：

> 古之王者世有史官，君举必书，所以慎言行，昭法式也。左史记言，右史记事，事为《春秋》，言为《尚书》，帝王靡不同之。[①]

故史官制度产生很早，至少在周代开始，史官中的左右史专门负责记载帝王宫廷事务，其中所记载的君王事迹成为《春秋》，而言语之类就成为《尚书》。《春秋》与《尚书》的区别在于体例不同，而不是内容。《春秋》注重以编年的形式记载帝王事迹，而《尚书》则是以纪事本末的形式来记载帝王事迹，两者在内容有交叉之处。

由于《尚书》所记载的都是历朝帝王的言行，对贵族子弟有教育意义，于是当时负责宫廷教育的官员，就从篇目繁多的《尚书》中，选取有教育意义的部分，用于贵族教育。如《礼记·王制》就记载说：

> 乐正崇四术，立四教。顺先王《诗》《书》《礼》《乐》以造士。春

---

① （汉）班固撰，（唐）颜师古注：《汉书》卷三十《艺文志》，中华书局1964年版，第1715页。

秋教以《礼》《乐》，冬夏教以《诗》《书》。①

从这段话我们可以看出，当时周王室的官员，利用精选出来的《尚书》篇目教育王子和贵族子弟，以便将他们培养成为未来的政治接班人。

到了东周，学在官府、政教合一的制度遭到破坏，《尚书》《春秋》等文献散佚到各地，官学也分为了不同的流派，根据《汉书·艺文志》的记载，有"九流十家"之多，这些都源于官学。《尚书》也成了当时诸子百家共同研习的重要文献。他们将《尚书》中的文句作为自己学说思想的理论依据。例如，墨家是当时征引《尚书》最多的一家，法家也多次引用《尚书》。《尚书》此时还不是儒家专有的经典，此后经过孔子的删订，《尚书》形成了百篇文本，并被孔子用来教育弟子，随着儒家学说在春秋战国时期日渐兴盛，《尚书》也就慢慢成为了儒家特有的经典。

（二）孔子删、序《尚书》

关于孔子删、序《尚书》之事，即指孔子删上古三千篇《尚书》，形成百篇《尚书》文本并作序，序有大序、小序。《史记》《汉书》等都有记载。《史记·孔子世家》记载说：

> 孔子之时，周室微而礼乐废，《诗》《书》缺。追迹三代之礼，序《书传》，上纪唐虞之际，下至秦缪，编次其事……故《书传》《礼记》自孔氏。②

《汉书·艺文志》继承了司马迁的说法。

> 《书》之所起远矣，至孔子纂焉，上断于尧，下讫于秦，凡百篇，而为之序，言其作意。③

---

① （汉）郑玄注，（唐）孔颖达疏：《礼记正义》卷十三《王制》，李学勤主编：《十三经注疏》标点本，北京大学出版社1999年版，第404页。

② （汉）司马迁：《史记》卷四十七《孔子世家》，中华书局1963年版，第1935—1936页。

③ （汉）班固撰，（唐）颜师古注：《汉书》卷三十《艺文志》，中华书局1964年版，第1706页。

唐代魏徵等主持编撰的《隋书·经籍志》继承了《史记》《汉书》的观点。

> 《书》之所兴，盖与文字俱起。孔子观《书》周室，得虞、夏、商、周四代之典，删其善者，上自虞，下至周，为百篇，编而序之。①

《史记》《汉书·艺文志》《隋书·经籍志》《尚书正义》等传世经典都说明了孔子为了传承周代礼乐文化，曾经整理、删定过《尚书》。而且班固、魏徵等人都认为孔子编订的《尚书》为一百篇。不仅如此，还认为《尚书》中每一篇文章前面的《小序》也是孔子所作，这些《序》主要是为了说明每一篇写作的原因和背景。可以说，汉唐时期的学者一致认为孔子根据夏商周官方文献，删订形成了原始文本《尚书》。并为之作《序》。这个观点在中国古代一直占有主导地位，成为《尚书》成书最基本的观点。

孔子根据官方档案编订的百篇《尚书》，就是后世《尚书》原本。王充《论衡》记载，后来汉武帝时鲁恭王在拆迁孔子旧宅时发现了这百篇《尚书》②。孔子去世后《尚书》原本，在孔子弟子及后传弟子间继续传承、完善，大体在战国中后期或秦代最终形成了一个通用的百篇《尚书》的定本。这就是汉代及以后的学者们经常提到的百篇《尚书》③本。还有一种可能，就是秦博士伏生所记的 28 篇《尚书》（精华本），实则是秦代博士官所编的《尚书》

---

① （唐）魏徵等：《隋书》卷三十二《经籍志》，中华书局 1973 年版，第 914 页。

② （汉）王充：《论衡》卷二十八《正说篇》说："至孝景（武）帝时，鲁共王坏孔子教授堂以为殿，得百篇《尚书》于墙壁中。武帝使使者取视，莫能读者，遂密于中，外不得见。"上海人民出版社 1974 年版，第 425 页。

③ 王充在其《论衡·正说》中说："说《尚书》者，或以为本百两篇，后遭秦燔《诗》《书》，遗在者二十九篇。夫言秦燔《诗》《书》，是也；言本百两篇者，妄也。盖《尚书》本百篇，孔子以授也。遭秦用李斯之议，燔烧《五经》，济南伏生抱百篇藏于山中。孝景皇帝时，始存《尚书》。伏生已出山中，景帝遣晁错往受《尚书》二十余篇。伏生老死，《书》残不竟。"（（汉）王充：《论衡》卷二十八《正说篇》，上海人民出版社 1974 年版，第 425 页。）西晋的臣瓒也说："当时学者，谓《尚书》唯有二十八篇，不知本有百篇也。"（（汉）班固撰，（唐）颜师古注：《汉书》卷三十六《刘歆传》，中华书局 1964 年版，第 1970 页。）《隋书·经籍志》也如此说："《书》之所兴，盖与文字俱起。孔子观《书》周室，得虞、夏、商、周四代之典，删其善者，上自虞，下自周，为百篇，编而序之。遭秦灭学，至汉，唯济南伏生口传二十八篇。又河内女子得《泰誓》一篇，献之。"（（唐）魏徵等：《隋书》卷三十二《经籍志》，中华书局 1973 年版，第 914 页。）

文本，因为《尚书》的最后一篇为《秦誓》。前面是尧、舜、禹、文、武、周公，将秦代放在最后，有衔接正统的意味在内。这最有可能是秦国儒生所为，目的就是为了证明秦国政权的合法性和合理性。

秦朝所形成的百篇《尚书》定本，已经不是孔子编订的原本，而是由春秋、战国包括秦代的很多学者，把春秋以来流行的各种《尚书》文本进行整合、编辑，形成了在数量上与孔子编次《尚书》百篇说法相合的足本。由于受到秦始皇的焚书及秦末多年战乱以及汉代初年不重视《诗》《书》等因素的影响，这个百篇《尚书》文本（大全本）由此散佚了。正是因为如此，西汉张霸就曾伪造"百两篇"《尚书》本，以合历史上出现此篇数的《尚书》版本。

总而言之，《尚书》的形成是一个漫长的过程，其间《尚书》由最初的文书记载、占卜卜辞，逐渐演变为帝王言行的档案，类似后代皇帝的《起居注》《实录》。由于它是帝王言行的记录，对于王室贵族子弟的教育很有帮助，所以被史官裁剪后，用作宫廷教育。春秋时期，礼崩乐坏，官学下移，《尚书》也流传到了民间。孔子对《尚书》删订，有着里程碑的意义，形成了后来《尚书》文本的原本。孔子之后，百篇《尚书》原本，被不断地传承、损益，最终在秦代形成了比较完备的百篇《尚书》定本。

孔子对《尚书》所作的《序》，也对后世起到了引导作用。但百篇《尚书》书序并非是孔子旧作，而是秦代博士所编订，与秦代编次百篇《尚书》文本的时间为同时。后来，包括汉代的历代学者对之进行了校订、整编，形成了今本《尚书》书序。汉唐之际的学者在解读《尚书》的时候，《书序》是重要的路径，这在一定程度上也决定了《尚书》解读的方向和角度，在经学史上有重要的意义。

二、今古文《尚书》之源流

今文《尚书》指用汉代通行的隶书编辑、整理的文本。而古文《尚书》指用战国时代流传的东方六国文字所书写的文本。

秦始皇统一全国后，为巩固统治，明确下令禁游学、燔《诗》《书》、坑儒士，"有敢偶语《诗》《书》者弃市"[1]。秦末战乱，项羽又焚烧秦王宫，官

---

[1] （汉）司马迁：《史记》卷六《秦始皇本纪》，中华书局1963年版，第255页。

府藏书再遭浩劫。加之汉初盛行黄老之术，儒家学说不受重视。《尚书》作为儒家经典很少有人学习。汉文帝时期，朝廷开始重视儒学，京城内外几无通晓《尚书》之人。于是，朝廷遍访儒士，济南访得年过九十的秦博士伏生，但因年高无法前往长安，便派晁错将《尚书》用汉代隶书抄录回来，即今文《尚书》。

今文《尚书》被立为官学之后，很多人凭借《尚书》之学而获取了高官厚禄。由于朝廷重视儒学，因此民间所藏未被焚毁的《尚书》纷纷出现。比较有影响的是从孔子旧宅中发现的古文《尚书》。《汉书》记载，汉武帝时期，鲁恭王在拆迁孔子旧屋，以扩大自己宫殿的时候，发现了一批古书，其中有用古文字书写的《尚书》《礼记》《论语》《孝经》等经典。这些古文《尚书》比伏生所传的今文《尚书》29篇多出了16篇。孔子的后代孔安国得到了这些古书，献给了汉武帝，希望立为官学。但是因朝廷政治斗争，而未将古文《尚书》立为官学。除了孔安国的古文《尚书》，还有东汉末年杜林的漆书《尚书》，曾被马融、郑玄等人作注解，成为后来很有影响的文本之一。

（一）今文《尚书》的传承

对于伏生传授《尚书》之事，《史记》《汉书》都有记载。

孝文帝时，天下无治《尚书》者，独闻济南伏生故秦博士，治《尚书》，年九十余，老不可征，乃诏太常使人往

《伏生传经图》，（清）黄山寿绘

受之。太常遣错受《尚书》伏生所。①

伏生者，济南人也。故为秦博士。孝文帝时，欲求能治《尚书》者，天下无有，乃闻伏生能治，欲召之。是时伏生年九十余，老，不能行，于是乃诏太常使掌故朝错往受之。秦时焚书，伏生壁藏之。其后兵大起，流亡，汉定，伏生求其书，亡数十篇，独得二十九篇，即以教于齐鲁之间。学者由是颇能言《尚书》，诸山东大师无不涉《尚书》以教矣。②

秦燔书禁学，济南伏生独壁藏之。汉兴亡失，求得二十九篇，以教齐鲁之间。③

可见，汉文帝时，都城长安传授《尚书》的儒生几乎绝迹。只有齐鲁之地还有学者研究《尚书》。伏生是秦朝的博士，在秦始皇焚书坑儒之时，偷偷将《尚书》藏于自家的墙壁中。汉朝建立后，这部《尚书》只剩下了28篇。

汉文帝命晁错抄录这部《尚书》残卷。由于伏生年老表达不清，晁错不识东方方言，就让伏生先传给羲娥，然后再由羲娥传给晁错。最终晁错将伏生所传授的《尚书》29篇，记录下来并带到长安进行传授。这29篇《尚书》是晁错用汉代流行的隶书所录，因此被称为今文《尚书》（经后人考定其实是28篇，另外一篇是汉宣帝时，河内女子拆旧屋时发现了一篇，献给朝廷，朝廷编入了"伏生本"《尚书》，变成了29篇）④。伏生所传《尚书》在内容与编次上和今天流行的28篇《尚书》大体相同。

伏生所传《尚书》被列为官学，随即在全国流行起来。汉武帝时期，朝廷实行"罢黜百家，独尊儒术"的政策，将儒学作为官方意识形态，设立五经博士。《尚书》学便承自伏生的弟子济南人张生和千乘人欧阳和伯。二人是西汉时期伏生《尚书》学传播过程中非常重要的人物。张生、欧阳和伯分

① （汉）司马迁：《史记》卷一百一《晁错传》，中华书局1963年版，第2745页。
② （汉）司马迁：《史记》卷一百二十一《伏生传》，中华书局1963年版，第3124—3125页。
③ （汉）班固撰，（唐）颜师古注：《汉书》卷三十《艺文志》，中华书局1964年版，第1706页。
④ 伏生所传《尚书》究竟是29篇，还是28篇，历史上说法不一。《史记·儒林列传》《汉书·儒林传》《汉书·艺文志》都认为伏生所传为29篇。东汉王充在其《论衡·正说》中则认为伏生所传本来28篇，后来汉宣帝时期，"河内女子发老屋，得逸《易》《礼》《尚书》各一篇奏之，宣帝下示博士，然后《易》《礼》《尚书》各益一篇，而《尚书》二十九篇始定矣。"

别成为汉代《尚书》学两大支派的祖师。

伏生所传之学后分为三家在西汉相继被立为博士，分别是：欧阳高（欧阳和伯的曾孙）、夏侯胜（张生的后传弟子）和夏侯胜侄子夏侯建，简称欧阳和大、小夏侯。这三家的学问传承脉络是：

欧阳氏《尚书》学的传承系统：欧阳和伯（伏生弟子）→倪宽→孔安国。此后倪宽→欧阳世（欧阳和伯之子）→欧阳高（欧阳和伯曾孙）。

大夏侯《尚书》学的传承系统：张生（伏生弟子）→夏侯都尉→夏侯始昌（夏侯都尉族子）→夏侯胜（夏侯始昌族子）。

小夏侯《尚书》学的传承系统：夏侯建既传其叔夏侯胜的学问，又问学于欧阳高，并兼采五经诸儒之学，自成一家，由此也被立为博士，是为小夏侯之学。

伏生像

伏生亦称"伏胜"。西汉今文《尚书》的最早传授者。济南郡治今山东章丘西）人。曾任秦博士。汉初，以《尚书》教于齐鲁间。汉文帝时，派晁错向他学《尚书》，相传伏生女（名佚，或作羲娥）曾帮助传授。西汉的《尚书》学者，都出其门下。今本今文《尚书》三十八篇，即由他传授而存。相传还作有《尚书大专》，疑是其弟子张生、欧阳生或后来的博士们杂录所闻而成。

三家中，欧阳《尚书》学是在汉武帝时立为博士，大、小夏侯在汉宣帝时立为博士，他们是汉代今文《尚书》学的代表。伏生所传之学门生、弟子遍及天下。很多人身居高位，如倪宽在武帝时官至御史大夫（副宰相）、夏侯建官至太子太傅，其他弟子位居三公、九卿、郡守更是比比皆是。

欧阳和大、小夏侯在汉代非常兴盛，但三家之间也存在差异和权力竞争。汉武帝时，欧阳《尚书》学最流行。但到汉宣帝时，大、小夏侯《尚书》学取代了欧阳，原因在于大、小夏侯极力迎合朝廷统治。之前欧阳《尚书》

学很少谈论阴阳、灾异，但大小夏侯两家都借助《洪范》大谈阴阳五行、灾异学说，为统治者服务。大、小夏侯《尚书》学的儒生大都担任皇帝的老师，如大夏侯的夏侯胜就是汉昭帝和上官皇后的老师；小夏侯中的夏侯建为太子太傅；儒士孔霸师承大夏侯，也曾为汉元帝的老师；儒士郑宽中师承小夏侯，曾为汉成帝的老师。相比之下，欧阳氏在当时并不显贵。故当时很多学者都研习大、小夏侯《尚书》学，较著名者有孔霸、周堪、唐林、王吉、郑宽中、许商等官至九卿；孔光、赵玄等官至三公，他们的门徒也非常兴盛。善于运用阴阳灾异服务于皇权的大、小夏侯《尚书》学在西汉后期盛极一时。其中，小夏侯之学兼采欧阳和大夏侯两家的优长，相比之下更为兴盛。

到了东汉，欧阳氏《尚书》学又开始取代大、小夏侯盛行起来，首要原因是欧阳《尚书》学没有过度宣扬阴阳灾异、谶纬迷信。因为谶纬之学虽在维护朝廷统治方面作出了突出贡献，但同时也是双刃剑，有时候也被用作反对朝廷统治的工具。其次，西汉今文经学繁琐的章句训诂之学，如一句"曰若稽古"，就有学者阐发了两三万句话而趋于僵化，统治者认为简洁、明快的经学注解更能发挥儒家经典的政治功能，于是更加倾向简洁的欧阳《尚书》学。此外，还有一个重要原因是，东汉传承欧阳《尚书》学主要是桓氏家族，桓荣家族为经学世家，累世公卿，显赫一时。《后汉书·桓荣传》就说："中兴而桓氏尤盛，自荣至典，世宗其道，父子兄弟代作帝师，受其业者皆至卿相，显乎当世。"[1]桓氏家族的弟子，如丁鸿、张禹、杨震、朱宠等人也都位至三公。东汉诸帝几乎都师从桓氏之学，皇帝的偏爱与桓氏家族的影响，使欧阳一支《尚书》学在东汉非常兴盛。

两汉，欧阳和大、小夏侯家族凭借《尚书》，成为汉代的豪族。随着五经博士被立为官学，自西汉中期开始全国掀起了一股读经热，越来越多的读书人通过精通一经或数经而获取了名利，以至东汉形成了很多的经学世家，成为累世公卿。东汉的世家大族基本上就是经学世家，形成了势力庞大的门阀士族。例如，弘农大族杨宝，靠传授《尚书》成为经学世家，进而成为累世公卿。杨宝之子杨震官至太尉，杨震之子杨秉也官至太尉，杨秉之子杨赐位至司徒司空，小儿子杨彪也位至司空、司徒、太尉、录尚书事，四代人中

---

① （南朝宋）范晔撰，（唐）李贤等注：《后汉书》卷三十七《桓荣传》，中华书局1965年版，第1261页。

有多人位居三公。又如，袁绍的袁氏家族，靠汉初袁氏祖先传承孟氏《易》学，成为经学世家，进而演变为累世公卿，在东汉四世五公。袁绍因此在三国初期曾经号令天下，成为诸侯盟主，是出身宦官家族的曹操所不能比肩的。总而言之，在汉代要想做官，首先要精通一经，然后就可以受到朝廷的录用。当时民间就流行"遗子黄金满籯，不如一经"的谚语，由此可见儒经在社会中的价值和意义。

总而言之，在汉代尤其是东汉时期，世家大族的形成，经学是一个重要的媒介，加上当时的选举制度，即察举、征辟、任子，又进一步维护了世家大族的利益，以至于到了魏晋时期世家大族成为可以左右皇权最重要的势力，皇权的稳定与盛衰也与他们息息相关。东汉末，曹操虽然实行"唯才是举"，压制公卿大族，但政治的稳定依旧离不开他们支持，所以曹丕继位后采用陈群建议，推行九品中正制，就是对累世公卿既得利益与权势的承认和利用。但曹氏家族最终不敌世家大族的司马氏，东晋政治上形成了"王与马共天下"的格局。这种皇权与世家大族并存的状况一直沿袭到了唐五代时期。

（二）古文《尚书》的出现与流传

就在今文《尚书》被立为博士，大行其道之时，各地陆续发现了先秦古文字书写的古文《尚书》。与今文《尚书》相比，无论是在书写字体、篇章文字、解读方式上都有很大不同，被称为古文《尚书》。

隋文帝杨坚像

弘农杨氏是以弘农郡（今陕西华阴）为郡望的杨姓士族，始祖为汉昭帝丞相杨敞（司马迁女婿）。杨敞曾孙杨宝以欧阳《尚书》学成为哀平二帝时名儒。其子杨震东汉官居太尉，号称"关西孔子"，其子杨秉、孙杨赐、重孙杨彪皆为太尉，时称"四世太尉"。建立隋朝的杨坚家族也将祖上追溯到弘农杨氏上，称是杨震十四世孙。著名历史学家陈寅恪考证，认为是附会之举，隋朝皇室原为山东寒族，且有北方民族血统。

这种差别不仅仅局限于今、古文《尚书》之间，在《春秋》《诗经》《论语》《孝经》等经典上都有体现。

就汉代所出现的古文《尚书》而言，主要有以下几个版本值得关注。

1. 河间献王刘德传本

汉景帝之子河间献王刘德，喜欢搜求古书，广泛征集散佚民间的典籍，并组织文人学者进行整理，有《周礼》《礼记》《老子》《孟子》，其中也包括古文《尚书》，他将这些古书献给朝廷。①

2. 孔宅壁中书或孔安国古文《尚书》

汉景帝之子鲁恭王刘馀，在拆孔子的旧房子时，从墙壁中发现了《尚书》《礼记》《论语》《孝经》等古书，共几十篇。后来孔子的十一

孔安国像

孔安国西汉经学家。字子国。孔子后裔。武帝时任谏大夫。相传他曾得孔子住宅壁中所藏《古文尚书》，开古文尚书学派；但为后来学者所怀疑。又传他有《尚书孔氏传》，宋人开始怀疑，经明清学者考证，定为后人伪托。

世孙孔安国得到了这些书，并对它们进行研究，其中古文《尚书》与流行的伏生《尚书》29 篇，多出了 16 篇，即共 45 篇。今、古文《尚书》在文字上也有不同，相差 700 字左右。孔安国对其进行校勘，随后将《尚书》等古

---

① （汉）班固撰，（唐）颜师古注：《汉书》卷五十三《景十三王传》记载："河间献王德以孝景前二年立，修学好古，实事求是。从民得善书，必为好写与之，留其真，加金帛赐以招之。繇是四方道术之人，不远千里，或有先祖旧书，多奉以奏献王者，故得书多，与汉朝等。是时，淮南王安亦好书，所招致率多浮辩。献王所得书皆古文先秦旧书，《周官》《尚书》《礼》《礼记》《孟子》《老子》之属，皆经传说记，七十子之徒所论。其学举六艺，立《毛氏诗》《左氏春秋》博士。修礼乐，被服儒术，造次必于儒者。山东诸儒多从而游。"中华书局 1964 年版，第 2410 页。

文经书献给朝廷，希望立为博士，但未成功。①这些古书便藏于宫中图书馆。

3.张霸"百两篇"本

张霸是汉成帝时的山东儒生。"百两篇"是一部其伪造的书。他曾经将伏生《尚书》29篇，分解拆开，又利用《左传》《书序》中语句，伪造了102篇《尚书》②。102篇的数目正好和《史书》《汉书》记载孔子删订百篇《尚书》的说法相合，以至于一时无人怀疑，曾一度被立为学官，时称"百两篇"。后由于其作伪的手法太低劣，很快被人识别出来，张霸也被关进监狱。但汉成帝觉得他也是个人才，将其赦免，此伪书也没有禁止，并在民间流传。

4.皇家宫廷"中秘本"

中秘，指宫廷藏书。汉代重视儒学，逐渐收集了大量的先秦古书，成帝、哀帝时期，宫廷的藏书已经非常多，但缺乏整理，很多都朽坏了。于是朝廷命刘向、刘歆父子整理古籍。刘向将宫廷所藏的古文《尚书》（一般都认为是孔安国在汉武帝时期所献）与今文《尚书》的相同部分进行了校勘，然后将古文《尚书》29篇中的《盘庚》《泰誓》分别分为上中下3篇，将原为一篇的《顾命》《康王之诰》分为2篇，于是多出了5篇，使古文《尚书》29篇，变为34篇。又将多出来的16篇古文《尚书》中《九共篇》分为9篇，

---

① （汉）班固撰，（唐）颜师古注：《汉书》卷三十《艺文志》记载："《古文尚书》者，出孔子壁中。武帝末，鲁恭王坏孔子宅，欲以广其宫，而得《古文尚书》及《礼记》《论语》《孝经》凡数十篇，皆古字也……孔安国者，孔子后也，悉得其书，以考二十九篇，得多十六篇。安国献之。遭巫蛊事，未列于学官。"中华书局1964年版，第1706页。又据《汉书》卷八十八《儒林传》记载："孔氏有古文《尚书》，孔安国以今文读之，因以起其家，逸《书》得十余篇，盖《尚书》兹多于是矣。遭巫蛊，未列于学官。安国为谏大夫，授都尉朝，而司马迁亦从安国问。故迁书载《尧典》《禹贡》《洪范》《微子》《金縢》诸篇，多古文说。"中华书局1964年版，第3607页。

② （汉）班固撰，（唐）颜师古注：《汉书》卷八十八《儒林传》载："世所传《百两篇》者，出东莱张霸，分析合二十九篇以为数十，又采《左氏传》《书叙》为作首尾，凡百二篇。篇或数简，文意浅陋。成帝时求其古文者，霸以能为《百两》征，以中书校之，非是。"中华书局1964年版，第3607页。（汉）王充：《论衡》卷二十《佚文篇》载："孝武皇帝封弟为鲁共王。恭王坏孔子宅以为宫，得佚《尚书》百篇，《礼》三百，《春秋》三十篇，《论语》二十一篇，闻弦歌之声，惧复封涂，上言武帝。武帝遣吏发取……孝成皇帝读《百篇尚书》，博士郎吏莫能晓知，征天下能为《尚书》者。东海张霸通《左氏春秋》，案百篇序，以《左氏》训诂造作百二篇，具成奏上。成帝出秘《尚书》以考校之，无一字相应者，成帝下霸于吏，吏当器辜大不谨敬。成帝奇霸之才，赦其辜，亦不（减）灭其经。故百二《尚书》传在民间。"上海人民出版社1974年版，第311页。

由此增加了 8 篇。古文《尚书》16 篇变为 24 篇。这样孔安国所献的古文《尚书》就变成了总共 58 篇。刘歆的这种做法，并没有改变古文《尚书》的内容，只是根据内容长短进行分割，增加了篇数而已。刘歆喜欢古文经学，曾建议汉哀帝将古文《尚书》立为学官。因今文《尚书》博士极力反对作罢。王莽篡位，刘歆得势，于是古文《尚书》一度被立为官学。东汉古文《尚书》官学博士又被废除。

5. 扶风杜林传本

东汉杜林（？—147 年），字伯山，扶风（今陕西兴平）人。根据《汉书》记载，他曾在西州一个地方得到油漆所写的古文《尚书》一卷[①]。杜林将这卷古文《尚书》和孔安国所传的进行校勘后[②]，传授给弟子。杜林所传的古文《尚书》与东汉欧阳和大、小夏侯三家今文《尚书》，并行于世。东汉的古文经学大家贾逵、马融、郑玄等人都为杜林所传的古文《尚书》作注解，于是杜林古文《尚书》也非常流行，影响较大。[③]

6. 郑玄注解本

郑玄是东汉的经学大师，无论是在汉代经学史上，还是在中国古代经学史上都有崇高的地位。郑玄的先祖是山东大族，到郑玄时家道衰落。他遍访名师研究经学。郑玄研究经学并不墨守师法、家法，擅于今、古文融会贯通，自成一家，并由此形成了一个新的学派——郑学。他晚年，为五经作注，并成为当时最受欢迎的经书注解本，以至其他经学流派都渐渐消亡了。比如，郑玄为费直古文《易》作注后，今文经的施、孟、梁邱三家《易》便

---

① （南朝宋）范晔撰，（唐）李贤等注：《后汉书》卷二十七《杜林传》记载："河南郑兴、东海卫宏等，皆长于古学。兴尝师事刘歆，林既遇之，欣然言曰：'林得兴等固谐矣，使宏得林，且有以益之。'及宏见林，暗然而服。济南徐巡，始师事宏，后皆更受林学。林前于西州得漆书《古文尚书》一卷，常宝爱之，虽遭难困，握持不离身。出以示宏等曰：'林流离兵乱，常恐斯经将绝。何意东海卫子、济南徐生复能传之，是道竟不坠于地也。古文虽不合时务，然愿诸生无悔所学。'宏、巡益重之，于是古文遂行。"中华书局 1965 年版，第 936—937 页。

② 根据清王鸣盛《尚书后案》的观点，杜林所传授的《尚书》，是从孔安国古文《尚书》脱胎而来。这个观点，在清代颇有影响。

③ （南朝宋）范晔撰，（唐）李贤等注：《后汉书》卷七十九上《儒林传》载："中兴，北海牟融习《大夏侯尚书》，东海王良习《小夏侯尚书》，沛国桓荣习《欧阳尚书》。荣世习相传授，东京最盛。扶风杜林传《古文尚书》，林同郡贾逵为之作训，马融作传，郑玄注解，由是《古文尚书》遂显于世。"中华书局 1965 年版，第 2566 页。

废止了；为古文《尚书》作注后，今文经的欧阳和大、小夏侯三家《尚书》便散失了，即使之前流行的贾逵、马融古文注解也逐渐式微；为古文经的《毛诗》作注后，今文经的齐、鲁、韩三家《诗》也不再显赫了。总而言之，郑学的出现，使经学的发展进入了一个新的时代。晚清的皮锡瑞《经学历史》将这个时代称为经学的"统一时代"，即各家各派的经学都为郑玄经学所统一。

郑玄像

郑玄对于《尚书》的注解，主要以杜林所传的古文《尚书》为根本，吸收了欧阳和大、小夏侯的今文《尚书》，作《尚书注》。郑玄所注的部分，主要是和伏生今文《尚书》相同的部分，多的16篇并没有进行作注，此后今文《尚书》和古文《尚书》多出的16篇逐渐消亡。

由上可以得出，汉代的《尚书》传本，大体上为两个系统：一是伏生所传的今文《尚书》系统，一是西汉孔安国和东汉杜林所传的古文《尚书》系统。今古文《尚书》之间有很大的不同。近世经学史家周予同先生认为，今古文《尚书》："它们的不同，不仅在于所书写的字，而且字句有不同，篇章有不同，书籍有不同，书籍中的意义有大不同；因之，学统不同，宗派不同，对于古代制度以及人物批评各不相同；而且对于经书中的中心人物，孔子，各具完全不同的观念。"① 今文《尚书》由于在经义解释上注重与现实社会政治的需要相结合，为现实统治辩解，从而获得皇权的支持，在有汉一代始终居于统治地位。而古文《尚书》由于存在文本真伪的问题，加之研究方法主要

---

① 朱维铮编校：《周予同经学史论》，上海人民出版社2010年版，第1页。

是训诂考证，故远离政治在民间流传。尽管在西汉末年，刘歆推崇古文《尚书》，并受到王莽的支持而被立为官学，但东汉古文《尚书》的官学地位很快被废除。西汉官学博士几乎都是今文《尚书》的天下，而古文《尚书》一直在民间传播，直到东汉后期才开始大行于世。

（三）古文《尚书》及其辨伪

魏晋战乱，今、古文《尚书》在永嘉之乱中一起散失了。根据《隋书·经籍志》记载："晋世秘府所存，有《古文尚书》经文，今无有传者。及永嘉之乱，欧阳，大、小夏侯《尚书》并亡。"①

东晋朝廷开始复兴经学文化，但是没有《尚书》传承者及文本了。于是东晋豫章内史梅赜（颐）向朝廷献上据说是孔安国所传的古文《尚书》。这部书其实是梅赜自己伪造，假托孔安国所传的古文《尚书》。孔安国是孔子后裔，其学说代表儒学正统，容易获得统治者的信任。随即，这部所谓孔安国古文《尚书》学被立为官学。

梅赜所献的这部《尚书》，经宋元明清历代学者的考证确定为伪书。这部伪书实则是将伏生所传的今文《尚书》28篇拆散，形成了33篇。此外，梅赜又从一些先秦古籍中搜集了很多关于《尚书》的语句，增加了25篇（后人称之为"晚书"），凑齐了孔安国古文《尚书》58篇。由于当时已经很少有人精通《尚书》，且古文《尚书》很难识别，加上梅赜所献的古文《尚书》58篇在当时比较完整，故被南朝梁立为官学。从此之后，梅赜所献的伪古文《尚书》开始在南北朝流行起来，并逐渐取代了郑玄古文《尚书》注本。后来，北朝大经学家刘炫、刘焯还为它作义疏，隋唐经学大家陆德明《经典释文》作《音义》，以至于这部书在学术界、政治界的影响，远远超越了郑玄所注的杜林古文《尚书》本。

到了唐太宗时期，朝廷命令宰相孔颖达为五经作注，改变魏晋南北朝时期经书注解杂乱的局面，希望通过统一经书注解的形式来统一社会思想。而孔颖达《尚书正义》，所用的底本就是梅赜所献的伪孔安国所传古文《尚书》。《尚书正义》成书以后，就被朝廷颁布到全国，作为科举考试的必读书目。

到了宋代，朝廷把孔安国所作的《尚书传》作为注、孔颖达《尚书正义》

---

① （唐）魏徵等：《隋书》卷三十二《经籍志》，中华书局1973年版，第915页。

作为疏，合为一本进行刊刻，就是《尚书注疏》，这就是元明清时期《十三经注疏》中《尚书》部分。尽管在宋元明清时期，有很多学者已经开始怀疑它是伪书，但是由于影响太大，所以并没有废止其经典地位。今天使用的很多注解本，还是这个文本。

到了南宋时期，学术界沿袭北宋"疑经惑传"的思潮，即对古代的经书和注解都有怀疑，如欧阳修就曾怀疑《易传》不是孔子所作。南宋，这种怀疑风气依旧很盛行，很多学者对《尚书》更加持怀疑的态度，如郑樵《书考》《书辨讹》、叶梦得《书传》、林之奇《尚书全解序》、吴棫《书裨传》等均怀疑梅赜伪古文《尚书》。

南宋理学家朱熹也在前人的基础上，表达了自己的怀疑。

> 孔壁所出《尚书》，如《禹谟》《五子之歌》《胤征》《泰誓》《武成》《冏命》《微子之命》《蔡仲之命》《君牙》等篇皆平易，伏生所传皆难读。如何伏生偏记得难底，至于易底全记不得？此不可晓。如当时诰命出于史官，属辞须说得平易。若《盘庚》之类再三告诫者，或是方言，或是当时曲折说话，所以难晓。①

朱熹认为，为什么汉代伏生所传的今文《尚书》，读起来佶屈聱牙，但是在伏生之前的古文《尚书》却读起来文从字顺。还有，孔安国古文《尚书》中的《书序》，在先秦时期没有记载，突然在汉代出现。此外，孔安国古文《尚书》和伏生今文《尚书》在文章风格上也不一样。诸此种种，朱熹认为孔安国所传的古文《尚书》是伪书。不仅如此，朱熹还认为，连《尚书》中每篇文章前面的《小序》也值得怀疑。

> 某尝疑孔安国《书》是假书……兼《小序》皆可疑。②

---

① （宋）黎靖德编，杨绳其、周娴君校点：《朱子语类》卷七十八《尚书一·纲领》，岳麓书社 1997 年版，第 1776 页。
② （宋）黎靖德编，杨绳其、周娴君校点：《朱子语类》卷七十八《尚书一·纲领》，岳麓书社 1997 年版，第 1783 页。

阎若璩《尚书古文疏证》书影

阎若璩（1636—1704），清代经学家，字百诗，号潜邱（生作潜丘）。山西太原人，迁居江苏淮安。与胡渭等帮助徐乾学修《大清一统志》。长于考据，撰《尚书古文疏证》，确证东晋梅赜所献《古文尚书》和《尚书孔氏传》出于伪作。又撰《四书释地》，校正前人关于古地名附会的错误。补正顾炎武所撰《日知录》五十余条。另有《潜邱札记》等。

朱熹曾说："某看得《书小序》不是孔子自作，只是周秦间低手人作。"① "《小序》断不是孔子作。"② 朱熹弟子蔡沈《书集传》继承了他的说法。蔡沈为《尚书》作注，吸收了朱熹的观点，后来此书被确立为官方经典与科举必考书目。从南宋后期开始，朱熹之学被确立为官方学说，朱熹的经学、理学的影响非常大。朱熹对《尚书》的认识与解读无疑成为当时学术界的主导观点，加上蔡沈《书集传》又是科举必修书目，所以在朱熹之后的学者对《尚书》的怀疑越发激进。元人赵孟𫖮《书古今文集注》、吴澄《书纂言》、明人梅鷟《读书谱》《尚书考异》、胡应麟《少室山房笔丛》等，都对今、古文《尚书》的

① （宋）黎靖德编，杨绳其、周娴君校点：《朱子语类》卷七十八《尚书一·纲领》，岳麓书社 1997 年版，第 1781 页。
② （宋）黎靖德编，杨绳其、周娴君校点：《朱子语类》卷七十八《尚书一·纲领》，岳麓书社 1997 年版，第 1782 页。

真伪考辨作出了贡献，在《尚书》的解读上开始跳出《书序》的束缚，根据朱熹《尚书》学和理学思想来解读。

对伪古文《尚书》辨伪产生决定性影响的当属清初阎若璩《尚书古文疏证》一书。阎若璩利用归纳法辨伪，从伪古文《尚书》与古籍不合、与史例不合、与古史不合、与古代典礼不合、与古代历法不合、与古代地理不合、与训诂不合、与义理不合等八个方面出发，条分缕析，收集资料，以毕生精力，得论据128条，成功地推翻了伪古文《尚书》经典之地位。四库馆臣称赞其书："反复龉剔，以祛千古之大疑，考证之学则固未之或先矣。"① 阎若璩经过了多年的努力，最终解决了千年以来的学术疑案，成为经学考据学史上的典范。

阎若璩之后，又有姚际恒《古今伪书考》、惠栋《古文尚书考》、王鸣盛《尚书后案》、崔述《尚书辨伪》、程廷祚《晚书订疑》等，进一步加以考证，使《尚书》辨伪的工作更加细密与完善，从而确证孔传古文《尚书》为伪作。此后，很多学者在研究《尚书》时，都将今文与古文《尚书》分开，如江声《尚书集注音疏》、孙星衍《尚书今古文注疏》、段玉裁《古文尚书撰异》、刘逢禄《尚书今古文集解》等都是如此。当然，也有一些学者极力反对，如毛奇龄撰《古文尚书冤词》一书为伪古文《尚书》辩护，但论据不足，不为世人所重视。

《尚书》伪孔传的历代辨伪情况，可分为五个时期，各阶段代表人物如下表。

第一期（唐）	第二期（南宋）	第三期（元）	第四期（明）	第五期（清）
陆德明	吴棫	郝经	梅鷟	阎若璩
刘知幾	郑樵	吴澄	胡应麟	姚际恒
李汉	叶梦得	赵孟頫		惠栋
	林之奇			王鸣盛
	朱熹			崔述
				程廷祚

综上所述，《尚书》从先秦产生之后，流传相当复杂、曲折，大体上经

① （清）永瑢等：《四库全书总目》卷十二《尚书古文疏证》提要，中华书局1965年版，第102页。

历了以下几个时期。

第一，传说的《三坟》《五典》是《尚书》的源头。夏、商、周时期数量巨大的王室档案、帝王之书，被删减后用作宫廷官学的教科书，这是《尚书》的最初原型。

第二，到了春秋时期，原来藏在王室中的《尚书》各篇流传到民间，孔子在这些篇目的基础上进行删订、整理，并形成了102篇的《尚书》文本，成为儒家学派的重要教科书。

第三，秦始皇焚书坑儒，主要是毁禁民间的《尚书》但对宫藏《尚书》影响并不大，秦廷的博士还对春秋战国以来流传的各个《尚书》版本作了相应的整理。

第四，秦汉战乱之后，西汉文景时期，朝廷从伏生处得到了秦代的29篇《尚书》，并用汉代通用的文字隶书进行传抄，成为汉代今文《尚书》的祖本。

第五，从汉武帝开始，伏生今文《尚书》的后传弟子欧阳和大、小夏侯三家被立为博士，与此同时，各地相继出现了用先秦古文字书写的《尚书》文本，这就是各种版本的古文《尚书》，其中影响最大的是西汉孔安国古文《尚书》和东汉杜林古文《尚书》两个版本。其中杜林古文《尚书》经过马融、郑玄等人的注解和宣扬，成为汉魏时期最重要的《尚书》文本。

第六，魏晋战乱，两汉的今文《尚书》与古文《尚书》亡佚，东晋梅赜向朝廷进献的伪孔传古文《尚书》，成为近世以来最有影响的文本。

第七，在梅赜伪孔传古文《尚书》传播的同时，后世学者也对之有所怀疑，并对之进行考辨，最终在清代被确证为伪书。从清代中期开始，在注解和阅读上，将今、古文《尚书》进行分解，伏生所传的今文《尚书》，又成为最流行的《尚书》文本，直至今天。

三、《尚书》学简史

《尚书》从最早的官方档案，到史官记载的帝王言行录，并开始在贵族子弟教育中发挥作用。到了春秋战国时期，经过孔子等人的删订、编纂，形成了后代最常用的《尚书》文本。《尚书》学的发展史上，孔子无疑是最重要的一位学者，他对《尚书》的删订奠定了其基本框架。可以说，没有孔子，就没有《尚书》，孔子为《尚书》所作的《序》，虽后世认为并

《孔子圣迹图·删述六经》，（明）佚名绘，现藏山东曲阜孔子博物馆

孔子删述六经，以诏万世，亦圣人所能为。孔子根据古文献整理编定六经，其意义在于承上启下，"自书契以来，立言者虽多，惟仲尼以天纵之圣，故总诗、书、礼、乐而会于一手，然后能同天下之文，贯二帝三王而通为一家，然后能极古今之变。是以其道光明百世之上，百世之下不能及"（郑樵）。随着后世儒家思想的兴盛，六经逐渐被视为中华文明的根本性精神命脉。

非孔子所作，但在中国两千多年的时间里，绝大部分学者依旧将其视为孔子的思想，并以此为指导思想进行研究和阐释，在《尚书》学史上有重要的价值和意义。

（一）先秦

春秋时期，《尚书》非常受到重视，《左传》中有大量引用《尚书》的记载，可见当时《尚书》广泛流传，成为社会价值判断与政治哲学的经典之作。比如，《左传》记载城濮之战前，晋国任命三军元帅一事，重臣赵衰推荐了精通《尚书》的郤縠。

　　于是乎蒐于被庐，作三军，谋元帅。赵衰曰："郤縠可。臣亟闻其言矣，说礼乐而敦《诗》《书》。《诗》《书》，义之府也；礼乐，德之则也；德义，利之本也。《夏书》曰：'赋纳以言，明试以功，车服以庸。'君其试之。"及使郤縠将中军，郤溱佐之。①

赵衰推荐郤縠，认为他喜欢并精通《尚书》，可为三军元帅。其原因在于，《尚书》是道德仁义的府库，只有讲道义的人方可为统帅。这说明，精通《尚书》被视为是道德仁义之人。

孔子对《尚书》也非常重视。《史书》记载，孔子删三千篇形成的百篇《尚书》文本，并为其作序，序有大序、小序。

> 孔子之时，周室微而礼乐废，《诗》《书》缺。追迹三代之礼，序《书传》，上纪唐虞之际，下至秦缪，编次其事……故《书传》《礼记》自孔氏。②

《汉书·艺文志》也继承了司马迁的说法。

> 《书》之所起远矣，至孔子纂焉，上断于尧，下讫于秦，凡百篇，而为之序，言其作意。③

唐代魏徵等主持编撰的《隋书·经籍志》也继承了《史记》《汉书》的观点。

> 《书》之所兴，盖与文字俱起。孔子观《书》周室，得虞、夏、商、周四代之典，删其善者，上自虞，下至周，为百篇，编而序之。④

《史记》《汉书·艺文志》《隋书·经籍志》《尚书正义》等都记载了孔子为传承周代礼乐文化，曾经整理、删订过《尚书》，而且班固与魏徵等都认为孔子编订的《尚书》为一百篇。不仅如此，他们还认为《尚书》中每一篇

---

① （晋）杜预注，（唐）孔颖达疏：《春秋左传正义·僖公二十七年》，李学勤主编：《十三经注疏》标点本，北京大学出版社 1999 年版，第 436—437 页。

② （汉）司马迁：《史记》卷四十七《孔子世家》，中华书局 1963 年版，第 1935—1936 页。

③ （汉）班固撰，（唐）颜师古注：《汉书》卷三十《艺文志》，中华书局 1964 年版，第 1706 页。

④ （唐）魏徵等：《隋书》卷三十二《经籍志》，中华书局 1973 年版，第 914 页。

文章前面的《小序》也是孔子所作，这些《序》主要说明每一篇的主旨和背景。汉唐时期的学者一致认为孔子根据夏、商、周时期的官方文献，删订并形成了原始文本《尚书》，并且《尚书》中的《序》也是孔子所作。这一观点一直占有主导地位，成为《尚书》成书最基本的观点。

孔子不仅删订《尚书》，更借以阐发自己的政治理念，对尧舜之道多有称赞，并以上古三代政治理想为目标，建构了以仁为核心的政治学说。

孟子作为孔子的私淑弟子，其很多思想便发自《诗经》《尚书》的诠释，建构了自己的王道政治理念，如民本思想、仁政理想等。孟子重视《尚书》，借助对《尚书》《诗经》的整理、诠释建构了自己的思想体系，留下了《孟子》一书。

> 孟轲，邹人也。受业子思之门人。道既通，游事齐宣王，宣王不能用。适梁，梁惠王不果所言，则见以为迂远而阔于事情。当是之时，秦用商君，富国疆兵；楚、魏用吴起，战胜弱敌；齐威王、宣王，用孙子、田忌之徒，而诸侯东面朝齐。天下方务于合从连横，以攻伐为贤，而孟轲乃述唐、虞、三代之德，是以所如者不合。退而与万章之徒序《诗》《书》，述仲尼之意，作《孟子》七篇。①

孟子所处的时代，墨家（代表人物墨子，主张兼爱非攻，即天下相互友爱、反对战争）、纵横家（代表人物苏秦、张仪、公孙衍，宣扬合纵连横之术）、杨朱学派（代表人物杨朱，主张为我，孟子评价其"拔一毛而利天下，不为也"）以及法家学说（代表人物李悝、商鞅等人，主张重农、刑法）等各家学派，纷纷迎合诸侯国的需要，宣扬自己的学说。这对孟子宣扬的仁政王道学说无疑有极大的冲击作用。

孟子的学说终其一生未被践行。于是，孟子在晚年回到故乡，著书立说，与万章、公孙丑等弟子整理《诗》《书》等儒家经典，传承孔子思想，作《孟子》七篇。

《孟子》中引用《尚书》二十多次，主要用于宣扬孟子自己的民本思想、仁政理念。如《孟子·梁惠王下》记载。

---

① （汉）司马迁：《史记》卷七十四《孟轲传》，中华书局1963年版，第2343页。

齐人伐燕，取之。诸侯将谋救燕。宣王曰："诸侯多谋伐寡人者，何以待之？"孟子对曰："臣闻七十里为政于天下者，汤是也。未闻以千里畏人者也。《书》曰：'汤一征，自葛始。'天下信之，东面而征，西夷怨；南面而征，北狄怨，曰：'奚为后我？'民望之，若大旱之望云霓也。归市者不止，耕者不变。诛其君而吊其民，若时雨降。民大悦。《书》曰：'徯我后，后来其苏。'今燕虐其民，王往而征之，民以为将拯己于水火之中也，箪食壶浆以迎王师。若杀其父兄，系累其子弟，毁其宗庙，迁其重器，如之何其可也？天下固畏齐之强也，今又倍地而不行仁政，是动天下之兵也。王速出令，反其旄倪，止其重器，谋于燕众，置君而后去之，则犹可及止也。"①

孟子重视《尚书》，目的是希望重建上古三代的理想政治，并由此建构了基于"性本善"为基础的仁政学说。正因如此，孟子在唐宋得到了理学家们的关注，并将其学说视为儒家学说的正宗嫡传。理学家们还借助思孟学派的思想建构了系统的理学思想体系，从而影响了中国近世数百年的思想学术。

荀子也曾多次援引《尚书》中的章句，引《康诰》六处，《洪范》《吕刑》各两处，《泰誓》一处等。荀子推崇宣扬王道政治理念，并予以继承与发展，从而提出了自己的政治思想。

荀子极力强调《尚书》的价值，认为《尚书》是圣王安邦治国的宝典，为学一定要研习《诗》《书》等六经之学。

　　　　圣人也者，道之管也。天下之道管是矣，百王之道一是矣，故《诗》《书》《礼》《乐》之归是矣。《诗》言是其志也，《书》言是其事也，《礼》言是其行也，《乐》言是其和也，《春秋》言是其微也……天下之道毕是矣。乡是者臧，倍是者亡。乡是如不臧、倍是如不亡者，自古及今未尝有也。②

　　　　学恶乎始，恶乎终？曰：其数则始乎诵经，终乎读礼；其义则始乎

① （汉）赵岐注，（宋）孙奭疏：《孟子注疏·梁惠王章句下》，李学勤主编：《十三经注疏》标点本，北京大学出版社 1999 年版，第 57—58 页。

② （战国）荀况撰，（唐）杨倞注：《荀子》卷四《儒效篇》，上海古籍出版社 2010 年版，第 75 页。

为士，终乎为圣人。真积力久则入，学至乎没而后止也。故学数有终，若其义则不可须臾舍也。为之，人也；舍之，禽兽也。故《书》者，政事之纪也；《诗》者，中声之所止也；《礼》者，法之大分，类之纲纪也，故学至乎礼而止矣。夫是之谓道德之极。《礼》之敬文也，《乐》之中和也，《诗》《书》之博也，《春秋》之微也，在天地之间者毕矣。①

在荀子看来，《尚书》六经有不同的价值和功能，借助六经不仅可以治国安邦，还可以改变个体的道德品行，"其义则始乎为士，终乎为圣人"。荀子强调六经的作用，是对孔子、子夏、孟子经学思想体系的肯定与继承。他将六经视为是圣人之道的载体：《诗》是圣人之志的表达，《书》是圣人政事的记载，《礼》是圣人行为的记录，《乐》是圣人情怀的表述，《春秋》是圣人微言大义的体现。总之，人们只要深刻体悟六经，就可以明白天地之间的道理。六经所承载的都是先王之礼法，所以只有对礼法有了清晰的认知，反过来才能更深刻地领悟六经之义。

学之经莫速乎好其人，隆礼次之。上不能好其人，下不能隆礼，安特将学杂识志，顺《诗》《书》而已尔，则末世穷年，不免为陋儒而已。将原先王，本仁义，则礼正其经纬蹊径也。若挈裘领，诎五指而顿之，顺者不可胜数也。不道礼宪，以《诗》《书》为之，譬之犹以指测河也，以戈舂黍也，以锥飧壶也，不可以得之矣。故隆礼，虽未明，法士也；不隆礼，虽察辨，散儒也。②

荀子认为研习六经，最好的办法就是接触贤人。如若不能得到贤人指点，就要重视礼法，如果不能领悟六经所强调的礼法思想，则就是"陋儒"；如果学习了六经，还不能改变自己，遵守礼法，那么就是"散儒"。总之，在荀子看来，礼法乃是六经之本根。"礼"也是荀子思想体系的核心所在，礼的本质其实就是象征着社会法度、规范与政治秩序。

---

① （战国）荀况撰，（唐）杨倞注：《荀子》卷一《劝学篇》，上海古籍出版社2010年版，第4—5页
② （战国）荀况撰，（唐）杨倞注：《荀子》卷一《劝学篇》，上海古籍出版社2010年版，第5页。

战国时期，除了孟子、荀子等大儒对《尚书》有自己的认知与理解之外，还有很多儒家后学弟子对《尚书》研习和诠释。《礼记·经解》将《尚书》视为儒家的专有经典：

> 孔子曰："入其国，其教可知也。其为人也温柔敦厚，《诗》教也；疏通知远，《书》教也；广博易良，《乐》教也；洁静精微，《易》教也；恭俭庄敬，《礼》教也；属辞比事，《春秋》教也。故《诗》之失愚，《书》之失诬，《乐》之失奢，《易》之失贼，《礼》之失烦，《春秋》之失乱。其为人也温柔敦厚而不愚，则深于《诗》者也；疏通知远而不诬，则深于《书》者也；广博易良而不奢，则深于《乐》者也；洁静精微而不贼，则深于《易》者也；恭俭庄敬而不烦，则深于《礼》者也；属辞比事而不乱，则深于《春秋》者也。"①

可知，《尚书》与其他五经相并立，为儒家学者所研习传承。实际上，战国时期的很多典籍，如《庄子》等对此多有记载，所谓"其在于《诗》《书》《礼》《乐》者，邹鲁之士、搢绅先生多能明之"②，将《尚书》等六经视为儒家所专有。

除儒家外，墨家也非常重视《尚书》，墨子学养深厚，对六经之学颇为精通，故在《墨子》中大量援引了六经中的章句，以服务于其学说。

> 故先民以时生财，固本而用财，则财足。故虽上世之圣王，岂能使五谷常收而旱水不至哉？然而无冻饿之民者，何也？其力时急而自养俭也。故《夏书》曰："禹七年水。"《殷书》曰："汤五年旱。"此其离凶饿甚矣，然而民不冻饿者，何也？其生财密，其用之节也。故仓无备粟，不可以待凶饥；库无备兵，虽有义不能征无义；城郭不备全，不可以自守；心无备虑，不可以应卒。……且夫食者，圣人之所宝也。故《周书》曰："国无三年之食者，国非其国也；家无三年之食者，子非其子也。"

---

① （汉）郑玄注，（唐）孔颖达疏：《礼记正义》卷五十《经解》，李学勤主编：《十三经注疏》标点本，北京大学出版社 1999 年版，第 1368 页。

② （战国）庄周撰，（清）王先谦集解：《庄子·天下》，上海古籍出版社 1989 年版，第 337 页。

此之谓国备。①

这里墨子引用《尚书》中《夏书》《殷书》中的部分章句，认为大禹时期遭遇了七年的水灾、商汤时期遭遇了五年的旱灾，但都没有饿死的人，原因就在于禹、汤使用财富都很节俭，且有忧患意识，平时储备财物。所以，墨子以此来告诫人们要有储备，以防万一，战略物资的储备特别是粮食储备尤为重要。这种思想实际上也是对《尚书》忧患意识的继承和发展。又如墨子还引用《尚书·汤誓》② 论证"尚贤"的重要性。

> 且以尚贤为政之本者，亦岂独子墨子之言哉？此圣王之道，先王之书，《距年》之言也。传曰："求圣君哲人，以禅辅而身。"《汤誓》曰："聿求元圣，与之勠力同心，以治天下。"则此言圣之不失以尚贤使能为政也。③

当然，也有一些学派对《尚书》并不重视，甚至是排斥之，如法家学派。法家代表人物商鞅就认为《诗》《书》《礼》《乐》等六经之学不仅对国家发展无益，而且还会削弱国力、人民贫乏，如其所言：

> 国有礼、有乐、有《诗》、有《书》、有善、有修、有孝、有悌、有廉、有辩，国有十者，上无使战，必削至亡；国无十者，上有使战，必兴至王。国以善民治奸民者，必乱至削；国以奸民治善民者，必治至强。国用《诗》《书》、礼、乐、孝、悌、善、修治者，敌至必削国，不至必贫国。不用八者治，敌不敢至，虽至必却；兴兵而伐，必取，必能有之；按兵而不攻，必富。④

---

① （战国）墨翟撰，张永祥、肖霞译注：《墨子译注·七患》，上海古籍出版社 2016 年版，第 31—34 页。

② 这里的语句并非出自《尚书·汤誓》，伪古文《尚书》将其列入《汤誓》篇中。

③ （战国）墨翟撰，张永祥、肖霞译注：《墨子译注·尚贤中》，上海古籍出版社 2016 年版，第 66 页。

④ 山东大学《商君书》注释组注：《商君书新注·去强》，山东人民出版社 1976 年版，第 37—38 页。

商鞅甚至把《诗》《书》《礼》《乐》及儒家之道比喻成祸国殃民的"虱害"，如其所言：

> 六虱：曰礼乐、曰《诗》《书》、曰修善、曰孝悌、曰诚信、曰贞廉、曰仁义、曰非兵、曰羞战。国有十二者，上无使农战，必贫至削。十二者成群，此谓君之治不胜其臣，官之治不胜其民，此谓六虱胜其政也。十二者成朴，必削。是故兴国不用十二者，故其国多力，而天下莫之能犯也。①

商鞅认为《诗》《书》《礼》《乐》及儒家之道是导致国弱危困的根源，应该摒弃这些经典。商鞅以非常功利的态度看待六经和儒家之学，尤其是将儒家之学所宣扬的礼乐文明看成是富国强兵的阻碍，并极力批判之。正是由于法家等学者的批判，秦统一六国后，法家学说成为了官方之学，《尚书》等儒家经典遭到了摒弃，甚至发生了"焚书坑儒"之祸，导致汉代《尚书》的残缺，并出现了今、古文《尚书》的纷争，更为伪古文《尚书》的出现埋下了伏笔。

（二）汉唐

1. 两汉

《尚书》发展的重要时期便是汉代。汉代《尚书》学开始于伏生所传的今文《尚书》。汉武帝将儒学作为官方意识形态，设立五经博士，伏生今文《尚书》之学为后传弟子欧阳氏、夏侯胜、夏侯建等人传习，被立为博士，形成了欧阳和大、小夏侯三派。伏生今文《尚书》学在整个汉代一直居于主导地位。

实际上，在伏生《尚书》学出现之前，汉高祖时期，儒生陆贾时常在汉高祖面前宣传《尚书》，虽然遭到了漠视，但其学说的确对《尚书》学作了很多的继承与发展，对此《史记·陆贾列传》记载：

> 高祖大悦，拜贾为太中大夫。陆生时时前说称《诗》《书》，高帝骂

---

① 山东大学《商君书》注释组注：《商君书新注·靳令》，山东人民出版社 1976 年版，第101—102 页。

之曰："乃公居马上而得之，安事《诗》《书》！"陆生曰："居马上得之，宁可以马上治之乎？且汤武逆取而以顺守之，文武并用，长久之术也。昔者吴王夫差、智伯极武而亡；秦任刑法不变，卒灭赵氏。乡使秦已并天下，行仁义，法先圣，陛下安得而有之？"高帝不怿而有惭色，乃谓陆生曰："试为我著秦所以失天下，吾所以得之者何，及古成败之国。"陆生乃粗述存亡之征，凡著十二篇。每奏一篇，高帝未尝不称善，左右呼万岁，号其书曰《新语》。①

刘邦重视陆贾，陆贾以《尚书》强调民本、仁义等思想，这些思想虽然刘邦并不完全认同，但陆贾还是在汉初传播了《尚书》，还基于《尚书》诠释而形成《新语》一书。从今本《新语》可以看出，陆贾的很多思想，如践行仁义、弘扬王道等主张都是《尚书》中思想观念的继承与发展②。

伏生所传的今文《尚书》学，在经学研究方法上，注重用章句训诂的方式解读经典，由于当时学者受制于名利之争、门户之见，多刻意墨守师法、家法，以至于代代相传，层层叠加，导致解说越来越繁琐。如东汉桓谭《新论》中记载：

秦近君能说《尧典》，篇目两字之说，至十余万言，但说"曰若稽古"，三万言。③

这里的秦近君，在《汉书·儒林传》中写作"延君"，曾师从夏侯建研习小夏侯《尚书》学，其过度阐发《尚书》以服务政治，传承师说，从而形成了非常繁琐的解说。其解释《尧典》一篇就多达十多万言，仅"曰若稽古"一句便解说达三万余言。可见，当时《尚书》学的繁琐。

当时，不只是《尚书》学是这样，其他各家各派的今文经学都是如此。如班固在《汉书·儒林传赞》就总结道：

---

① （汉）司马迁：《史记》卷九十七《陆贾传》，中华书局1963年版，第2698—2699页。
② 李志鹏：《陆贾〈新语〉引〈诗〉〈书〉及〈诗〉〈书〉观考论》，曲阜师范大学硕士学位论文，2015年未刊本。
③ （汉）桓谭：《新论·正经》，上海人民出版社1977年版，第35页。

自武帝立五经博士，开弟子员，设科射策，劝以官禄，讫于元始，百有余年，传业者寖盛，支叶蕃滋，一经说至百余万言，大师众至千余人，盖禄利之路然也。①

班固的观点，当时今文经学在名利的诱导下，对经书有了深入细致地研究，但解读形式上过于强调阐发经典所蕴含的微言大义，加上师法家法的束缚，导致解说非常繁琐，以至于"一经说至百万余言"。

汉代今文《尚书》学的另外一个特点，是借用阴阳五行说来解读《尚书》，讲天人感应、阴阳灾异等，以此来为皇权政治服务。当时不仅《尚书》学，易学、《诗经》学等都用阴阳五行学说进行解读。两汉之际，天人感应的学说最终导致了谶纬之学的泛滥，《尚书》也因此变成了讲怪、力、乱、神的经典依据。例如，很多学者借助《洪范》五行说来预言和论断自然灾害、时事政治的演变；还有学者神化《尚书》中的史实以附会现实政治，出现各种穿凿附会、荒诞不经的解说。表面上看，这些《尚书》学服务于社会政治，但实际上他们对《尚书》的解读已经偏离了文本的本意。

王莽时期，随着刘歆的努力，古文《尚书》一度被立为官学。随着王莽新朝覆亡，古文《尚书》的官学地位也很快被取消。到了东汉，随着谶纬之学的盛行，《尚书》等儒家经典被神圣化，其所承载的道也无所不在，如《汉书》《白虎通》等都有如此表述：

天地设位，悬日月，布星辰，分阴阳，定四时，列五行，以视圣人，名之曰道。圣人见道，然后知王治之象，故画州土，建君臣，立律历，陈成败，以视贤者，名之曰经。贤者见经，然后知人道之务，则《诗》《书》《易》《春秋》《礼》《乐》是也。②

经所以有五何？经，常也。有五常之道，故曰《五经》。《乐》仁，《书》义，《礼》礼，《易》智，《诗》信也。人情有五性，怀五常不能自

---

① （汉）班固撰，（唐）颜师古注：《汉书》卷八十八《儒林传》，中华书局1964年版，第3620页。

② （汉）班固撰，（唐）颜师古注：《汉书》卷七十五《翼奉传》，中华书局1964年版，第3172页。

成，是以圣人象天五常之道而明之，以教人成其德也。①

东汉初期班固所撰写的《汉书》《白虎通》充满了以阴阳五行学说解经的情况，并将五经视为天道的载体，而圣人则是替天明道，借五经来彰明天道、劝人行善明德。这时的五经之学已经被谶纬化、迷信化，严重影响了人们对经典的认知与理解。可以说，正是由于今文《尚书》繁琐的章句训诂之学和荒诞不经的谶纬迷信，使得朝廷开始倾向简洁的古文《尚书》。

因既得利益者的维护，今文《尚书》博士、经学世家、累世公卿对古文《尚书》学极力反对，以至于古文《尚书》并没有被立为官学，学术依旧

汉光武帝像

汉光武帝刘秀曾以符瑞图谶起兵，即位后崇信谶纬，"宣布图谶于天下"，以致东汉初年儒家谶纬大盛。儒家谶纬之学遂成为东汉统治思想的重要组成部分，具有高度的神圣性。当时用人施政、各种重大问题的决策，都要依谶纬来决定。谶纬与经学的结合，推动了汉代经学的神学化。对于儒学谶纬化，东汉初年的很多学者都持反对意见，如桓谭、尹敏、郑兴、张衡和王充等坚决反对，揭露和批判谶纬的荒谬无稽。张衡还提出了禁绝的主张。

墨守今文《尚书》。但在民间，郑玄所注解的古文《尚书》（《尚书注》），打破了师法家法的门户之见，吸收各家之长择善而取，且非常简洁，故在东汉后期盛行于世。在汉代末年至三国时期，今文《尚书》学衰微，郑玄所代表的古文《尚书》学最为流行。

值得一提的是，东汉末年，朝廷把今文《尚书》学派所研习的经典都刊刻在石碑上作为范本，供天下学子学习，这就是有名的"汉石经"。因该石经是在汉灵帝熹平四年（175 年）开工刊刻，故也被称作"熹平石经"；又由

---

① （清）陈立撰，吴则虞校点：《白虎通疏证》卷九《五经》，中华书局 1994 年版，第 447 页。

于该石经是由汉代隶书刊写，又被称为"一体石经"。

2. 魏晋南北朝

曹魏时期，古文《尚书》非常流行。魏文帝曹丕将郑玄古文《尚书》学立为官学。魏正始年间，还将古文《尚书》刻为石经，即"魏石经"，或"正始石经"。因石经用先秦古文字、秦小篆、隶书三种字体刊刻，故也被称为"三体石经"。

在魏晋《尚书》学史上，能与郑学相提并论的当属王肃《尚书》学。王肃《尚书》学曾被立为官学，《三国志·魏志》卷三十就记载云：

> 初，肃善贾、马之学，而不好郑氏，采会同异，为《尚书》《诗》《论语》《三礼》《左氏》解，乃撰定父朗所作《易传》，皆列于学官。[1]

王肃曾经为《尚书》作过注解，是为《尚书注》。《尚书注》，《隋书·经籍志》著录为十一卷，《旧唐书·经籍志》《新唐书·艺文志》则均著录为十卷。这部书在隋唐后就亡佚了。清马国翰有辑本。《玉函山房辑佚书》有辑本，王肃《古文尚书注》222 条，共 2 卷；王仁俊《玉函山房辑佚书续编》也有辑本，共 1 卷。实际上，这两个辑本多有重复。

在魏晋之际，郑、王之争是经学史上的一大公案。王肃《尚书》学作为与郑玄之学论争的一部分，既有与之相同的解释，但也有很多不同的注解。例如，《舜典》"纳于大麓，烈风雷雨弗迷"中的"麓"字，郑玄的注解是："麓，山足也"，而王肃的解释是："尧纳舜于尊显之官，使大录万机之政也。"[2] 将"麓"解释为重要岗位及事务。由此反映，郑、王之不同。

一直以来，学者都认为王肃喜好贾、马古文经学，不过由于郑玄兼通今古经学，混淆了今古经学的界限，同时还大量援引谶纬之学来解经，这就使得王肃利用贾、马的古文经学来批驳郑玄之学，由此形成了郑、王之争，这只是一方面原因；另一方面推崇郑、王之学背后曹氏与司马氏的政治因素。由于王肃受到司马氏家族的支持（王肃是晋武帝马炎的外祖父，王肃之父王

---

[1] （晋）陈寿撰，（南朝宋）裴松之注：《三国志》卷十三《王肃传》，中华书局 1959 年版，第 419 页。

[2] （梁）沈约：《宋书》卷三十九《百官志上》，中华书局 1974 年版，第 1234 页。

东汉熹平石经残石，现藏中国国家博物馆　　　　三国曹魏正始石经残石，现藏洛阳博物馆

朗是传承欧阳《尚书》学的杨氏家族之门人），所以王肃古文《尚书》学被立为官学。在西晋时期，郑学和王学并行于世，但朝廷更注重王肃之学。永嘉之乱中，古文《尚书》一起散佚。

东晋元帝时期，梅赜向朝廷献上汉代孔安国的《孔传古文尚书》，共46卷，计58篇。这就是后世所说的伪古文《尚书》。由于当时没人能识别这是一部伪书，于是这部书在东晋被立为官学。

南北朝时期，南方主要流行的是伪古文《尚书》，而北方主要流行的是郑玄古文《尚书》。

> 梁、陈所讲，有孔、郑二家，齐代唯传郑义。至隋，孔、郑并行，而郑氏甚微。自余所存，无复师说。又有《尚书逸篇》，出于齐、梁之间，考其篇目，似孔壁中书之残缺者。①

可见，南朝的梁陈所传孔安国、郑玄两家。这里的孔安国，实际上就是

---

① （唐）魏徵等：《隋书》卷三十二《经籍志》，中华书局1973年版，第915页。

梅赜献上的孔安国所传的古文《尚书》本。在研究方法上，南方伪古文《尚书》注重思想义理，非常简洁；北朝郑玄古文《尚书》，注重训诂，比较繁琐。①

　　3.隋唐

　　隋代，大儒有刘焯、刘炫二人学通南北、博极古今，曾将南朝费甝《尚书义疏》引入北朝，会通南北之学，当时学者多宗之。另外，隋代陆德明鉴于汉魏以来儒家经典注音混乱的情形，对经典文本和注文统一注音，并对其中的文字内容校勘和训诂，从而形成了《古文尚书》2卷，存于《经典释文》之中。

　　唐太宗鉴于儒家经典在传播中文字谬误颇多，命中书侍郎颜师古考定五经，颁布《五经定本》。与此同时，唐太宗又诏命国子祭酒孔颖达与诸儒撰写《五经义疏》，即《五经正义》。《五经正义》的编纂改变了经学南北分立、章句繁杂、思想不一的弊端，促使汉魏以来《尚书》学的解释统一化。至此，《尚书》学结束了"南孔北郑"的分立局面，经书的版本和注解实现了大一统。关于隋唐时期《尚书》学的传习情况，刘师培《经学教科书》作了总结。

　　　　隋刘炫得南朝费甝《疏》，并崇信姚方兴之书，复增益《舜典》十六字，而北方之士，始治古文、黜今文。唐孔颖达本崇郑《注》，及为《尚书》作《义疏》，则一以孔《传》为宗，排斥郑《注》，而郑义遂亡，惟刘子玄稍疑孔《传》。玄宗之时，复用卫包之义，改《尚书》古本之文，使之悉从今字，而《尚书》古文复亡。此三国、六朝、隋、唐之《尚书》学也。（以上用《三国志》《南史》《北史》各列传、《经典释文》、阎氏《尚书古文疏证》、惠氏《古文尚书考》、王氏《尚书后案》及《蛾术篇》。）②

　　隋唐时期，陆德明《经典释文》、颜师古《五经定本》、孔颖达《五经正义》都是经学史上最有影响的著作。其中，孔颖达等撰写《尚书正义》所用底本便是在南方流行的伪古文《尚书》，书成后被颁行天下。由此伪古文《尚书》

---

① （唐）李延寿：《北史》卷八十一《儒林传》载："江左，《周易》则王辅嗣，《尚书》则孔安国，《左传》则杜元凯。河洛，《左传》则服子慎，《尚书》《周易》则郑康成。《诗》则并主于毛公，《礼》则同遵于郑氏。南人约简，得其英华；北学深芜，穷其枝叶。"中华书局1974年版，第2709页。

② （清）刘师培著，陈居渊注：《经学教科书》，上海古籍出版社2006年版，第65页。

盛行于天下，一直到清末。从这点可以说，伪古文《尚书》是继伏生今文《尚书》、郑注古文《尚书》后流传最为广泛的《尚书》文本。

孔颖达《尚书正义》共 20 卷。旧题汉代孔安国传，唐孔颖达等正义。据《尚书正义·序》中所言，此书的编撰人员除了孔颖达之外，还有王德韶、李子云等人，后他们又与朱长才、苏德融、隋德素、王士雄、赵弘智等人复审。在孔颖达主持的《五经正义》中，其中《尚书正义》参与编纂的人数最多，《新唐书·艺文志》记载：

孔颖达像

> 国子祭酒孔颖达、太学博士王德韶、四门助教李子云等奉诏撰。四门博士朱长才、苏德融、太学助教隋德素、四门助教王士雄、赵弘智覆审。太尉扬州都督长孙无忌、司空李勣、左仆射于志宁、右仆射张行成、吏部尚书侍中高季辅、吏部尚书褚遂良、中书令柳奭、弘文馆学士谷那律、刘伯庄、太学博士贾公彦、范义頵、齐威、太常博士柳士宣、孔志约、四门博士赵君赞、右内率府长史弘文馆直学士薛伯珍、国子助教史士弘、太学助教郑祖玄、周玄达、四门助教李玄植、王真儒与王德韶、隋德素等刊定。①

可知参与《尚书正义》的编撰者有 30 人左右。孔颖达等人编纂《尚书正义》乃是删削以往旧的经学注疏而成，对此编撰者已经在《尚书正义·序》作了明确说明。

> 今奉明敕，考定是非。谨罄庸愚，竭所闻见，览古人之传记，质近代之异同，存其是而去其非，削其烦而增其简。此亦非敢臆说，必据

---

① （宋）欧阳修等：《新唐书》卷五十七《艺文志》，中华书局 1975 年版，第 1248 页。

旧闻。①

正是由于《尚书正义》删削众书而成，缺乏系统性、创建性，其学术品质受到质疑，朱熹评价道：

> 五经中，《周礼》疏最好，《诗》与《礼记》次之，《书》《易》疏乱道。《易》疏只是将王辅嗣《注》来虚说一片。②

孔颖达《尚书正义》所用的底本是东晋梅赜所上的孔安国古文《尚书》，主要参考了刘焯、刘炫的注本进行注解，实际上是对北朝《尚书》学系统地继承。孔颖达在编纂《尚书正义》以当时最好的"二刘"注本进行。毕竟，"二刘"在当时是《尚书》学的名家，对此《尚书正义·序》称：

> 近至隋初，始流河朔，其为正义者，蔡大宝、巢猗、费甤、顾彪、刘焯、刘炫等。其诸公旨趣，多或因循怗释注文，义皆浅略，惟刘焯、刘炫最为详雅。③

《尚书正义》作为《五经正义》的一部分，是汉代以后《尚书》学发展史上又一部具有里程碑意义的总结性著述，由此梅赜所献的伪古文《尚书》也以官方学说的形式确定下来，对后世产生了深远的影响。从此之后，孔颖达《尚书正义》大行于世，而"马、郑之《注》与汉魏六朝经师遗说皆亡"④。《尚书正义》从唐代到北宋一直是单独刊行，到了南宋淳熙年间（1174—1189年），两浙东路茶盐司把孔颖达的注疏与《尚书》原文、伪孔传合编成一本进行刊刻，成为之后最为通行的《尚书》文本。

---

① （汉）孔安国传，（唐）孔颖达疏：《尚书正义·序》，李学勤主编：《十三经注疏》标点本，北京大学出版社 1999 年版，第 3—4 页。
② （宋）黎靖德编，杨绳其、周娴君校点：《朱子语类》卷八十六《礼三·周礼·总论》，岳麓书社 1997 年版，第 1981 页。
③ （汉）孔安国传，（唐）孔颖达疏：《尚书正义·序》，李学勤主编：《十三经注疏》标点本，北京大学出版社 1999 年版，第 3 页。
④ 江竹虚：《五经源流变迁考·孔子事迹考》，上海古籍出版社 2008 年版，第 62 页。

总之，隋唐时期，由于朝廷希望通过统一《五经》注解的形式来统一思想。南方流传的伪古文《尚书》，受玄学、佛学的影响，在经学解释上不局限于文字训诂、章句注疏之学，而是注重经书思想义理的发挥，这样就容易将经学注解和现实需要结合起来，得到了统治阶层的认同与支持。孔颖达《五经正义》用的便是在南方流行的伪古文《尚书》，之后作为官学流行于世，以至于这部书虽然一直被怀疑，但直到清末，伪古文《尚书》始终得到了普遍的重视，而郑玄古文《尚书》则在隋唐时期渐渐衰微。

（三）宋元

《尚书》作为治国安邦之重要典籍，自孔子以下，历代无不重之。就整个宋代《尚书》学发展来说，也呈现出了一派繁荣景象，正如《尚书》学专家刘起釪先生所言：

> （宋代）出现了《尚书》著作的繁荣局面，宋学各派的《尚书》著述蔚为大观，见于著录的逾二百部以上，短短二百几十年间的著作，为汉迄唐一千多年有关《尚书》著作（约共七十余种）的数倍。而宋末成申之有《四百家〈尚书〉集解》，虽不全是宋人著作，但可概见宋代《尚书》著作至少将近于四百种。其后自元迄明遵行宋学，其所撰作的宋学《尚书》著作亦复继继绳绳。这是宋学对《尚书》学的极巨大的贡献。①

宋代《尚书》学的传承与发展，充分体现了它的阶段性。大体而言，可以分为三个重要发展阶段。

第一阶段主要是宋初太祖、太宗、真宗三朝时期。这一时期的《尚书》学基本上沿袭孔颖达《尚书正义》所奠定的经传注疏之学的传统。出现了胡旦《尚书演圣论》、杨绘《书九意》、吴孜《尚书大义》，经学解释特征主要为章句注疏之学，基本上延续了隋唐以来《尚书》学的传统。

第二阶段主要是从宋仁宗庆历年间到宋神宗熙宁、元丰之际。这一时期的《尚书》学开始注重思想义理之学，出现了胡瑗、欧阳修、苏轼、王安石等人阐发《尚书》义理。其中，王安石《尚书》学作为官学的一部分，对北宋中后期的《尚书》学发展影响最大。吕祖谦曾说："当是时，内外校官非

---

① 刘起釪：《尚书学史》，中华书局 1989 年版，第 218 页。

《三经义》《字说》不登几案，他书虽世通行者，或不能举其篇秩。"① 围绕着王安石《尚书》学也产生一批著述，如蔡卞《尚书解》、陆佃《二典义》、张纲《尚书讲义》等，都是辅翼王安石《尚书》学的著述。另外，也出现了苏轼《东坡书传》、文彦博《尚书解》、吕大临《书传》、孙觉《尚书解》、杨时《三经义辨》等反对王安石《尚书》学的著述。

王安石曾作《尚书新义》，与《诗经新义》《周礼新义》合称《三经新义》。由于王安石在经学方面有独到的见解，尤其是能够吸收汉唐以来经学的成果，并发挥《尚书》义理来服务于当时的变法维新，于是被朝廷立为官学。之后，王安石新学在两宋之际盛行六十多年，王安石《尚书》学在当时影响很大。后由于王安石变法失败，作为其变法理论根据的《三经新义》及它所宣扬的思想也受到了很多学者和官僚的批判、否定，代表人物就是二程。

第三阶段主要是程颐理学化《尚书》学范式的确立。二程是宋代理学的奠基人，他们吸收了佛教、道家的思想，建构了以理为核心的新儒学思想体系——理学。他们在解释《尚书》的时候，注重探究《尚书》中的性理之学，为实现王道政治而宣扬圣人政治，强调君主的道德修身在实现政治理想中的价值和意义。经由二程的努力，最终形成了理学化《尚书》学思想体系。可以说，二程改变了《尚书》学解经范式，注重以四书学、理学来解读《尚书》，开启了新的经学发展模式，并极力宣扬《尚书》中以德治国的思想理念。南宋的几大学派，如湖湘学派、朱熹闽学、浙东学派、陆九渊心学派都与二程有一定的思想渊源，二程《尚书》学的思想和方法基本上得到了他们的认同和继承，以至于在南宋时期，以四书、理学解读《尚书》成为主流方法。

二程之后，《尚书》学的理学化成为一种基本的诠释理路。理学化《尚书》学得到了杨时等人的传承、宣扬，日渐成为了一种学术风气，对此正如《宋史·杨时传》所言：

> 暨渡江，东南学者推时为程氏正宗……凡绍兴初崇尚元祐学术，而朱熹、张栻之学得程氏之正，其源委脉络皆出于时。②

---

① （宋）吕祖谦：《吕祖谦全集》第一册《王居正行状》，浙江古籍出版社 2008 年版，第 139 页。

② （元）脱脱：《宋史》卷四百二十八《杨时传》，中华书局 1977 年版，第 12743 页。

这一时期也产生了与理学相关的《尚书》学,如陈鹏飞《书解》、黄度《尚书说》、陈经《尚书详解》等。

二程《尚书》学在宋代具有典范的意义,后朱熹让弟子蔡沈重新为《尚书》作注,经过十年著成《书集传》。这部书虽然是蔡沈所作,但被看成朱熹《尚书》学的代表之作。南宋末年,程朱理学被宋理宗确立为官方学说,由于蔡沈《书集传》代表了程朱的经学和理学思想,所以被确定为科举考试必修书目。为元明清三代沿用。

蔡沈(1167—1230年),字仲默,号九峰,学者称九峰先生,南宋建州建阳(今福建)人。与其父蔡元定都师从朱熹,一生精研经学、理学,是朱熹门中最重要的弟子之一。主要著述有《书经集传》(也称《书集传》)、《洪范皇极内篇》《洪范九畴数解》《九峰诗集》等,《宋史》有传。蔡沈对《尚书》颇有研究。朱熹晚年想注解《尚书》,"未及为,遂以属沈"①。蔡沈在朱熹的指导下,最终撰成《书集传》。《书集传》"参考众说,融会贯通"②,基本反映的是朱熹理学思想体系,由此成为理学派《尚书》学的代表性著作。后来《书集传》与朱熹《周易本义》《诗集传》等作为元明清科举考试的必读书目,对中国古代后期《尚书》学、经学的发展影响颇为深远③。

蔡沈像

《书集传》在编撰的过程中,虽然为蔡沈执笔,但对于注解《尚书》原则,朱熹已经为之作了明确规定,在《答蔡仲默》一文中朱熹就曾指出:

---

① (元)脱脱:《宋史》卷四百三十四《蔡沈传》,中华书局1977年版,第12876页。

② (宋)蔡沈:《书集传序》,《书集传》,凤凰出版社2010年版,第1页。

③ 游君晶:《蔡沈〈书集传〉研究》,花木兰文化出版社2010年版,第40页;蔡安定:《蔡沈〈书集传〉及其版本》,载《武夷文化研究——武夷文化学术研讨会论文集》,2002年版。

因思向日喻及《尚书》文义通贯犹是第二义，直须见得二帝三王之心，而通其所可通，毋强通其所难通，即此数语，便已参到七八分。千万便拨置此来，议定纲领，早与下手为佳。诸说此间亦有之，但苏氏伤于简，林氏伤于繁，王氏伤于凿，吕氏伤于巧。然其间尽有好处，如制度之属，祇以疏文为本。若其间有未稳处，更与挑剔令分明耳。①

朱熹在书信中，表明了自己对注解《尚书》的关切和编纂思想，认为注解《尚书》最主要的是要传承"二帝三王之心"，此"心"就是道学家尤其是朱熹所说的"道心"，即《尚书正义·大禹谟》中所说："人心惟危，道心惟微，惟精惟一，允执厥中。"②在朱熹看来，这十六字心传是孔孟之学的精髓所在。《尚书》作为圣人之道的载体，十六字便是对圣人之道的明确阐释，故要以此注解明此理。其次，为《尚书》作注解要"通贯"，这种通贯不仅仅是指文从字顺，还指不同篇章、前后文思想义理的通贯。这无疑需要蔡沈对《尚书》有深刻的体悟与透彻的理解，方可以做到。此外，朱熹还通过宋儒注解《尚书》的实例来说明需要注意的事项。例如，苏轼《书传》过于简洁、林之奇《尚书全解》过于繁琐、王安石《尚书新义》过于穿凿、吕祖谦《书说》过于虚美等。这些都是在叮嘱蔡沈注解《尚书》时所应该注意避免的。总之，对于如何注解《尚书》，朱熹有自己的理解和安排，蔡沈注解也基本上遵照朱说，通过"沈潜其义，参考众说，融会贯通，乃敢折衷"③而成《书集传》。在《书集传》中夹杂了很多朱熹的修改意见和思想，而这些后都为蔡沈所吸收。因而《书集传》的编撰虽然主撰为蔡沈，但实为蔡沈与朱熹二人合作完成。朱熹去世之后，蔡沈用了近十年的工夫完成了《书集传》的写作，嘉定二年（1209 年）《书集传》成书，如其所言，"又十年，始克成编，总若千万言"④。

《书集传》是理学派《尚书》学的重要代表之作，此书的编纂颇有特点。

---

① （宋）朱熹：《晦庵集续集》卷三《答蔡仲默》，顾宏义：《朱熹师友门人往还书札汇编》，上海古籍出版社 2017 年版，第 12 页。

② （汉）孔安国传，（唐）孔颖达疏：《尚书正义》卷四《大禹谟》，李学勤主编：《十三经注疏》标点本，北京大学出版社 1999 年版，第 93 页。

③ （宋）蔡沈：《书集传》，凤凰出版社 2010 年版，第 1 页。

④ （宋）蔡沈：《书集传》，凤凰出版社 2010 年版，第 1 页。

其一，广泛吸收了汉唐注疏之家的成果与宋人义理之学的观点，兼收并蓄，融会贯通，注重字义、章句的疏通，以求简洁明白、深入确凿。例如，在对《尚书》中诸多字词、语句的解读上，蔡沈并不追求汉唐注疏之学的繁琐训诂与考据，而是吸收汉唐以来具有代表性的解释，通过简洁的语句，完成对经文的疏通、义理阐发，对汉唐注疏之学的成就沿袭甚多。例如，"黎，黑也。民首皆黑，故曰黎民"①，"平，均。章，明也"②。《书集传》中，蔡沈还援引了大量汉、宋诸儒的成果，如伏生、马融、郑玄、刘焯、陆德明、孔颖达、刘敞、欧阳修、苏轼、程颐、晁说之、杨时、胡宏、林之奇、吕祖谦、吴仁杰、朱熹等。蔡沈此举就是想尽可能地吸收汉学、宋学诸儒的注解成就，摒弃门户之见，训诂义理兼备，实现对《尚书》本义的解读更为客观确凿。其二，蔡沈注解《尚书》，在内容尤其涉及名物掌故、典章制度、历史事实的解释上，对汉唐诸儒的解读多持保留态度，并对之进行考辨；在思想内涵的疏通上，更多基于现实与理学建构的需要，对各家观点进行取裁、决断。蔡沈对汉唐诸儒对经文解释的否定态度，主要是为了进一步规范《尚书》经文的解释。如对《禹贡》中"包匦菁茅"，他解释说："孔氏（颖达）谓菁以为菹者，非是。今辰州麻阳县苞茅山出苞茅，有刺而三脊。"③这里蔡沈的观点是正确的，后代的《禹贡》注解也证明了这一点。其三，蔡沈注重以《尚书》注解明理、传道，同时以"理"解读，这不仅仅体现在《尚书》的注解上，更为主要的是以此为契机传播他的数理逻辑理论，由此进一步丰富、完善了理学体系，为《尚书》学、理学的发展作出了突出贡献。

蔡沈《书集传》精审、翔实地诠释了《尚书》经义与程朱理学，成为《尚书》学史上的经典之作，这正如宋末黄震所言：

> 经解惟《书》最多，至蔡九峰参合诸儒要说，尝经朱文公订正，其释文义既视汉唐为精，其发指趣又视诸家为的，《书经》至是而大明，如揭日月矣。④

① （宋）蔡沈：《书集传》卷一《尧典》，凤凰出版社2010年版，第2页。
② （宋）蔡沈：《书集传》卷一《尧典》，凤凰出版社2010年版，第2页。
③ （宋）蔡沈：《书集传》卷二《禹贡》，凤凰出版社2010年版，第52页。
④ （清）黄宗羲原著，全祖望补修，陈金生、梁运华点校：《宋元学案》卷六十七引《黄氏日抄》，中华书局1986年版，第2211页。

黄震极力表彰蔡沈《书集传》，将之看成是汉唐以来《尚书》学史上最重要的注解之作，《尚书》之义借此而得到大兴，犹如日月复明。到了元代，科举考试尽用程朱经学、理学，其中《尚书》采用蔡沈《书集传》，这一时期很多学者为此书作注解、辨正。如陈栎曾作《书传集传纂疏》便是"发明蔡义"①，邹季友作《尚书音释》，为《书集传》注音、释义；陈师凯作《书蔡氏传旁通》，也是解释《书集传》字句，以补充其不足。四库馆臣评价其：

> 于名物度数蔡《传》所称引而未详者，一一博引繁称，析其端委。②

明清时期，程朱经学、理学依旧被视为官学。其中《书集传》继续被作为科举考试必读书目，得到了朝野上下的高度重视和评价，如明永乐年间明成祖朱棣命胡广、杨荣等人纂修五经、四书大全，其中《书传大全》便是以蔡沈《书集传》为底本，并以此为基础收录宋、元诸儒的注解，这对于当时《尚书》的研究和发展无疑具有重要的参考价值。到了清代，尽管汉学兴发，但是蔡沈《书集传》依旧是非常重要的著述。对此，清儒陈澧曾说："近儒说《尚书》，考索古籍，罕有道及蔡仲默《集传》者矣。然伪孔传不通处，蔡传易之，甚有精当者。"③在陈澧看来，蔡沈《书集传》以其精当的注解与义理阐发，是汉唐注疏之学以后，理学派《尚书》学的代表之作。根据《经义考》《四库全书》的著录，在元明清三代有关《书集传》的著述非常多，例如，金履祥《尚书表注》、吴澄《书纂言》、陈栎《蔡氏书传纂疏》、方传《书蔡氏传考》、董鼎《书蔡氏传辑录纂注》、朱右《书集传发挥》、朱升《书传补正辑注》、袁仁《尚书砭蔡编》、王夫之《尚书稗疏》、方宗诚《诗书集传补义》、丁晏《书传附释》，等等。

《尚书》学在元代得到了长足的发展，尤其是随着程朱理学官学化后，有关程朱理学派《尚书》学得到了足够的重视，成为当时《尚书》学发展的主导，由此一来也产生了众多与程朱理学派相关的《尚书》学著述。对于元代《尚书》学的发展情况，刘师培在其《经学教科书》中作了梳理，他说道：

① （清）永瑢等：《四库全书总目》卷十二《书传会选》提要，中华书局1965年版，第98页。
② （清）永瑢等：《四库全书总目》卷十二《书蔡传旁通》提要，中华书局1965年版，第97页。
③ （清）陈澧：《东塾读书记》卷五《尚书》，上海古籍出版社2012年版，第88页。

元代之儒，若金履祥（《尚书表注》）、陈栎（《尚书集传纂疏》）、董鼎（《尚书辑录纂注》）、陈师凯（《蔡传旁通》）、朱祖义（《尚书句解》）说《书》，咸宗蔡《传》，亦间有出入，然不复考求古义……又朱子、吴澄（作《书纂言》）、梅鹜（明人，作《尚书考异》）。渐疑古文之伪，而张栻则并疑今文。元人王柏复作《书疑》，妄疑《大诰》《洛诰》不足信，移易本经，牵合附会，而明人陈第（作《尚书疏衍》），则又笃信伪古文，咸师心自用。若夫毛晃（《禹贡指南》）、程大昌（《禹贡论》）之说《禹贡》，胡瑗（《洪范口义》）、黄道周（《洪范明义》）之说《洪范》，虽疏于考古，亦足为参考之资。此宋、元、明三朝之《尚书》学也。（惟疑古文《尚书》一事，启清儒阎、惠、孙、江之先。）①

刘师培认为元代《尚书》学有其自身的特色。一般都尊崇蔡沈《书集传》，并为这部书进行解释或考辨；对古文《尚书》学继续辨伪，代表人物是吴澄、梅鹜等。此外，从元代《尚书》学的整体来看，注重经传注疏之学与考据、考辨也是元代《尚书》学的重要特色。在元代《尚书》学的发展中也涌现出了一些名家名作，如金履祥《尚书表注》、陈栎《尚书集传纂疏》、董鼎《尚书辑录纂注》、吴澄《书纂言》等。

吴澄《书纂言》算是元代《尚书》学史上的代表作，被收录到《四库全书》中。这部书主要是对伪古文《尚书》进行质疑，并专门对今文《尚书》进行解释。对此，《四库全书总目》卷十二《书纂言》提要作了较为系统的梳理与评价：

《古文尚书》自贞观敕作《正义》以后，终唐世无异说。宋吴棫作《书稗传》，始稍稍掊击。《朱子语录》亦疑其伪，然言性、言心、言学之语，宋人据以立教者，其端皆发自古文，故亦无肯轻议者。其考定今文、古文，自陈振孙《尚书说》始。其分编今文、古文，自赵孟頫《书古今文集注》始。其专释今文，则自澄此书始。《自序》谓："晋世晚出之书，别见于后。"然此四卷以外，实未释古文一篇。朱彝尊《经义考》以为权词，其说是也。考汉代治《尚书》者伏生今文，传为大小夏侯、欧阳

① （清）刘师培著，陈居渊注：《经学教科书》，上海古籍出版社 2006 年版，第 95—96 页。

三家。孔安国古文，别传都尉朝、庸生、胡常，自为一派。是今文、古文本各为师说。澄专释今文，尚为有合于古义，非王柏《诗疑》举历代相传之古经，肆意刊削者比。惟其颠倒错简，皆以意自为，且不明言所以改窜之故，与所作《易纂言》体例迥殊。是则不可以为训。读者取所长而无效所短，可矣。①

四库馆臣认为，从唐代开始伪古文《尚书》被作为官方文本进行研习，而没有人怀疑。到了宋代，吴棫《书裨传》对其有所怀疑。随后，朱熹也对伪古文《尚书》有所怀疑，不过有宋一代大部分学者依旧借助伪古文《尚书》探讨天道性命之学。同时，陈振孙《尚书说》、赵孟頫《书古今文集注》开始将今文、古文《尚书》分开编写。而吴澄《书纂言》则专门解释今文《尚书》，而不再解释伪古文《尚书》部分。吴澄此举，可以说进一步推动了学者对《尚书》的辨伪。

（四）明清

1. 明代

明代《尚书》学在宋元的基础上进一步发展，主要是传承和发展了宋元理学化经学思想。有学者统计，明代《尚书》学的著述达到 1336 种②，这些著述分为传说、单篇、文字音义等类型。对于明代《尚书》学的发展及重要著述，刘师培在其《经学教科书》中作了梳理，其曰：

> 明代辑《书传大全》（胡广等选）亦以蔡《传》为主，颁为功令。惟马明衡（《尚书疑义》）、王樵（《尚书日记》）、袁仁（《尚书砭蔡编》）稍纠蔡《传》之讹，以王夫之《书经稗疏》为最精。（夫之作《尚书引义》，亦多精语）又朱子、吴澄（作《书纂言》）、梅鷟（明人，作《尚书考异》）渐疑古文之伪，而张钦则并疑今文。元人王柏复作《书疑》，妄疑《大诰》《洛诰》不足信，移易本经，牵合附会；而明人陈第（作《尚书疏衍》）则又笃信伪古文，咸师心自用。若夫毛晃（《禹贡指南》）、程大昌（《禹贡论》）之说《禹贡》，胡瑗（《洪范口义》）、黄道周（《洪范明义》）之

---

① （清）永瑢等：《四库全书总目》卷十二《书纂言》提要，中华书局 1965 年版，第 96 页。
② 李霞：《明代尚书学文献研究》，山东大学硕士学位论文 2013 年 4 月未刊本，第 1 页。

说《洪范》，虽疏于考古，亦足为参考之资。此宋、元、明三朝之《尚书》学也。（惟疑古文《尚书》一事，启清儒阎、惠、孙、江之先。）①

在明代，《尚书》学的发展在中前期主要受到《五经大全》及《书传大全》的影响，注重对蔡沈《书集传》的疏通，从而实现对程朱理学的传承与发展。比如徐善述《书经直指》便是杂取诸家之说，疏通蔡沈《书集传》；彭勖《书传通释》基于《书传大全》，删繁就简，节录大要而成此书。明仁宗、宣宗时期，社会政治繁荣，诸儒依旧尊崇蔡沈《书集传》、胡广等《书传大全》，而鲜有创见。

到了明代中期，受到心学的影响，儒者们开始注重思想义理的阐发，尤其是对性命道德之学的传承，如王阳明《五经臆说》、蔡汝楠《说经札记》等都是如此。这一时期出现了考辨考证的《尚书》著述，也是为了进一步丰富完善蔡沈《书集传》、胡广等《书传大全》。如杨慎《升庵经说》注重音韵训诂之学，旁征博引，以此来修正蔡沈、胡广等人著述的谬误之处；陈耀文《经典稽疑》则博采汉唐经学注疏之学的成果，以弥补蔡沈《书集传》之不足。还出现了反对蔡沈《书集传》的著述，如袁仁《尚书砭蔡》、马明衡《尚书疑义》、陈泰交《尚书注考》等。

明代后期，神宗万历至明亡的几十年里，出现了数百部《尚书》学著述。这一时期的《尚书》学无论是从体例上，还是从内容上较以往更加多元。当然，思想空疏的著述也层出不穷，如茅瑞征《禹贡汇疏》甚至引述《山海经》等书籍，其《附录》一卷更是几为野史、志怪之说。针对空疏学风，也有一些学者注重从实证、考据的角度出发来研治《尚书》，如顾宪成、黄宗羲、顾炎武、王夫之等。

此外，明代流行对《尚书》单篇的注解与诠释，尤其是对《禹贡》《洪范》的诠释。《禹贡》一般都将之作为地理学的著述，借助《禹贡》注解来探究明代的国家形势，以求经世致用，如夏允彝《禹贡古今合注》就在注解之中探讨了有关水利、屯田、边防、漕运、盐法、贡赋等多项内容，以求经世致用。

明代《尚书》学文献较以往有了新的发展。清人朱彝尊《经义考》曾著

---

① （清）刘师培著，陈居渊注：《经学教科书》，上海古籍出版社2006年版，第95—96页。

录明代《尚书》类文献多达 230 多篇部，对作者、卷数、存佚、序跋、后人评价等都有记载。刘起釪《尚书学史》对明代《尚书》学文献的基本情况作了梳理。许锬辉《十三经著述考·尚书著述考》共著录明代《尚书》类著述 240 多种。李霞《明代尚书学文献研究》对明代《尚书》学文献卷次、序跋、版本、存佚等情况作了梳理。

明朝《尚书》学基本上尊崇朱学。在元皇庆二年（1313 年），仁宗下诏科举考试《尚书》以蔡沈《书集传》为主，可以兼用古代注疏。明代继承了元代的这一政策，不过在明初洪武年间科举考试中，《尚书》学兼用夏僎《尚书详解》与蔡沈《书集传》。永乐时期，《书经大全》编成以后，则规定专用蔡沈《书集传》。总之，元明时期，主要流行的是蔡沈《书集传》。有关《尚书》学的著述大多都是羽翼蔡沈《书集传》。

需要关注的是，明朝学者们继续怀疑伪古文《尚书》，其中最著名的当属梅鷟。梅鷟对《尚书》的辨伪是对元代吴澄《尚书》辨伪学的继续与发展。吴澄曾撰有《书纂言》，指出今文《尚书》为真，孔传为伪书，并不注解古文，只注解今文。同时，也不言朱熹"十六字心法"，因为其出自伪古文《尚书》。梅鷟系统地对伪古文《尚书》进行考辨，并撰有《尚书谱》《尚书考异》两书，坚决认为伪古文《尚书》中的 25 篇为伪作，并提出了很多的证据。

2.清代

在清代，《尚书》学的发展既有别于汉学，也有别于宋学，而是独成一体的清学。具体来说，就是朝廷依旧尊崇蔡沈《书集传》，将之作为科举考试的必修书目，并以此为根据，出现了一大批有关注解蔡沈《尚书》学的文献。与此同时，民间兴起了考据学，对《尚书》的内容包括伪古文《尚书》进行考辨，从而产生了思想上尊崇理学，而形式上则注重考证、考据的独具特色的清学模式。另外，需要关注的是，《四库全书》的编纂及《总目》的撰写标志着清学范式的形成。需要关注的是对伪古文《尚书》的考辨越来越多，其中最有名的当属阎若璩的《尚书古文疏证》，提出了 128 条证据，以证明孔传为伪书。此外，学者们对《禹贡》《洪范》有更多的著述。有学者统计，清儒共撰有 200 部左右的《禹贡》学著述，40 部左右的《洪范》学著述。

关于清代《尚书》的研习情况，刘师培《经学教科书》作了大体的概述：

自吴澄、梅鷟攻伪古文，太原阎若璩作《尚书古文疏证》，灼见古文《孔传》之伪，惟体例未纯，不足当疏证之目。弟子宋鉴广其义，别作《尚书考辨》。其后，惠栋作《古文尚书考》，江声从栋受业，作《尚书集注音疏》，江南学者皆遵之。王鸣盛作《尚书后案》，孙星衍作《尚书古今文注疏》，咸崇今文黜伪孔，以马、郑传注为宗。段玉裁作《古文尚书传异》，亦详于考核。惟毛奇龄崇信伪古文，作《古文尚书冤词》。（朱鹤龄亦信伪古文。）其后，庄存与诸人亦言伪《尚书》不可废。存与作《尚书既见》，以宣究微言。其甥刘逢禄亦作《书序述闻》，并作《尚书古今文集解》。及魏源作《书古微》，以马、郑之学出于杜林漆书，并疑杜林漆书为伪作，乃排黜马、郑，上溯西汉今文家言，虽武断穿凿，亦间有善言。龚自珍治《尚书》，亦作《太誓答问》，以今文《太誓》为伪书，常州学派多从之。若李光地《尚书解义》、张英《书经衷论》，据理臆测，至不足观。若夫释《尚书》天文者，有盛百二《尚书释天》，而胡渭《洪范正论》并辟灾异、五行之说。（虽不守汉儒家法，然辨惑之功则甚大。）释《尚书》地理者，有蒋廷锡《尚书地理今释》，而胡渭《禹贡锥指》辨证尤详。后起之儒，有朱鹤龄（《禹贡长笺》）、徐文靖（《禹贡会笺》）、焦循（《禹贡郑注释》）、程瑶田（《禹贡三江考》）、成蓉镜（《禹贡班义述》）诠释《禹贡》，咸有专书。此近儒之《尚书》学也。①

清代《尚书》学值得关注的要点有：对伪古文《尚书》的辨伪。虽然从宋代朱熹、元代吴澄、明代梅鷟等人对此有所辨析，但真正系统辨伪则开始于清代初年。代表人物则是阎若璩，其撰写的《尚书古文疏证》一书，最终确定了孔传《尚书》为伪书；清代乾嘉时期，《尚书》学得到大力的发展。有影响的有江声《尚书集注音疏》、王鸣盛《尚书后案》、孙星衍《尚书今古文注疏》三家，此三家汇集汉儒旧注为之作疏，一味地墨守汉学。

阎若璩（1636—1704 年），字百诗，号潜丘，早年随其祖父客居江苏淮安。康熙元年（1662 年），返太原。康熙十八年（1679 年），入京应博学鸿词科试，落第。康熙二十九年（1690 年），受徐乾学聘，南下江苏洞庭山参与修纂《大清一统志》。晚年仍居淮安，专意著述。康熙四十三年（1704 年），为皇四子胤禛（后雍正帝）召见，抱病赴京，卒于京邸。阎若璩精通经学，

---

① （清）刘师培著，陈居渊注：《经学教科书》，上海古籍出版社 2006 年版，第 123—124 页。

长于考证，曾撰有《尚书古文疏证》《四书释地》《毛诗朱说》《日知录补正》《潜邱杂记》等。

《尚书古文疏证》是阎若璩著作中最重要的一部，被视为清代考据学的经典之作。阎若璩撰写这部著述大概开始于其二十岁，阎咏《先府君行述》中说道："作《尚书古文疏证》盖自二十岁始。"阎若璩研读《尚书》，对古文《尚书》产生了怀疑，于是花了三十年时间进行考证，终于写成了著名的《尚书古文疏证》八卷，断定东晋梅赜所献的古文《尚书》其中二十五篇都是魏晋年间的伪作，从而成为刘知幾、吴棫、朱熹、吴澄、梅鷟等人之后疑辨《尚书》学的集大成者。对此，纪昀在《四库全书总目》中说道：

> 古文《尚书》较今文多十六篇，晋、魏以来绝无师说。故左氏所引，杜预皆注曰逸《书》。东晋之初，其书始出，乃增多二十五篇。初犹与今文并立，自陆德明据以作《释文》，孔颖达据以作《正义》，遂与伏生二十九篇混合为一。唐以来虽疑经惑古如刘知幾之流，亦以《尚书》一家列之《史通》，未言古文之伪。自吴棫始有异议。朱子亦稍稍疑之。吴澄诸人本朱子之说，相继抉摘，其伪益彰。然亦未能条分缕析，以抉其罅漏。明梅鷟始参考诸书，证其剽剟，而见闻较狭，蒐采未周。至若璩乃引经据古，一一陈其矛盾之故，古文之伪乃大明。所列一百二十八条，毛奇龄作《古文尚书冤词》，百计相轧，终不能以强词夺正理。则有据之言，先立于不可败也。①

《尚书古文疏证》是唐代以来《尚书》辨伪学史上的经典集大成之作。阎若璩利用归纳法进行辨伪，在唐宋以来诸儒的基础上归纳分类，从伪古文《尚书》与古籍不合、与史例不合、与古史不合、与古代典礼不合、与古代历法不合、与古代地理不合、与训诂不合、与义理不合八个方面出发，条分缕析，收集资料，以毕生精力，得论据 128 条，成功地推翻了伪古文《尚书》经典之地位。黄宗羲看过《疏证》后，也大加赞赏说："一生疑团，见此尽破矣！"并亲自为此书写序。四库馆臣也称赞说其书："反复鳌剔，以祛千古

---

① （清）永瑢等：《四库全书总目》卷十二《尚书古文疏证》提要，中华书局 1965 年版，第 101 页。

之大疑，考证之学则固未之或先矣。"①

　　阎若璩之后，又有姚际恒《古今伪书考》、惠栋《古文尚书考》、王鸣盛《尚书后案》、崔述《尚书辨伪》、程廷祚《晚书订疑》等在阎氏的基础上，进一步加以考证，使《尚书》辨伪的工作更加细密与完善，从而最终确定孔传古文《尚书》为伪作。纪昀对阎若璩在考据学上的贡献给予很高评价："百年以来，自顾炎武以外，罕能与之抗衡者。"②江藩《汉学师承记》将阎若璩推为清代汉学家第一。近代学者梁启超在《中国近三百年学术史》评述说："百诗的《尚书古文疏证》，不能不认为近三百年学术解放之第一功臣。"③阎氏在世时，此书仅有抄本流传，后由其孙阎学林刊刻（乾隆十年眷西堂刻本）。此外还有内府藏本（即四库本）、家刻本（即乾隆十年眷西堂刻本）、吴氏天津刻本、偃师武亿刻本、杭州局本、《续经解》本、同治汪氏振绮堂重修本等。今传《尚书古文疏证》只有九十九条，其余"有目无文"者十二条、"目文全缺"者十七条。

　　阎若璩虽然通过详细的考证，认为孔安国古文《尚书》为伪书，在清代及民国以来引起了极大的认同。但是，也有很多学者对此结论表示质疑，尤其是改革开放之后，随着人们从多个维度来审视考察孔安国古文《尚书》，越来越多的学者对阎若璩的辨伪提出了很多质疑。比如今人张岩就说：

　　　　阎若璩的研究远远不足以支撑起结论。不仅如此，阎氏书中还包含许多刻意捏造的伪证。如果中国学术中这一绝大问题的"定案"实际上是一个错误结论，那么能否以及何时解决这个问题就是对当代中国历史学界学术水平的一次检验。④

　　张岩明确指出，阎若璩的考辨结论并非确论，何况其研究的过程及内容存在着太多的问题，甚至有"许多刻意捏造的伪证"。毕竟，阎若璩所处的

---

① （清）永瑢等：《四库全书总目》卷十二《尚书古文疏证》提要，中华书局1965年版，第102页。

② （清）永瑢等：《四库全书总目》卷三十六《四书释地》提要，中华书局1965年版，第306页。

③ 梁启超：《中国近三百年学术史》，天津古籍出版社2003年版，第79页。

④ 张岩：《审核古文〈尚书〉案》，中华书局2006年版，第1页。

时代，质疑宋代理学及其经学是一种思潮，不仅阎若璩如此，当时的胡渭、毛奇龄也多是如此。阎若璩是否客观真切，依然还要等待时间的检验。

在清代，除了阎若璩等人对《尚书》进行辨伪之外，还有江声、王鸣盛、孙星衍、魏源等人对《尚书》作了新的诠释。其中，惠栋的弟子江声（1721—1799年）所撰写的《尚书集注音疏》颇值得关注。《尚书集注音疏》共12卷，分为集注和音注两部分。这部书吸纳了阎若璩、惠栋等人的成果，只注解今文《尚书》29篇。在这部书中，江声对梅赜伪古文《尚书》进行了考辨，这是对阎若璩、惠栋考辨的继承与发展。另外，江声在注解《尚书》的时候，还根据《史记》《说文解字》等经典对《尚书》进行改易、增补，希望恢复旧本《尚书》。此外，在《尚书》注解上，江声兼采今、古文之学。

总之，江声通过精详地考辨、分析与注解，《尚书集注音疏》成为清代中期《尚书》学的经典之作。江声此作，也得到了后学的评价，如皮锡瑞《经学通论》就说道：

> 江声《尚书集注音疏》疏解全经，在国朝为最先，有筚路蓝缕之功，惟今文搜辑未全，立说亦有未定，（如解'日若稽古'两歧，孙星衍已辨之。）又承东吴惠氏之学，好以古字改经，颇信宋人所传之古《尚书》，此其未尽善者。①

《清儒学案》则认为这部书是阎若璩、惠栋之后《尚书》学的重要著述，

> 清代自阎百诗《尚书古文疏证》、惠定宇《古文尚书考》出，乃于其作伪之迹、剽窃之原，发明无遗。艮庭受学于惠氏，又为之刊正经文，疏明古注，论者谓其足补阎、惠所未及。②

另外，从清代初年开始，掀起了对宋明诸儒所推崇河图、洛书、无极太极等展开考辨。这种风气促使很多学者继续在唐宋诸儒的基础上，对伪古文《尚书》进行考辨。阎若璩的《尚书古文疏证》更是确定了梅赜《古文

---

① （清）皮锡瑞：《皮锡瑞集》，岳麓书社2012年版，第1329页。
② 徐世昌：《清儒学案》卷七十六《艮庭学案》，中华书局2013年版。

尚书》是伪书。乾隆年间，江声《尚书集注音疏》、王鸣盛《尚书后案》、段玉裁《古文尚书撰异》等著述相继撰写完成。它们都摒弃了伪古文《尚书》，专门解释今文《尚书》。这几部书也各有特点，江声《尚书集注音疏》主要是疏通马融、郑玄的注解，王鸣盛《尚书后案》独尊郑玄之学，段玉裁《古文尚书撰异》则注重今古文《尚书》的文字辨析。孙星衍认为江声、王鸣盛、段玉裁所撰写的这几部书各有优劣。

江声《尚书集注音疏》书影

  王光禄用郑注，兼存伪《传》，不载《史记》《大传》异说；江氏篆写经文，又依《说文》改字，所注《禹贡》，仅有古地名，不便学者循诵。段氏《撰异》一书，亦仅分别今古文字。①

  于是，孙星衍在这三家的基础上，兼采汉魏以来众家之说，兼及今、古文之学，重新注解《尚书》，耗时 22 年，终于撰成《尚书今古文注疏》一书。

  魏源（1794—1857 年）作为清代中期的思想家，对《尚书》学也多有研究，所撰写的《书古微》多有心得。魏源生逢清王朝面临着各种危机。在咸同之际，社会政治危机日益加剧，各地起义更是接连不断，同时鸦片战争导致了外患之加剧，清王朝遭受到了前所未有的"内忧外患"。在诸多因素的促使下，传统的"为考证而考证"的乾嘉汉学开始衰微，而"经世致用"

---

① （清）孙星衍：《尚书今古文注疏》，山东友谊出版社 1991 年版，第 20 页。

魏源像，现藏中国国家博物馆

之思潮、今文经学开始大兴。作为今文经学的代表——常州学派最为引人关注。常州学派是以庄存与、刘逢禄为先驱，随后龚自珍（1792—1841 年）、魏源光大之。其中，龚自珍尤以《公羊》学批评朝政，发表议论，希望积极应对西方势力及其思想文化的入侵，在当时影响甚大。梁启超曾说："晚清思想之解放，自珍确与有功焉。光绪间所谓新学家者，大率人人皆经过崇拜龚氏之一时期"，"今文学派之开拓，实自龚氏"①。魏源与龚自珍不同，他经历了鸦片战争，倡导"通经致用""以经术谓治术"，以期改革弊政。他除了撰写《海国图志》《瀛寰志略》《四裔年表》等书，强调立足自我、学习西方的同时，其经学著述如《书古微》《诗古微》都渗透着对现实的关注。

《书古微》共 12 卷，约 16 万字，这部经学著述在清代《尚书》学史上占有重要的地位，对近代经学也有深远的影响。对于这部书的编纂旨趣，魏源在《序》中作了说明：

> 《书古微》何为而作也？所以发明西汉《尚书》今古文之微言大义，而辟东汉马、郑古文之凿空无师传也。②

可以看出，魏源目的就是改变马融、郑玄那种注重训诂考证的古文经学的做法，注重发挥《尚书》的微言大义，以求经世致用。

《书古微》不但从各个方面发挥《尚书》的微言大义，也对《尚书》的篇名、经文内容作了考证。当然，由于这部书重在阐发思想，以至于很多地方多有主观臆测之处。皮锡瑞《经学通论》说：

---

① 梁启超撰，朱维铮导读：《清代学术概论》，上海古籍出版社 1998 年版，第 75 页。

② （清）魏源：《书古微序》，魏源全集编辑委员会编校：《魏源全集》第 2 册，岳麓书社 2004 年版，第 1 页。

魏源尊信刘逢禄，其作《书古微》，痛斥马、郑，以扶今文，实本庄、刘，更参臆说。补《汤誓》本庄氏，补《舜典》《汤诰》《牧誓》《武成》，则庄氏所无。《周诰分年集证》将《大诰》至《洛诰》之文尽窜易其次序，与王柏《书疑》无以异。以管叔为嗜酒亡国，则虽宋儒亦未敢为此无据之言。①

皮锡瑞认为，魏源尊崇今文经学诸家如庄存与、刘逢禄等人的观点，不仅篡改《尚书》经文及其顺序，更是在思想阐发上偏离了《尚书》本意。总之，在皮锡瑞看来《书古微》多有武断之处。但不能否认，魏源《尚书》学在经学史上开启新风气的价值。

总的来看，清代《尚书》学进入了新阶段，一大批学者如王夫之、阎若璩、毛奇龄、惠栋、江声、戴震、王引之、孙星衍、王鸣盛、段玉裁、王先谦、王闿运、皮锡瑞等都曾深入研究过《尚书》并产生了相应的著述，尤其是在《尚书》辨伪学史上产生了阎若璩《尚书古文疏证》这样的名作，具有划时代的意义。不过，整体上来看，清代《尚书》学依然注重训诂、考据之学，在思想体系的建构上发明甚少，对于晚清思想观念的转向来说贡献也不多。

---

① （清）皮锡瑞：《皮锡瑞集》，岳麓书社 2012 年版，第 1323 页。

《孔子出游图》，（清）顾见龙绘

《诗经》

《诗经》是中国第一部诗歌选集，而非诗歌总集。305篇诗作是经过精心选择，但不是当时诗歌的全部。根据《史记》《汉书》等记载，《诗经》原有三千多篇。内容多是表达爱情、抒发心情、阐述政见等，也是西周王室用来教育贵族子弟、了解民情风俗、考察各级官吏的手段。另外，在祭祀、宴会、战争、婚嫁等各种场合，乐官也演奏《诗经》各篇，以烘托气氛、激发情感。春秋时期，《诗经》更是在国与国、人与人交往中被频繁使用，"赋诗言志"成为当时的时尚，孔子就说"不学诗，无以言"①。孔子删订《诗经》而成305篇，儒家侧重发挥其道德教化、政治治理的功能，如孔子讲《诗经》可以"兴""观""群""怨"②，即可以借助《诗经》抒发感情、考察社会、相互交流、批评政治。随着儒学在汉代被确立为官方意识形态以后，《诗经》成为必读经典，其政教功能影响了中国古代的思想文化与社会政治。了解《诗经》对于了解儒家思想与中国传统文化有重要的意义。

　　《诗经》作为一部内容丰富的文化典籍，对于了解西周至春秋时期社会各阶层的生活状态与面貌有非常重要的价值。例如，《诗经》中有商、周创业建国、宗教祭祀、婚姻爱情、外交宴会、生产劳动、战争徭役等诸多方面内容。可以说，《诗经》是一部丰富的社会文化史的资料宝典。近代著名文学家闻一多就说《诗经》是一部百科全书。《诗经》在中国古代文学发展史上有重要的意义。《诗经》是中国古代文学的源头，对后来的《楚辞》、乐府、汉赋、建安诗、唐诗、宋词、元曲、现代诗歌都有一定的影响，尤其是其爱情诗及其宣扬的坚贞爱情的观念影响最大。例如，汉乐府《孔雀东南飞》，主人公焦仲卿和刘兰芝为了爱情一个"赴清池"，一个"自挂东南枝"；《杜十娘》，为了捍卫真爱，怀抱百宝箱怒沉江心；还有《牡丹亭》《西厢记》《牛

①　（春秋）孔丘撰，杨伯峻、杨逢彬注译：《论语·季氏》，岳麓书社2000年版，第162页。

②　（春秋）孔丘撰，杨伯峻、杨逢彬注译：《论语·阳货》，岳麓书社2000年版，第168页。

郎织女》《七仙女》《白娘子传奇》《红楼梦》等都传承了《诗经》的精神特质。正是因为如此，西方汉学家将《诗经》与荷马史诗、莎士比亚戏剧并提，认为是世界古代文学史上的三大杰作。由此可以看出，《诗经》在人类文学史上的崇高地位。《诗经》以一种新的方式影响着中国五千年的文明与文化，学习它、研究它有非常重要的历史意义和现实意义。

一、《诗经》的产生与四家《诗》

《诗经》的原型应当是上古时期的号子、山歌、民谣，以及宗教祭祀（如祭祀神灵、祖先时念的颂词、咒文等，即《颂》）有关的诗文、词曲之类。《诗经》最早源于人们的日常生活和宗教祭祀。根据文献记载，周代王室曾专门到民间搜集诗歌，然后加工整理，形成了《诗经》的雏形。故《诗经》主要产生于周代，一般也称为"周诗"。春秋时期，孔子将周代诗歌及《诗经》文本进行整理，从而形成了三百篇《诗经》。不过，《诗经》的称呼出现比较晚，大约始于战国末期的荀子①，而正式被官方确认为"经"是在汉武帝"罢黜百家、独尊儒术"之后。

（一）《诗经》的产生与孔子删诗

1.《诗经》的产生

关于《诗经》的创作者，历来有很多种观点。其中，《雅》《颂》普遍认为出自士大夫的宴乐和祭祀活动，为贵族阶层等的士大夫所作。而《风》一直争议很大，两汉时期一般都认为《风》大部分出自后妃等权贵阶层。宋代则认为《国风》出自村夫鄙妇，即下层劳动者所为。直到今日依旧存在很大的争议。《风》可能很大一部分来自普通劳动者，后被朝廷采辑；还有一部分没有明确内容指向，但隐喻性很强的诗篇则为士大夫们所作。也有学者认为，《诗经》中的一些所谓是士大夫们所作的篇章，乃是劳动者所作，后被士大夫们所加工，成为今本《诗经》各篇章中的样子。

《诗经》原本的产生与周王室"采诗"制度有很大的关系，如班固《汉书》、何休《春秋公羊传注疏》、陆德明《经典释文》都有记载。

---

① （战国）荀况撰，（唐）杨倞注：《荀子》卷一《劝学篇》："《诗》曰：'嗟尔君子，无恒安息。靖共尔位，好是正直。神之听之，介尔景福。'"上海古籍出版社2010年版，第1页。

孟春之月，群居者将散，行人振木铎徇于路，以采诗，献之大师，比其音律，以闻于天子。故曰王者不窥牖户而知天下。①

《书》曰："诗言志，歌咏言。"故哀乐之心感，而歌咏之声发。诵其言谓之诗，咏其声谓之歌。故古有采诗之官，王者所以观风俗，知得失，自考正也。孔子纯取周诗，上采殷，下取鲁，凡三百五篇。②

男女有所怨恨，相从而歌。饥者歌其食，劳者歌其事。男年六十、女年五十无子者，官衣食之，使之民间求诗，乡移于邑，邑移于国，国以闻于天子，故王者不出牖户尽知天下所苦，不下堂而知四方。③

诗者，所以言志，吟咏性情，以讽其上者也。古有采诗之官，王者巡守，则陈诗以观民风，知得失，自考正也。④

从以上四段史料可知，每年阳春三月，周王室会命令地方各级政府从民间召集六十岁以上的男人和五十岁以上女人，且无子女者，官府供给衣服和粮食，然后深入到民间（他们被称为"行人"或"遒人"），拿着木铎（大铃铛，铜质、木舌）沿路采集诗歌。此后将采集的诗歌逐级上报，最后由各诸侯国报呈周王室的太师（或大师）。太师主要负责音乐教化，其属官们对这些从民间收集来的诗歌进行分类、整理，然后选择精华部分，报呈天子。天子通过这些诗歌来了解各地的风土人情、民间疾苦，以及各地诸侯国的道德教化、社会治理情况，并作为施政参考和考核各地官员政绩的依据。这种制度持续至东周时期，随着周王室衰微，采诗制度作为一种带有监察性质的政治活动难以为继，而名存实亡了。

在周王室实行"采诗"制度的同时，《国语》还提到了周代的各级公卿大夫士"献诗"的礼仪，当时的各级官僚都有献诗的责任和义务，《国语·周语》记载：

---

① （汉）班固撰，（唐）颜师古注：《汉书》卷二十四上《食货志》，中华书局 1964 年版，第 1123 页。

② （汉）班固撰，（唐）颜师古注：《汉书》卷三十《艺文志》，中华书局 1964 年版，第1706 页。

③ （汉）公羊寿撰，（汉）何休解诂，（唐）徐彦疏：《春秋公羊传注疏·宣公十五年》，李学勤主编：《十三经注疏》标点本，北京大学出版社 1999 年版，第 361 页。

④ （唐）陆德明：《经典释文》卷一《注解传述人》，上海古籍出版社 1985 年版，第 33 页。

故天子听政，使公卿至于列士献诗，瞽献典，史献书，师箴，瞍赋，矇诵，百工谏，庶人传语，近臣尽规，亲戚补察，瞽史教诲，耆艾修之，而后王斟酌焉，是以事行而不悖。[①]

公卿大夫、列士献诗类似后世向统治者上书进言，只不过当时上奏的是诗歌，各级贵族通过诗歌的形式来表达自己对重大问题的看法与对天子的期待。这些献给天子的诗歌，也是《诗经》的重要来源。今本《诗经》中可以找到"献诗"的佐证。如《小雅·节南山》："家父作诵，以究王讻。式讹尔心，以畜万邦。"[②]意思是说，家父作一篇诗诵，以追究王朝祸乱的元凶。通过改变你的邪心，以求德被四方，天下从而重新昌盛。又如《小雅·巷伯》："寺人孟子，作为此诗。凡百君子，敬而听之。"[③]这里的寺人，即宦官，寺人孟子是中国传世文献记载最早的一位宦官。这首《小雅·巷伯》说的是，寺人孟子身处在周幽王时代，面对幽王荒于政事，烽火戏诸侯，他虽然受过宫刑，但依旧上书天子，希望天子能够勤政爱民。可见，当时公卿大夫多参与献诗，以表达自己的政见。

综上所述，西周时期，采诗、献诗是周王室一项重要的政治活动，其目的在于及时了解各地民风、民俗、民情，包括贵族、士大夫、平民等各阶层的生活状态，从而评定各诸侯国政绩，为天子行政提供参考。当然，西周王室也有专门的乐官创作诗歌，用于祭祀、婚嫁、宴会、狩猎、外交、丧葬等活动，即《诗经》中的《颂》。

总的来说，通过民间采诗、贵族献诗、王室作诗等形式，最终形成了《诗经》三千篇的雏形。然后，经由各诸侯国乐官的收集汇总，对种类繁多、内容庞杂的诗篇进行初级整理、选择，配上音律，分类成编。随后，各诸侯国再将这些诗歌上交给周太师。周太师汇总各国的诗篇，再次精选、修订、谱乐，以备周天子使用。这样，周代统一的《诗经》文本也就编订形成了，即《诗经》的最初原本。

---

① （战国）左丘明撰，（三国）韦昭注：《国语》卷一《周语上》，上海古籍出版社 2015 年版，第 7 页。
② 高亨注：《诗经今注》，上海古籍出版社 2009 年版，第 272 页。
③ 高亨注：《诗经今注》，上海古籍出版社 2009 年版，第 304 页。

各国太师收集、编选不是一次性的，而是经常性的工作。从西周初年到春秋中叶，一直持续不断。一代一代的各国太师把编选的本国诗歌上送周太师，周太师经过删节、编选，汇总成一个统一的本子，然后分发各国，以便学习应用。当时各国士大夫在各种场合赋诗引诗如此熟练，所用诗篇如此集中，如果没有一个统一本子是不可能的。由于各国太师不断选送新诗，所以这个诗集本子是经周太师不断增删修订的。到春秋初年，应该已经形成了一种有三百多首诗的本子。虽然这个本子还在不断修订，但诗的总数还保持在三百多首，而且各国诗歌的排列次序已基本定型，只是篇目有所变化。一直到春秋中叶，周太师的最后一次审订本出现，太师的编选工作不再进行，便形成了我们今天见到的《诗经》本子。①

可以说，孔子之前在各诸侯国太师、乐工、周太师的共同努力，经过多次的选编、修订形成了统一的文本，而这个经由周太师编订的文本成为各诸侯国所认同的、广泛流传的统一《诗经》文本。其为各国传唱，成为赋诗言志的经典依据。当然，袁长江认为"到春秋中叶，周太师的最后一次审订本出现，太师的编选工作不再进行，便形成了我们今天见到的《诗经》本子"，可以肯定的是周太师最后一次审定的文本还不是我们今天看到的《诗经》文本，只是后来孔子删订《诗经》文本前的原本而已。

2.孔子删订《诗经》

《诗经》的祖本是什么呢？或者说今天传本《诗经》305篇是怎么来的呢？从古到今一般都认为孔子曾经删订《诗经》。这个说法最早见于《史记·孔子世家》的记载：

古者《诗》三千余篇，及至孔子，去其重，取可施于礼义，上采契后稷，中述殷周之盛，至幽厉之缺，始于衽席，故曰"《关雎》之乱以为《风》始，《鹿鸣》为《小雅》始，《文王》为《大雅》始，《清庙》为《颂》始。"三百五篇孔子皆弦歌之，以求合《韶》《武》《雅》《颂》之音。礼

---

① 袁长江：《先秦两汉诗经研究论稿》，学苑出版社 1999 年版，第 10 页。

乐自此可得而述，以备王道，成六艺。①

　　司马迁认为孔子在古代三千篇《诗》的基础上，以周礼为标准，经过删减重复，只留下了305篇。需要注意的是，司马迁并没有明确说孔子将三千余篇《诗》删订为305篇的具体过程，只是笼统地说"古者《诗》三千余篇，及至孔子，去其重"。后班固《汉书·艺文志》、王充《论衡·正说》、赵岐《孟子题辞解》、郑玄《六艺论·诗论》、魏徵《隋书·经籍志》等都继承了司马迁的说法②。于是，一般都认为孔子在三千篇《诗》的基础上删订为305篇。

　　实际上，从三千篇到305篇是有很漫长的历史，并非一步到位。在孔子之前，已经在周太师等的努力下形成了一个《诗经》原本③，这个原本在各国流行，以至于当时的诸侯、卿、大夫、士对之都有一定的记诵与认识，以至时人可以熟练地"赋诗言志"，借助《诗经》篇章含蓄表达自己的意向。《春秋左传正义·文公十三年》记载：

　　　　冬，公如晋，朝，且寻盟。卫侯会公于沓，请平于晋。公还，郑伯会公于棐，亦请平于晋。公皆成之。郑伯与公宴于棐，子家赋《鸿雁》。季文子曰："寡君未免于此。"文子赋《四月》。子家赋《载驰》之四章。

---

① （汉）司马迁：《史记》卷四十七《孔子世家》，中华书局1963年版，第1936—1937页。

② （汉）班固撰，（唐）颜师古注：《汉书》卷三十《艺文志》云："故古有采诗之官，王者所以观风俗，知得失，自考正也。孔子纯取周诗，上采殷，下取鲁，凡三百五篇，遭秦而全者，以其讽诵，不独在竹帛故也。"中华书局1964年版，第1706页。（汉）王充：《论衡》卷二十八《正说篇》云："《诗经》旧时亦数千篇，孔子删去复重，正而存三百篇。"上海人民出版社1974年版，第427页。（汉）赵岐注，（宋）孙奭疏：《孟子注疏·孟子注疏题辞解》云："孔子自卫反鲁，然后乐正，《雅》《颂》各得其所，乃删《诗》，定《书》，系《周易》，作《春秋》。"北京大学出版社1999年版，第7页。郑玄《六艺论·诗论》云："鲁僖间，《商颂》不在数矣。孔子删诗时，录此五章。"（（宋）罗泌：《路史》卷十九《后纪十》，清文渊阁四库全书本。）（唐）魏徵等：《隋书》卷三十二《经籍志》："孔子删诗，上采尚，下取鲁，凡三百篇。"中华书局1973年版，第918页。

③ 今人袁长江在其《先秦两汉诗经研究论稿》中也认为"孔子之前确实存在一种各国统一的《诗经》本子，这就是太师所教子弟和乐工用的本子。这是一个统一的权威性的本子，出自周太师之手"。（袁长江：《先秦两汉诗经研究论稿》，学苑出版社1999年版，第69页。）

文子赋《采薇》之四章。郑伯拜，公答拜。①

此例中，郑国想和晋国和好，于是希望鲁文公帮助去晋国说情，并赋了一首《鸿雁》，想借助其中"之子于征，劬劳于野。爰及矜人，哀此鳏寡"②四句，希望鲁国予以相助。当时的季文子代表鲁文公也赋诗一首《四月》，借助其中"四月维夏，六月徂暑。先祖匪人，胡宁忍予"③，表达拒绝之意。郑国的子家再赋诗一首《载驰》，取"我行其野，芃芃其麦。控于大邦，谁因谁极"④，向鲁国表明自己是小国，希望得到大国鲁国的真心帮助。季文子又赋诗一首《采薇》，取"戎车既驾，四牡业业。岂敢定居，一月三捷"⑤，表明愿意相助郑国。可见，当时各国贵族间的交往，赋诗言志是一种基本的方式。当时《诗经》是有比较通用的本子在各国流传。在《左传》中赋诗、引诗约180多次，这是《诗经》文本在孔子之前已经流行的重要佐证。

孔子也在《论语》中多次对弟子强调"不学诗，无以言"⑥，还曾说："诵《诗》三百，授之以政，不达；使于四方，不能专对；虽多，亦奚以为？"⑦ 这些都说明了孔子命弟子们必学《诗经》，深刻体会《诗经》，以便能与为政者交流学术思想和治国理念。这都表明，与孔子同时代的诸侯国卿大夫士们都通晓《诗经》，而这个大家共知的文本并不是孔子所删订的。

从春秋战国到汉代，在人们的著作中经常出现很多逸诗（就是后世《诗经》文本中没有的诗篇），这也说明孔子曾经整理了周太师编定的《诗经》

---

① （晋）杜预注，（唐）孔颖达疏：《春秋左传正义·文公十三年》，李学勤主编：《十三经注疏》标点本，北京大学出版社1999年版，第547页。

② 高亨注：《诗经今注》，上海古籍出版社2009年版，第254页。这四句诗的意思是说，"这个勇士打仗行军，日日辛劳奔波在田野。还有他的家人和爱人，可怜独自在家中"。

③ 高亨注：《诗经今注》，上海古籍出版社2009年版，第313页。这四句诗的意思是说，"四月夏季将开始，六月则暑气褪去（旧历）。其先祖不是人，怎忍心让他这样"。

④ 高亨注：《诗经今注》，上海古籍出版社2009年版，第77页。这四句诗的意思是说，"我在郊野忙行驶，麦子繁盛又茂密。前往大国去求援，依靠谁来帮我忙"。

⑤ 高亨注：《诗经今注》，上海古籍出版社2009年版，第228页。这四句诗的意思是说，"兵车早已驾好了，四匹雄马真强壮。哪敢安然定居下，一月之内仗不停"。

⑥ （春秋）孔丘撰，杨伯峻、杨逢彬注译：《论语·季氏》，岳麓书社2000年版，第162页。

⑦ （春秋）孔丘撰，杨伯峻、杨逢彬注译：《论语·子路》，岳麓书社2000年版，第118页。

《孔子圣迹图·退修诗书》，（明）佚名绘，现藏山东曲阜孔子博物馆

文本，从而形成了孔子版的《诗经》定本，而出现的逸诗，就是孔子删除的周太师《诗经》中重复的、思想杂乱的部分。当然，逸诗也可能是由于当时特定的编选方式决定的。《诗经》并非一次性被周太师编订而成，而是多次由周太师的删订谱曲颁发，每一次的修订本都会增加新的诗篇而删减旧作，这些被更新的诗篇在各诸侯国传诵，由此形成了逸诗。

关于孔子有没有把三千篇《诗》删订为305篇《诗经》。这个问题从唐代开始就有学者对此进行论证了，如孔颖达、朱熹、叶适、江永、赵翼、崔述、朱彝尊、方玉润、魏源、梁启超、傅斯年等，都曾对孔子删诗有所怀疑。他们怀疑孔子删诗的基本理由有：

一是《左传》襄公二十九年（前544年）吴公子季札曾到鲁国观赏周代音乐，鲁国乐工为他演奏的十五《国风》，这些《国风》的名称与编排顺序，和今天所传的本子基本一致，说明当时《诗经》已经被编辑成册；当时孔子仅八岁。

二是《史记》说孔子删诗是在"自卫反鲁"（即从卫国回到鲁国）之后，但根据《论语》记载，孔子在此之前曾多次提到"诗三百"，这就说明孔子删诗之前，《诗经》三百篇已经存在了。

三是在孔子之前当时各个诸侯国无论是外交还是宴飨等场合，都已经有流行"赋诗言志"的习惯，而当时所赋的那些诗篇，大多出自今本《诗经》，这也说明孔子删诗之前，《诗经》已经存在了。

可以说，从三千篇《诗》到305篇《诗经》的形成，经历了一个漫长而复杂的过程。孔子被神化而将《诗经》定本视为其所作，其实并不完全如此。实际上，孔子作为儒家创立的学者只是对春秋时期流传众多的《诗经》文本，选择了一种进行整理。比如，纠正诗篇中字词、诗篇顺序、重复芜杂，等等。这正如司马迁《史记·孔子世家》所说"古者《诗》三千余篇，及至孔子，去其重，取可施于礼义"，"三百五篇孔子皆弦歌之，以求合《韶》《武》《雅》《颂》之音"①。

总而言之，经过孔子的整理，形成了新的《诗经》文本，正如《论语·子罕》记载，孔子说："吾自卫反鲁，然后乐正，《雅》《颂》各得其所。"② 孔子用他整理后的《诗经》文本教育弟子，这个《诗经》文本也随即在儒家弟子中传承，并经过春秋战国数百年的传承、修订、完善，最终在秦始皇时代得以确定。秦始皇时代虽然焚诗书，但儒家版《诗经》已经被经学博士及弟子们背诵，在汉代建立后重新被写录了下来。总之，孔子前后有多个《诗经》文本，孔子整理了周太师的《诗经》文本，并形成了新的儒家版《诗经》文本，这个文本尽管不是《诗经》原本、定本，但却是汉代甚至是我们今天《诗经》的祖本。③

（二）汉代四家《诗》的传承与特点

孔子之后，《诗经》传承不断，与《尚书》逐渐成为儒家学派的核心经典，经由儒家后传弟子的完善、修订，最终形成了《诗经》的定本。秦始皇焚书，

---

① （汉）司马迁：《史记》卷四十七《孔子世家》，中华书局1963年版，第1936—1937页。
② （春秋）孔丘撰，杨伯峻、杨逢彬注译：《论语·子罕》，岳麓书社2000年版，第82页。
③ 持同样观点的还有戴维先生，他在其《诗经研究史》一书中也说道："从歌谣演变成诗，起码经过了诸侯国太师之手的删削整理，'国以闻于天子'的才是诗。诗汇集于周太师之手，太师比其音律，分类而成编，《诗经》也就编订成了。《诗经》虽编订成了，但并不是一个定本，除以前一些为人所广泛接受并应用的诗篇外，应该是不时有所增删的，这从当时人引用一些逸诗就可以推论出。直到周王室衰微得无力再收诗编诗，才结束收诗编诗的局面。后来由于流传很多本子，孔子就重订了一个。随着儒家的不断壮大，孔订本就演变成所谓定本了，但现在流传的《毛诗》却非孔子时的旧观了。"（参见戴维：《诗经研究史》，湖南教育出版社2001年版，第6—7页。）

尽管《尚书》《诗经》首当其冲。但先秦时期，《诗经》多为口耳相传，所以并未受到太大影响。汉代建立之后，《诗经》的传承都没有中断。在汉代传承主要有四家，即齐、鲁、韩、毛。其中，鲁、齐、韩三家因用汉代通行的隶书书写，所以属于今文经学，在西汉时期就被立为官学。而《毛诗》属于古文经学，在民间传承，出现比较晚，到东汉中后期才被立为官学。

1. 西汉三家今文《诗》的传承与特点

《鲁诗》传承者是鲁人申培。在西汉初年，五经的出现以《诗经》最早，而四家《诗》中又以《鲁诗》出现最早。相传它是孔子传给了子夏，又经历了几代传承，传到了荀子，荀子又传给了齐人浮丘伯、浮丘伯又传给了鲁人申培。所以，《鲁诗》的弟子们就自诩是孔子的嫡传。《鲁诗》在汉武帝时被立为《诗经》博士，其弟子遍及天下，故《鲁诗》在汉代最为流行。史学大家司马迁也是《鲁诗》一派的弟子。

《齐诗》是齐人辕固生①。辕固生《齐诗》在西汉立为博士。由于《齐诗》主要是在齐地传授，受到齐地邹衍五行灾异之说的影响，最大的特点是喜欢用谶纬迷信、阴阳灾异学说解释《诗经》，附会政治，在西汉中后期盛极一时。

《韩诗》是燕人韩婴。《韩诗》的影响不及齐、鲁两家，主要是在燕赵一带流行，其主要盛行在东汉。

齐、鲁、韩三家《诗》区别在什么地方呢？傅斯年认为：

> 《齐诗》《韩诗》在释经上恐没有大异于《鲁诗》处，三家之异当在引经文以释政治伦理。齐学宗旨本异鲁学，甚杂五行，故《齐诗》有五际之论。《韩诗》大约去泰去甚，而于经文颇有确见，如殷武之指宋襄公，即宋代人依《史记》从《韩诗》，以恢复之者。个人以近所辑齐鲁韩各家说看去，大约齐多侈言，韩能收敛，鲁介二者之间，然皆是与伏生《书》《公羊春秋》相印证，以造成汉博士之政治哲学者。②

---

① （汉）班固撰，（唐）颜师古注：《汉书》卷八十八《辕固生传》载："窦太后好《老子》书，召问固。固曰：'此家人言耳。'太后怒曰：'安得司空城旦书乎！'乃使固入圈击彘。上知太后怒，而固直言无罪，乃假固利兵。下，固刺彘正中其心，彘应手而倒。太后默然，亡以复辜。"中华书局 1964 年版，第 3612 页。

② 傅斯年撰，王志宏导读：《诗经讲义稿》，上海古籍出版社 2011 年版，第 11 页。

毛苌像

毛苌，后称"小毛公"。相传为古文诗学"毛诗学"的传授者。西汉赵（郡治今河北邯郸西南）人。曾任河间献王博士。据称其诗学传自毛亨。

五际① 是《齐诗》解释《诗经》的一种方式。傅斯年认为，齐、鲁、韩三家都注重与现实政治伦理结合进行解读，不同之处在于齐学影响下的《齐诗》更加注重利用阴阳五行学说解读《诗经》，过于牵强附会。《韩诗》修正了《齐诗》的做法，更强调《诗经》本身的意思，很少有阐发。而《鲁诗》介于两者之间。由于三家都与当时的政治有关系，所以得到了朝廷的重视与支持。

2. 古文《毛诗》的传承与特点

与齐、鲁、韩三家《诗》相比较，作为古文经学的《毛诗》在汉代始终影响很小。但从汉代以后，齐、鲁、韩三家受到郑玄《诗经》学的冲击而渐渐消亡，《毛诗》成为魏晋以后最有影响的《诗经》流派。所以，研究《诗经》学史需要关注其学术的发生、传承与观念。

《毛诗》的传承者是汉代鲁人毛亨、赵人毛苌，后世分别称之为大毛公、小毛公。作为《毛诗》的创始人毛亨，自称是荀子的后传弟子。由于荀子《诗经》来源于孔子弟子卜商（即子夏），所以毛亨将《毛诗序》最初署名为"卜商序"，或称"卜商得自孔子嫡传"。唐代陆德明《经典释文·序录》也记载说，《毛诗》出自孔子、子夏：

> 徐整云：子夏授高行子，高行子授薛仓子，薛仓子授帛妙子，帛妙子授河间人大毛公，毛公为《诗故训传》于家，以授赵人小毛公。小毛

---

① 五际：《齐诗》学者翼奉说诗，认为《易》有阴阳，《诗》有五际。他附会阴阳五行之说，以推论政治变化，认为每当卯、西、午、戌、亥是阴阳终始际会之年，政治上必发生重大变动。

公为河间献王博士，以不在汉朝，故不列于学。一云：子夏传曾申，申传魏人李克，克传鲁人孟仲子，孟仲子传根牟子，根牟子传赵人孙卿子，孙卿子传鲁人大毛公。[1]

陆德明在这段话中引用了两个人的观点。一是三国时吴国太常卿徐整（据《隋书·经籍志》，曾撰有《毛诗谱》[2]）的观点，认为孔子的高徒子夏将《诗经》传给后世，即子夏——高行子——薛仓子——帛妙子——河间人大毛公（大毛公作《诗故训传》，又传赵人小毛公，而小毛公是河间献王的博士。因为小毛公不在朝廷，所以没有立为官学）。二是三国时期吴国的学者陆玑（曾撰有《毛诗草木鸟兽虫鱼疏》）的观点，他认为孔子曾经传《诗经》给子夏，传到战国荀子，然后由荀子传给了汉代大毛公，即孔子——子夏——曾申——魏人李克——鲁人孟仲子——根牟子——赵人孙卿子——鲁人大毛公。这两个人的观点，相同之处就是都认为《毛诗》是孔子、子夏的嫡传，不同的是从子夏到大毛公中间的传承谱系有差别。实际上，这四家《诗经》学都认为自己是孔子、子夏的正宗嫡传，到底谁是正宗？此问题历代学者争论不休，至今没有定论。或许四家都是孔子、子夏的传承者，只不过传承脉络不同。其实，他们都希望借孔子、子夏来抬高自己，目的就是提升自己的现实影响力，抢夺《诗经》学的正统地位，以此获取更多的名和利。

这四家《诗经》中，齐、鲁、韩三家在汉代影响最大，被立为官学。《毛诗》的影响主要体现在东汉中后期，尽管之前没有被立为官学，但民间一直不断传承，以至于后来居上。《毛诗》在传承的过程中最有影响的学者是祖师爷鲁人毛亨，即大毛公，曾撰有《毛诗故训传》（后简称《毛传》），在家族内部传授，并传给了赵人小毛公毛苌，有学者研究认为，大、小毛公是叔侄关系。河间献王刘德得到了《毛传》献给朝廷，刘德立毛苌为经学博士，让其研究和传授《毛诗》。

在《毛诗》学史上，除了毛亨、毛苌外，五传弟子卫宏是汉代《毛诗》

---

① （隋）陆德明：《经典释文》卷一《注解传述人》，上海古籍出版社 1985 年版，第 37—38 页。

② （唐）魏徵等：《隋书》卷三十二《经籍志》："《毛诗谱》三卷，吴太常卿徐整撰。"中华书局 1973 年版，第 916 页。

兴起的关键人物。《后汉书·儒林传》说卫宏曾经作《毛诗序》①。这个《毛诗序》是不是今天流传的《诗序》，学者一直有争论，成为《诗经》学的四大公案之一。《诗序》是一部先秦到两汉时期诗歌理论的总结性著作，《毛诗序》分《大序》和《小序》，《大序》主要是对《诗经》的性质、内容、手法、价值及其意义等作了全面的论述；而《小序》主要是对《诗经》各篇内容所作的解题。《诗序》在汉唐之际，一直作为解读《诗经》的入门与指导著作。

《诗序》在《诗经》学史上有着至关重要的地位与作用，直接改变了《诗经》的解读模式，甚至是《诗经》的性质。我们一般都认为《诗经》尤其是《风》是民间诗歌，但《诗序》把其看成是与社会秩序、人伦道德有直接关系的政治文本。如《诗经》第一篇《关雎》。

> 关关雎鸠，在河之洲；窈窕淑女，君子好逑。
> 参差荇菜，左右流之；窈窕淑女，寤寐求之。
> 求之不得，寤寐思服；悠哉悠哉，辗转反侧。
> 参差荇菜，左右采之；窈窕淑女，琴瑟友之。
> 参差荇菜，左右芼之；窈窕淑女，钟鼓乐之。②

如果按照近代以来学者的一般理解，这篇诗歌是描写男女爱情的，表达的是君子对淑女志在必得的渴望，是人们对美好爱情的向往。全诗没有提到淑女的感觉，只有君子"寤寐求之""寤寐思服""辗转反侧"的单相思。但古人看来，这并不是《诗经》所要表达的真实东西。《诗经》作为经典，宣扬的是一种普遍的意义，其象征意义大于实际意义，重在"隐喻"。对于《关雎》主意是借助它来服务于现实的社会秩序、人伦道德。

> 《关雎》，后妃之德也，风之始也，所以风天下而正夫妇也，故用之

---

① （南朝宋）范晔撰，（唐）李贤等注：《后汉书》卷七十九下《卫宏传》："卫宏字敬仲，东海人也。少与河南郑兴俱好古学。初，九江谢曼卿善《毛诗》，乃为其训。宏从曼卿受学，因作《毛诗序》，善得《风雅》之旨，于今传于世。"中华书局 1965 年版，第 2575 页。

② 高亨注：《诗经今注》，上海古籍出版社 2009 年版，第 1—2 页。

乡人焉，用之邦国焉。①

　　这里说《关雎》不是谈爱情的，而是谈"后妃之德"。说的是周文王要为自己寻找一位文静、善良、美丽的妻子，希望与她出双入对、相敬如宾，一同治理天下。这里的"隐喻"就在于"雎鸠"。毛亨《毛诗故训传》解释说：

　　　　雎鸠，王雎也，鸟挚而有别。②

后来郑玄作笺注说道：

　　　　挚之言至也。谓王雎之鸟，雌雄情意至，然而有别。③

宋人朱熹《诗集传》进一步解释说：

　　　　雎鸠，水鸟，一名王雎，状类凫鹥，今江淮间有之。生有定偶而不相乱，偶常并游而不相狎，故《毛传》以为挚而有别。④

《关关雎鸠》，（清）费以耕绘

---

①　（汉）毛亨传，（汉）郑玄传，（唐）孔颖达疏：《毛诗正义》卷一《关雎》，李学勤主编：《十三经注疏》标点本，北京大学出版社 1999 年版，第 4—5 页。

②　（汉）毛亨传，（汉）郑玄传，（唐）孔颖达疏：《毛诗正义》卷一《关雎》，李学勤主编：《十三经注疏》标点本，北京大学出版社 1999 年版，第 22 页。

③　（汉）毛亨传，（汉）郑玄传，（唐）孔颖达疏：《毛诗正义》卷一《关雎》引郑玄笺，李学勤主编：《十三经注疏》标点本，北京大学出版社 1999 年版，第 22 页。

④　（宋）朱熹：《诗集传》卷一《关雎》，上海古籍出版社 1980 年版，第 1 页。

雎鸠的习性一旦有了心爱的配偶，即使别的鸟对它心生爱慕，也并不亲近，具有专一的德行。所以，周文王想找到这样一位专一、有德行的后妃，来陪伴自己。再引申表明了中国古人的爱情观，希望夫妻相濡以沫、真诚专一。也反映了中国古人的伦理思想，即夫妇为人伦之始，天下一切道德的完善，都必须以夫妇之德为基础。所以，《关雎》被看成"风"的开始，即一切教化的起点。

这种解读模式下，《毛诗序》在中国古代影响非常大。它为解读《诗经》确定了一个基调：文学要服务于现实社会政治、人伦道德。尽管宋代以后的很多学者认为应当抛弃《诗序》解读《诗经》，注重《诗经》的文学性，但并没有成功。中国古代"文以载道"、经世致用一直是文学、史学、哲学的基本属性。

在汉代除了毛亨、毛苌、卫宏研究《诗经》影响比较大，还有郑众、贾逵、马融、郑玄等人。他们都曾为《毛诗》作注解。其中郑玄的《毛诗传笺》影响最大，他吸收了今、古文《诗经》以及汉代各家注解成果，此后《毛诗》开始盛行，超越齐、鲁、韩三家，最终齐、鲁、韩三家在中古时期相继失传。据《隋书·经籍志》记载，《齐诗》亡于曹魏，《鲁诗》亡于西晋，《韩诗》虽然存在，但没有传人。只有《毛诗》一直流传，直到今天。[①] 我们今天所见，基本上就是大、小毛公所传的《毛诗》。

3. 今文三家《诗》与古文《毛诗》的异同

（1）政治远近不同。今文三家《诗》更加注重与当时的社会政治相结合，相比较而言，《毛诗》更加远离政治。

（2）文字不同。今文三家《诗》都是用汉代通行的隶书写就，而古文《毛诗》使用战国东方各国通行的大篆所写。皮锡瑞《经学历史》就说道："今古文所以分，其先由于文字之异。"[②] 另外，就诗篇内容文字来说，三家《诗》多用本字，而《毛诗》多用借字。（表示词的本义的字称为本字，不表示本义的称为假借字。）

（3）解释的方法不同。今文三家《诗》喜用阴阳五行、谶纬之学来解读

---

① （唐）魏徵等：《隋书》卷三十二《经籍志》云："《齐诗》，魏代已亡；《鲁诗》亡于西晋；《韩诗》虽存，无传之者。唯《毛诗郑笺》，至今独立。"中华书局1973年版，第918页。

② （清）皮锡瑞著，周予同注释：《经学历史》，中华书局2004年版，第54页。

《诗经》，注重发挥《诗经》的微言大义，强调与社会政治相结合。古文《毛诗》注重训诂考证。今文三家《诗》非常繁琐，甚至牵强附会，而古文《毛诗》则简洁明了。

（4）诗篇编次不一。《汉书·艺文志》记载："《诗经》二十八卷，齐、韩、鲁三家。"① 又云："《毛诗故训传》三十卷。"② 王先谦认为："《毛诗》作传，取二十八卷之经，析邶、鄘、卫风为三卷，故为三十卷。三家故说、传说别行，其全经皆二十八卷。"③

二、《诗经》学简史

《诗经》作为中国古代的重要经典，受到历代的尊崇，产生了一大批注解与阐发的著述。《诗经》学在世界也得到了众多学者的关注，并成为海外汉学的重要组成部分，这些研究对于我们理解《诗经》增添了新的视角与方法。《诗经》拥有独特的魅力，需要我们在前人的基础上继续研究与诠释。

（一）先秦

从发展历史而言，西周是《诗经》萌芽到繁荣的时代，周人通过采诗、献诗、作诗的制度产生了《诗经》的原型。《诗经》被用来考察民情，教育贵族子弟。此外，还有一部分诗歌在周太师及乐官加工后，在各种场合演奏，成为宫廷礼仪的重要组成部分，如《生民》《公刘》等用来祭祀祖先的；《噫嘻》《丰年》等用来祭祀丰收的；《鹿鸣》等用于宴飨。在《诗经》形成的早期，周太师对《诗经》学贡献最多，其负责组织乐师整理加工篇章；编辑合适的文本用以教育贵族子弟。这个过程本身就是一种研究，就《诗经》文本的产生来说，周太师无疑是最重要的人物④。

《诗经》在更广的范围内被接受是在春秋时期，即"赋诗言志"成为贵

---

① （汉）班固撰，（唐）颜师古注：《汉书》卷三十《艺文志》，中华书局1964年版，第1707页。

② （汉）班固撰，（唐）颜师古注：《汉书》卷三十《艺文志》，中华书局1964年版，第1708页。

③ （清）王先谦撰，吴格点校：《诗三家义集疏（上）》卷三上，中华书局1987年版，第124页。

④ 对此今人袁长江在其《先秦两汉诗经研究论稿》中也说道："从文学作品的角度看，周太师是《诗经》最初研究者中最重要的，也是有突出成绩的。"（袁长江：《先秦两汉诗经研究论稿》，学苑出版社1999年版，第19页。）

族大夫们日常社会交往的重要方式。随后，孔子对《诗经》的删订、整理与研究，开启了《诗经》学的新时代。孔子对《诗经》的认识成为后世研究的重要命题。比如"思无邪"说①、"兴观群怨"说②，"授之以政"说③，等等。孔子之后，其弟子子夏、子思、公孙尼子等，出于敦化社会风气的目的，大力弘扬礼乐文明，极力传扬《诗经》。

战国时期，《诗经》学走向衰微，但孟子、荀子等对《诗经》的宣扬和研究，奠定了秦汉以后《诗经》学的发展方向。

孟子师从孔子的孙子孔伋(字子思)的门人，传承孔子的学说，史称"亚圣"。由于孔伋、孟子的思想具有内在的一致性，故合称"思孟学派"。孟子精通五经，尤长于《诗》《书》④。《史记·孟子荀卿列传》记载孟子与弟子，"序《诗》《书》，述仲尼之意，作《孟子》七篇"⑤，孟子曾整理、传承《诗经》。《孟子》一书引用《诗经》四十余处，孟子的仁政、民本、王道理想都与《诗经》有一定的关系。

孟子对《诗经》学最大贡献是提出的解释学理论，亦即"自得""知人论世""以意逆志"等理论。其中，"自得"来源于《孟子·离娄下》："君子深造之以道，欲其自得之也。"⑥意思是说，君子遵循一定的方法来深入学习，以获得真理、提升能力。自得，就是通过思考，对知识深入体悟，从而转化为自己固有的知识体系和价值观念，转化为一种能力。

知人论世，是指要想了解作品，就必须了解作者及其所处的时代，这样才能客观而真确地把握作品的思想内容。这个观点近代以来的很多学者都有强

---

① (春秋)孔丘撰，杨伯峻、杨逢彬注译：《论语·为政》："《诗》三百，一言以蔽之，曰：'思无邪'。"岳麓书社 2000 年版，第 8 页。

② (春秋)孔丘撰，杨伯峻、杨逢彬注译：《论语·阳货》："小子何莫学夫诗？诗，可以兴，可以观，可以群，可以怨。迩之事父，远之事君；多识于鸟兽草木之名。"岳麓书社 2000 年版，第 168 页。

③ (春秋)孔丘撰，杨伯峻、杨逢彬注译：《论语·子路》："诵《诗》三百，授之以政，不达；使于四方，不能专对；虽多，亦奚以为？"岳麓书社 2000 年版，第 118 页。

④ (汉)赵岐注，(宋)孙奭疏：《孟子注疏·孟子注疏题辞解》称孟子"通五经，尤长于《诗》《书》"，北京大学出版社 1999 年版，第 5 页。在今存的《孟子》一书中，涉及《诗经》的地方有三十九处。

⑤ (汉)司马迁：《史记》卷七十四《孟轲传》，中华书局 1963 年版，第 2343 页。

⑥ (汉)赵岐注，(宋)孙奭疏：《孟子注疏·离娄章句下》，李学勤主编：《十三经注疏》标点本，北京大学出版社 1999 年版，第 220 页。

调，如钱穆在其《中国史学名著导读》反复强调说，要想了解一部史书，就要先了解这部书的作者及其所处的时代。陈寅恪先生也有"同情之了解"相类似的观点。中国古人写书的目的是明道、传道、行道，服务于现实社会政治。

以意逆志，指跳出作品语言文字的束缚，用自己的思想观念去体悟或揣摩作品与作者的思想旨趣。

孟子的诗学理论，使其《诗经》学在中国历史上具有里程碑的意义。正如今人刘毓庆先生所说：

> 孟子《诗》学的核心是王道政治，其所提出的"王迹熄而《诗》亡""知人论世""以意逆志"等理论，无不是围绕着王道政治而展开的。这种将《诗》作与时代政治相联系、并追求诗人之"志"与解释者之"意"融合的解读理论，对于春秋以来断章取义的引诗模式，以及高叟之类拘泥于语言文字的解经方式，无疑是一种带根本性的否定，这在《诗》学诠释史上，是带有划时代意义的。其对后世《诗经》诠释学影响之大，也是不言而喻的。①

孟子《诗经》学思想主要是反对"断章取义""拘泥于语言文字的解经方式"，在中国古代《诗经》诠释学史上有深远的影响，同时也有非常重要的经学影响，将经学与社会政治现实相结合，发挥经学经世致用的价值与意义。

孟子之后，荀子对于《诗经》也作出了不可磨灭的贡献。荀子本是赵国人，曾仿效孔子、孟子，周游列国，三次出任齐国稷下学宫的祭酒。韩非、李斯都是他的弟子。由于孔子思想的核心范畴是"仁"，孟子在此基础上提出了"义"，而荀子则提出了"礼""法"，作为其学说的核心范畴。在他看来，人性本恶，所以要强化道德规范。在荀子看来，《诗经》蕴含着周代的礼法思想，他以为《诗经》与《尚书》《春秋》《仪礼》等并重，都是王道政治理念的载体，希望借《诗经》发扬周代的礼法精神。

不仅如此，根据古代学者的考证，荀子在《诗经》学传承中具有承上

---

① 刘毓庆、郭万金：《从文学到经学：先秦两汉诗经学史论》，华东师范大学出版社2009年版，第140页。

荀子像

荀子（约前 313—前 238 年），战国末思想家、教育家。名况，时人尊而号为"卿"汉人避宣帝讳，称孙卿。赵国人。游学于齐，后三为祭酒（学长）。继赴楚国，由春申君用为兰陵令。后著书终老其地。韩非、李斯皆其学生。批判和总结了先秦诸子的学术思想，对古代唯物主义有所发展。政治上主张礼法兼治，王霸并用，坚持"正名"之说，强调封建等级制，反对世袭制。其"正名"学说包含着丰富的逻辑理论，对建立古代名学作出了贡献。曾作《乐论》，系统论述了"礼乐"思想。认为"人不能无乐"，强调"美善相乐"。所作散文说理透辟，结构谨严。其《赋篇》对汉赋的兴起有一定影响。著作有《荀子》。

启下的重要地位，《毛诗》的祖师毛亨是荀子的后传弟子，《鲁诗》的祖师申培是荀子的后传弟子，《韩诗外传》中引《荀子》来解读《诗经》多达四十多处，以至于清人认为《韩诗》也是"荀卿子之别子"[①]，刘师培撰《诗分四家说》，更是认为齐、鲁、韩、毛都源于荀子。由此可见，荀子是汉代《诗经》学的祖师。荀子不仅传承《诗经》，对于《周易》《仪礼》《春秋》等经典也都有传承之功[②]。

《诗经》是儒家学派的核心经典，在秦始皇时期首先遭到了焚毁，这是战国法家学派对儒家学派的继续围剿。早在秦孝公商鞅变法时《诗经》就遭到焚烧。《韩非子·和氏篇》记载："商君教秦孝公……燔《诗》《书》而明法令。"[③]倡导焚烧《诗经》始自秦孝公变法时期的商鞅。商鞅曾把《诗》《书》《礼》《乐》等比作"六虱"。据《商君书·靳令》记载："六虱：曰礼乐、曰《诗》《书》、曰修善、曰孝悌、曰诚信、曰贞廉、曰仁义、

---

① （清）汪中：《荀卿子通论》，载（清）王先谦：《荀子集解·考证下》，中华书局 1988 年版，第 21 页。

② 对此，清人有较为详细的考证，如汪中《荀卿子通论》。后胡元仪《荀卿别传》《荀卿别传考异》较汪中更为翔实，载（清）王先谦：《荀子集解·考证下》，中华书局 1988 年版，第 21—50 页。

③ （清）王先慎集解，姜俊俊校点：《韩非子·和氏篇》，上海古籍出版社 2015 年版，第 114 页。

曰非兵、曰羞战。"① 他认为儒家所宣扬的诗书礼乐、仁义诚信等对于社会政治的治理而言是六种臭虫。要消灭《诗》《书》《礼》《乐》，提倡以法治国。商鞅的后继者韩非、李斯等人继承了他的观点，继续推行法家学说。秦始皇继续焚烧《诗经》《尚书》等儒家经典，以此来消除儒家学说在社会政治中的影响。据《史记·秦始皇本纪》记载，当时采用了非常极端的焚书政策，所谓："天下敢有藏《诗》《书》、百家语者，悉诣守、尉杂烧之。有敢偶语《诗》《书》者弃市，以古非今者族。见知不举者与同罪。"② 但由于先秦时期《诗经》的传承主要是口耳相传，汉代立国《诗经》学仍能继续传承不绝。

（二）汉唐

汉代是《诗经》学发展的黄金时期。齐、鲁、韩三家出现最早，被称为今文三家《诗》，在文帝、景帝时期先后被立为官学。

今文三家《诗》中，其中以《鲁诗》之学在汉代出现最早，最为兴盛显赫。《鲁诗》最为纯正，据《汉书·艺文志》记载：

> 汉兴，鲁申公为《诗》训故，而齐辕固、燕韩生皆为之传。或取《春秋》，采杂说，咸非其本义。与不得已，鲁最为近之。③

所谓的纯正，就是不同于《齐诗》《韩诗》运用阴阳五行比附政治，牵强附会，同时采用《春秋》大义解读《诗经》，注重发挥《诗经》的政教作用。《鲁诗》比《齐诗》《韩诗》更加接近《诗经》的本义，一直得到汉代君臣的重视。

汉代古文《诗经》主要是《毛诗》，创始人为鲁人毛亨（大毛公）、赵人毛苌（小毛公），大毛公为《诗经》作传，即《毛诗故训传》，简称《毛传》。西汉末至新莽时，《毛诗》一度被立为官学。随着王莽失败，《毛诗》也失去官学地位。到了东汉章帝时期，《毛诗》又得到了朝野的重视。

在东汉末年，郑玄兼通今、古文经学，吸收今古文《诗经》学的成果，

① 山东大学《商君书》注释组注：《商君书新注·靳令》，山东人民出版社 1976 年版，第 101 页。
② （汉）司马迁：《史记》卷六《秦始皇本纪》，中华书局 1963 年版，第 255 页。
③ （汉）班固撰，（唐）颜师古注：《汉书》卷三十《艺文志》，中华书局 1964 年版，第 1706 页。

为《毛传》作笺注，即《毛诗传笺》，实现了今古文《诗经》学的合流，《毛传郑笺》成为《诗经》学史上的第一个里程碑。《毛传郑笺》兴起之后，三家《诗》也逐渐衰亡，《齐诗》亡于曹魏，《鲁诗》亡于西晋，《韩诗》大约亡于北宋而仅存《外传》。这一点正如傅斯年《诗经讲义稿》中所言：

> 《毛诗》起于西汉晚年，通达于王莽，盛行于东汉，成就于郑笺，从此三家衰微，毛遂为《诗》学之专宗。①

魏晋南北朝时期，《毛传郑笺》成为当时最受重视的《诗经》注本。魏晋时期，古文经学家王肃创立了王学，认为郑玄淆乱今古文之间的区别，力主毛传，并为之作注，排斥三家《诗》，由此形成了《诗经》学史上的郑王之争。曹魏时期强调"唯才是举"，经学受到影响而衰微。鉴于此，王肃重新为群经作注，王肃借助司马氏家族权势，将自己所注的群经立为了官学。虽然王肃一度依靠政治权势成为主流，但并没有让郑玄经学消失，郑玄经学因精审、翔实，一直传承不绝。永嘉之乱以后，司马氏家族权势衰微，王学也随之衰微了。在南北朝时期，南北方都尊崇《毛传郑笺》，王学不行于世。此时，南北学风不同，北学墨守《毛传郑笺》，缺乏创新；而南学以《毛传郑笺》为本，兼采众长，更具有生机。

隋唐时期，隋刘焯、刘炫二人为《毛诗》作义疏，即《毛诗述义》（已亡佚）。唐代初年，为了统一经学与思想，改变今古文之争、郑学王学之争、南学北学之争而造成的众说纷纭，唐太宗命孔颖达主持编撰了《毛诗正义》。孔颖达以二刘《毛诗述义》为基础，吸收了魏晋南北朝以来的《诗经》学研究成果，为《毛传郑笺》作疏而成《毛诗正义》。孔颖达《毛诗正义》实现了汉学各派的统一，成为《诗经》发展史上的第二个里程碑。

中唐时期，啖助、赵匡等人所掀起的"疑经惑传"思潮波及《诗经》学，成伯玙《毛诗指说》率先指出《国风》按照诸侯国的优劣次序排列，并认为子夏惟裁《小序》首句，韩愈也提出了子夏不《序》诗，这些对于宋代《诗经》学的发展奠定了重要的基础。

---

① 傅斯年：《诗经讲义稿》（含《中国古代文学史讲义》），中国人民大学出版社 2004 年版，第 8 页。

（三）宋元明

宋代中前期，孔颖达《毛诗正义》为科举考试的必读书目，经学发展理路依旧株守汉唐余绪。随着宋代庆历之际，"疑经惑古"思潮的推动，《诗经》在研究方法和思想上有了新的发展，《诗经》学史上影响较大的有欧阳修、苏辙、王安石、二程等。对于宋代《诗经》学的传承及著述情形，刘师培《经学教科书》中作了概括：

> 宋儒治《诗经》者，始于欧阳修《毛诗本义》与郑立异，不主一家。苏辙广其义作《诗经说》，其说专务新奇。而南宋之儒，若王质、郑樵专攻《小序》，（程大昌兼攻《大序》。）朱子作《诗集传》亦弃《序》不用，惟杂采毛、郑，亦间取三家《诗》，而《诗》义以淆。陆氏门人，若杨简（《慈湖诗传》）、袁燮（《絜斋毛诗》《经筵议义》）咸治《诗经》，或排斥传注，惟以义理擅长。若范处义（《诗补传》）、吕祖谦（《吕氏家塾读诗记》）、严粲（《诗辑》）则宗《小序》说《诗》，长于考证。朱子既殁，辅广（《诗童子问》）、朱鉴（《诗传遗说》）咸宗《集传》。[1]

宋代《诗经》学的发展脉络颇为鲜明。在宋初三朝，《诗经》如同其他诸经，处于汉学范式影响之下，礼学依旧是价值判定的标准与核心范畴。北宋前期，《诗经》墨守汉学唐学，鲜有更张。宋太宗时期，依旧刊刻并向全国颁行了孔颖达《五经正义》，以作为科举考试的必读书目。宋真宗时期，除了校刻《五经正义》之外，还续修其他经义。当时的科举士子与经筵侍讲，多依从汉唐《诗经》注疏之学。宋仁宗庆历前，整个《诗经》研究的风气基本上没有明显的变化。但也有一些学者如周尧卿[2]等人，开始尝试着突破《毛诗正义》的束缚，以期重新理解《诗经》及其意指。宋初《诗经》学

---

[1] （清）刘师培著，陈居渊注：《经学教科书》，上海古籍出版社2006年版，第100页。

[2] 周尧卿：《宋史·周尧卿传》记载："为学不专于传注，问辨思索，以通为期。长于毛、郑《诗》及《左氏春秋》。其学《诗》，以孔子所谓'《诗》三百，一言以蔽之曰：思无邪'，孟子所谓'说《诗》者以意逆志，是为得之'，考经指归，而见毛、郑之得失。曰：'毛之传欲简，或寡于义理，非一言以蔽之也。郑之笺欲详，或远于性情，非以意逆志也。是可以无去取乎？'"（（元）脱脱：《宋史》卷四百三十二《周尧卿传》，中华书局1977年版，第12847页。）通过周尧卿之言，可以看出，他认为毛《传》、郑《笺》与孔孟《诗》学思想相悖，由此说明他对毛《传》、郑《笺》所代表的解经体系或思想体系有所不满。

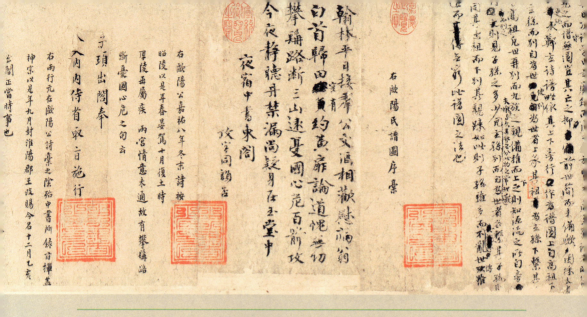

欧阳修《自书诗文稿》，现藏辽宁省博物馆

此卷为三段手迹拼接装裱而成，前两段为欧阳修所书《欧阳氏谱图序稿》和《夜宿中书东阁诗》，
第三段是中书省所录指挥小条。每段书迹后皆有周必大题语

的范式转变，主要开始于仁宗庆历之际，是《诗经》诠释思想与方法的转变期、过渡期。随着刘敞、欧阳修、王安石、苏轼、二程、张载等人的推动，宋学《诗经》学在神宗时代才真正得以建立。

宋代《诗经》学或曰宋学《诗经》学范式的奠定与建立，离不开三大重要人物，即欧阳修、王安石、二程。宋代《诗经》学的范式转变，前有刘敞、范仲淹等的开启之功，欧阳修则起到了重要的推动作用，随后义理之学成为了《诗经》诠释的基本模式。欧阳修曾撰《毛诗本义》十六卷，他根据自己的理解重新解释了《毛诗》，对《毛传郑笺》的解释提出了很多质疑与批评，由此欧阳修成为宋代《诗经》学新风气形成的先驱，正如《四库全书总目》所言：

> 自唐以来，说《诗》者莫敢议毛、郑。虽老师宿儒，亦谨守《小序》。至宋而新义日增，旧说俱废。推原所始，实发于（欧阳）修。[1]

---

[1] （清）永瑢等：《四库全书总目》卷十五《毛诗本义》提要，中华书局1965年版，第121页。

苏辙撰有《诗集传》二十卷，他不相信《诗序》是圣贤所作，并改变了过去根据《诗序》来解读《诗经》的做法，删除了部分《诗序》，由此动摇了《诗序》在《诗经》学史上的崇高地位。之后，很多学者受到欧阳修、苏辙的影响，开始怀疑旧有经传注疏的正确性，并极力跳出《诗序》的束缚，重新解读《诗经》篇章。

北宋中期，学者在《诗经》的解释方法上，逐渐抛弃了汉唐经传注疏之学的传统，并借助佛老之学来探究《诗经》中的义理，其中王安石的影响非常大。王安石在宋神宗的支持下开始变法。为了推动变法的顺利进行，王安石希望借助经学来改变人们的传统观念，于是他主持编撰了《三经新义》（主要注解《诗经》《尚书》《周礼》），特点是"先儒传注，一切废不用"①，此后《三经新义》颁行天下，这在一定程度上动摇了《诗序》解《诗》及汉唐经传注疏之学的历史地位。与此同时，王安石也借助佛老之学发掘《诗经》中的性理思想，这对同时代的《诗经》学注重探讨性理思想产生了直接的影响。

与王安石同时的二程，借助佛老之学重建了新的儒学思想体系——理学。他们在《诗经》解读上，也不完全遵守《诗序》，注重以理解读《诗经》，重点阐发《诗经》所表达的道德、仁政等思想，这对之后的《诗经》学有极大的影响。

到了南宋时期，怀疑与否定《诗序》的学者形成了废序派，代表人物有郑樵、王质与朱熹等，与坚持汉唐经注之学的尊序派展开了论争。废序派的学者，极力批判汉唐注疏的偏执，认为《诗序》只不过后人杜撰，并非圣人所作。如郑樵在其《诗辨妄》一书中专门批驳《毛传郑笺》，认为《诗序》是"村野妄人所作"，只不过是假托圣贤之名。王质虽然没有直接诋毁《诗序》，但他花费了三十年时间撰写成《诗总闻》二十卷，摆脱《毛传郑笺》的束缚，废弃《诗序》，按照自己的理解来逐次解释《诗经》三百篇的本义。朱熹也极力赞同郑樵的说法，曾说：

> 向见郑渔仲有《诗辨妄》，力诋《诗序》，其间言语太甚，以为皆是村野妄人所作。始亦疑之。后来子细看一两篇，因质之《史记》《国语》，

---

① （元）脱脱：《宋史》卷三百二十七《王安石传》，中华书局 1977 年版，第 10550 页。

然后知《诗序》之果不足信。①

在朱熹看来，郑樵虽然语言比较激烈，但他的观点是根据《史记》《国语》而来，并认为郑樵的说法是对的。于是，朱熹在此基础上提出《诗序》都是后人杜撰的，是多次修订杂凑而成，"皆是后人杜撰，先后增益凑合而成""妄诞其说""乱诗本意"，朱熹以后的学者"但认《诗》，不必信《序》"。

朱熹极力凸显《诗经》本身的文学性，在他看来《诗经》中的很多被汉唐学者所认为具有政教意义的诗篇，其实就是纯粹的爱情诗或者是情诗。这样一来，朱熹《诗集传》打破了盛行千余年《诗序》的束缚，注重直接从诗篇本身中探求其原意。在解释方法上，朱熹兼采众家之长，杂采毛、郑，间用齐、鲁、韩三家，以己意为取舍，不拘泥于章句训诂之学。由于朱熹是宋代理学的集大成者，而且他的学说被确立为官学，所以后来研究《诗经》的学者一般都以朱熹及其《诗集传》为主，如辅广《诗童子问》、王柏《诗疑》、朱鉴《诗传遗说》、杨简《慈湖诗传》等都是如此。元明以后科举取士以朱熹《诗集传》为准，废序说诗更是一种学术潮流。可以说，朱熹《诗集传》对于后代《诗经》学的发展产生了深远的影响，在《诗经》学史上具有里程碑的意义。

相比宋代废序派的学者而言，吕祖谦《吕氏家塾读诗记》则力主尊序。之后，还有戴溪《续吕氏家塾读诗记》、袁燮《絜斋毛诗经筵讲义》、魏了翁《毛诗要义》、林岊《毛诗讲义》、严粲《诗缉》、刘克《诗说》等都主张尊序，不过他们也或多或少地汲取了废序派的研究成果。

元代《诗经》学的发展基本上遵守程朱理学化《诗经》学，尤其在延祐科举之后，朱熹《诗集传》成为元代《诗经》学的典范，对此如《四库全书总目》记载：

自北宋以前，说《诗》者无异学。欧阳修、苏辙以后，别解渐生。郑樵、周孚以后，争端大起。绍兴、绍熙之间，左右佩剑，相笑不休。逮宋末年，乃古义黜而新学立。故有元一代之说《诗》者，无非朱《传》之笺疏。至延祐行科举法，遂定为功令，而明制因之。……然元人笃守

---

① （宋）黎靖德编，杨绳其、周娴君校点：《朱子语类》卷八十《诗一·纲领》，岳麓书社1997年版，第1864页。

师传，有所阐明，皆由心得。①

清末刘师培在其《经学教科书》中也说道：

　　　　元代之儒，若许谦（《诗集传名物抄》）、刘瑾（《诗传通释》）、梁益（《诗传旁通》）、朱公迁（《诗经疏义》）、梁寅（《诗演义》）引申《集传》，尺步绳趋。而王柏复作《诗疑》，并作《二南相配图》，于《召南》《郑》《卫》之诗斥为淫奔，删削三十余篇，并移易篇次，与古本殊。②

可知，宋代《诗经》学的发展相对比较多元，出现了欧阳修、苏辙、程颐、郑樵等各家各派的解释。但是元代就比较单一，尤其是在元仁宗延祐推行科举之后，元代《诗经》学如许谦《诗集传名物抄》、刘瑾《诗传通释》、梁益《诗传旁通》、朱公迁《诗经疏义》、梁寅《诗演义》等基本上都是疏通朱熹《诗集传》，通过对《诗经》的训诂、注解等形式进一步传承，发展了程朱理学。

当然，元儒并不是墨守成规，在程颐、朱熹等人的基础上还是"有所阐明，皆由心得"。不仅如此，元儒尊崇宋学尤其是朱熹《诗集传》，也做了很多经学考辨的工作，如马端临《文献通考·经籍考（五）》中就引经据典对朱熹《诗经》学做了批驳，并提出了很多新的观点，他否定朱熹所言孔子未曾删订《诗经》的说法；另外，针对朱熹废《诗序》的说法，马端临认为读《诗》不可无《序》。

明代《诗经》学主要分为两大类：一是以《诗经大全》为主导，对朱熹《诗集传》进行注解、传述；二是儒者们兼采汉宋之长，对《诗经》进行注解、考辨。对于明代《诗经》学的基本情况，刘师培在其《经学教科书》中作了梳理。

　　　　自明代辑《大全》（胡广等选。）以（私记）之书，则杂采汉宋之说。惟何楷《诗经世本古义》、王夫之《诗经稗传》（又有《诗广义》亦多新义。）

---

①　（清）永瑢等：《四库全书总目》卷十六《诗经大全》提要，中华书局1965年版，第128页。
②　（清）刘师培著，陈居渊注：《经学教科书》，上海古籍出版社2006年版，第100页。

详于名物训诂，以朱谋㙔《诗故》为最精。虽间伤穿凿，然折衷汉诂，与游谈无根者不同。若夫蔡卞《毛诗名物解》、王应麟《诗地理考》博采古籍，为宋代徵实之书。应麟复作《诗考》，于三家《诗》之遗说，采掇成篇，（惟未注原文所从出，且遗漏之说甚多。近儒丁晏作《诗考补传》，而诗考之书咸可观矣。）存古之功，岂可没乎！此宋、元、明三朝之《诗经》学也。（以上用《四库全书提要》《经义考》、陈氏《毛诗稽古编》诸书。）①

可见，明代《诗经大全》很少有大的创见，主要是受到《诗经大全》的束缚，学者们多注重对《诗经》的名物进行训诂、注解。在很多学者眼中，明代《诗经》学乏善可陈，如皮锡瑞《经学历史》提及明代《诗经》学时就评价其"季本、郝敬多凭臆说""丰坊造《子贡诗传》《申培诗说》以行世而世莫能辨"，将明代《诗经》学的贡献及成就说得一无是处。对于明代《诗经》的基本情况，近人胡朴安《诗经学》作了较为客观、细致的分析总结：

> 明儒说《诗》，略分两派：一派演《集传》之余，如胡广奉敕撰《诗经大全》，悉以刘瑾之书为主，颁为功令，学者翕然从之。一派杂采汉宋之说，如季本之《诗解颐》，李先芳之《读诗私记》，何楷之《诗经世本古义》，朱谋㙔之《诗故》是。大概明人之学，在义理一方面言，不如宋人之精；在考证一方面言，不及汉唐之密。名物训诂之考证，惟朱谋㙔之《诗故》略善。当日《诗经大全》盛行之日，朱氏独能研究遗文，发挥古义，亦不可多得也。此明代之《诗经》学也。②

胡朴安认为明代《诗经》学一方面注重传承刘瑾的《诗经》学，也就是程朱理学化的《诗经》学，实则是传承朱熹《诗经》学。另一方面则主要是兼采汉宋之学，注重考证，代表性的就是李先芳《读诗私记》、何楷《诗经世本古义》、朱谋㙔《诗故》等几部书。可以说，明代《诗经》学并非一无是处，相反明代《诗经》学传承、发展了宋元《诗经》学，尤其在名物训诂、考证、

---

① （清）刘师培著，陈居渊注：《经学教科书》，上海古籍出版社 2006 年版，第 100—101 页。

② 胡朴安：《诗经学》，岳麓书社 2010 年版，第 83 页。

考据等方面作出了卓越的贡献。例如，林兆珂《毛诗多识编》、冯复京《六家诗名物疏》、吴雨《毛诗鸟兽草木考》、沈万鈳《诗经类考》、黄文焕《诗经考》、毛晋《毛诗陆疏广要》、林世升《诗经人物考》、陈子龙《诗经人物备考》等，这些都为清代《诗经》考据学的继续发展奠定了重要的学术基础。

明代心学非常发达，对人心、人性更加重视。所以，当时很多儒者都突破了《诗经》教化的传统观念，注重从文学的角度来考察《诗经》，刘毓庆研究认为，"从万历开始，到明亡国时约七十年间，《诗经》专著就产生了约四百余种，而其中几乎半数以上是与文学的研究相关的。他们从各个不同的角度，对《诗经》的艺术作了探讨"[1]。明儒对《诗经》文学艺术方面的重视，实则是对人本身的重视，故跳出了传统中《诗经》学的政治色彩，由此进一步推动了《诗经》学的传承与发展。

可以说，在明代前期，朱熹《诗集传》依旧非常兴盛，如明人王祎所言"朱子之《传》行，而毛、郑之说废矣。"[2]但明代中后期，《诗经》学的发展呈现新的形式，除了有心学化《诗经》学外，《诗经》学在文字、音韵方面也表现出新的进展，如陈第《毛诗古音考》便是代表。

（四）清代

在清代前期，一些学者对宋明理学进行批判，认为空疏无用，力主汉代《诗经》之学，这也是重要的学术潮流，代表人物如清初研究《诗经》的阎若璩、毛奇龄、陈启源等人。其中陈启源的《毛诗稽古篇》三十卷是《诗经》学史上比较重要的一部著述。此书以《毛传郑笺》为基础，兼采汉唐之际的《诗经》学成就，注重文字、名物的考证，成为《诗经》汉学的代表之作。

清代中前期，《诗经》学的发展基本上是汉、宋兼通。如清初的顾炎武、王夫之、黄宗羲都注重汉宋兼通，注重考证。在康熙初年，纳兰成德[3]刊

---

① 刘毓庆：《论明代诗经学的历史贡献》，载《先秦两汉文学论集》，学苑出版社 2004 年版，第 73 页。

② （明）王祎：《青岩丛录》，《中华大典》工作委员会：《中华大典·文献目录典·经总部》第 2 册，广西师范大学出版社 2015 年版，第 698 页。

③ 纳兰成德（1655—1685 年），也叫纳兰性德，满洲正黄旗人，为清初满族最显贵的八大姓之一，即后世所称的"叶赫那拉氏"。纳兰成德，擅长填词，为清初第一词人，一生淡泊，整日惆怅，风格似南唐后主李煜，独成一派，人称"纳兰词"。

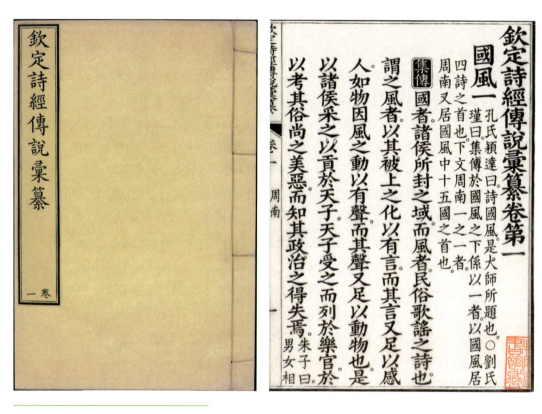

《钦定诗经传说汇纂》，现藏北京故宫博物院

行《通志堂经解》共 1890 多卷，是对宋代经学解释的集大成之作。但由于很多宋代学者的经说比较空疏和错谬，所以康熙皇帝亲自主持，召集了大批学者，以宋代经说为基础，对此加以考订补充，《诗经》学领域形成了《诗经传说汇编》二十卷。该书是以朱熹《诗集传》为基础，兼采汉唐注解而成。后来，乾隆也以汉宋兼采为思想指导，御纂《诗义折中》二十卷。可以说，《诗经传说汇编》与《诗义折中》都是以皇帝的名义而编撰的汉宋兼采的重要《诗经》学著作，这对于当时汉宋并行的经学风气产生了极大的影响。

在乾嘉时期，考据学非常兴盛，直接影响到了《诗经》学，这一时期的《诗经》学注重文字、音韵、训诂，治学注重考证。重要代表便是吴派与皖派。吴派尊崇汉学，注重考据，鲜有义理阐发，其主要代表有惠栋《毛诗古义》一卷（考证文字），洪亮吉《毛诗天文考》一卷（考证天文），焦循《毛诗地理释》（考证地理），陆玑《毛诗疏考证》一卷（考证鸟兽草木虫鱼），徐鼎《毛诗名物图说》九卷（考证名物），等等。相比较而言，皖派则注重将考证与义理相结合，其主要代表有戴震《毛郑诗考证》四卷、《毛诗补传》二卷，将文字考证与义理阐释相结合。另外，段玉裁、王念孙、王引之等人也对《诗经》学作出了突出贡献。总体而言，乾嘉时期的学者对《诗经》中的文字、音韵、训诂、名物、典章制度等方面做了大量的考证，为我们继续研读《诗经》打下了扎实而详细的文献基础，是对宋学的重要补充。

清代晚期，随着今文经学的兴起，《诗经》的研究开始由文字、音韵、训诂、名物、典制的考证转向思想义理的探究。其中过渡性的人物如马瑞辰、胡承珙、陈奂等，他们深受乾嘉学者与考据学的影响，在《诗经》研究上大体还是注重考证。马瑞辰（1782—1853年）的《毛诗传笺通释》三十卷，以郑玄《毛诗传笺》为基础，吸收汉代三家《诗》与乾嘉考据学的研究成果，然后对《诗经》各篇进行疏解，对郑玄《毛传郑笺》、孔颖达《毛诗正义》中的很多错谬予以勘正。胡承珙（1776—1823年）的《毛诗后笺》三十卷，此书力主《毛诗》，兼采宋代《诗经》学的成就，罗列了大量《郑笺》的错误，反对郑玄对《诗经》的错误笺注。陈奂（1786—1863年）的《诗毛氏传疏》三十卷，推崇古文《毛诗》，不但反对郑玄兼采三家《诗》，也反对宋学，是清代研究《毛诗》的集大成之作。

清代晚期的今文学者仿效西汉三家《诗》学，发挥《诗经》微言大义，为现实社会政治服务，代表性的著述有魏源（1794—1857年）的《诗古微》二十卷。该书是研究三家《诗》为主的经典，此书对于齐、鲁、韩、毛四家《诗》的传授源流、历代研究人物与著述作了梳理，还论述了四家《诗》的异同，并对各篇诗义作了解释。不过在《诗古微》中，也宣传了托古改制的思想，提倡民生。方玉润（1811—1883年）的《诗经原始》，兼采汉今古文学、宋学以及清代注解《诗经》的成就，从《诗经》本身出发探讨各篇的本来意义。王先谦（1842—1917年）的《三家义集疏》二十八卷，是搜集三家《诗》遗说的集大成之作。

毛诗品物图之龙旂阳阳，出自《诗经·周颂》

《周礼》

中国自古被称为礼仪之邦。唐代孔颖达解释《左传》时说道："中国有礼仪之大，故称夏；有服章之美，谓之华。华、夏一也。"[1]礼是中华文明（或曰华夏文明）最重要的特征之一，礼仪渗透到政治、经济、思想、文化、风俗、道德、伦理、宗教、艺术、文学、史学、哲学等各个领域。一部中华文明史，可以说也是一部礼的历史。

中国古人看来，人与动物的基本区别不在于语言工具，而在于礼仪，如《礼记·冠义》就说："凡人之所以为人者，礼义也。"[2]《礼记·曲礼》也说："鹦鹉能言，不离飞鸟。猩猩能言，不离禽兽。今人而无礼，虽能言，不亦禽兽之心乎？夫唯禽兽无礼，故父子聚麀。是故圣人作为礼以教人，知自别于禽兽。"[3]孔子曾说"不学礼，无以立"。传统文化中礼不但是人与动物的区别，也是华夏文明与周边民族的区别。所以，中国古人强调"华夷之辨""严夷夏之别"。在他们看来，中原的华夏族拥有"礼"，文明程度最高，周边的东夷、西戎、南蛮、北狄因缺乏礼仪，而非常野蛮，没有文明可言。这是中原华夏民族和周边少数民族的地理环境和生产方式决定的，华夏族的农业非常发达，拥有稳定的生活来源，有闲暇注重礼仪和文化修养。而周边少数民族多是游牧民族，缺乏稳定的食物来源，生存难以保障，故而经常入侵中原华夏民族，抢劫生活用品。犬戎入侵迫使周王室东迁，齐桓公、晋文公等春秋霸主都提出了"尊王攘夷"的旗号，以保护中原华夏族及礼乐文明。后来孔子对辅佐齐桓公的管仲等保护中原民族礼乐文明的行为非常赞赏，"微管

---

[1] （晋）杜预注，（唐）孔颖达疏：《春秋左传正义·定公十年》，李学勤主编：《十三经注疏》标点本，北京大学出版社 1999 年版，第 1587 页。

[2] （汉）郑玄注，（唐）孔颖达疏：《礼记正义》卷六十一《冠义第四十三》，李学勤主编：《十三经注疏》标点本，北京大学出版社 1999 年版，第 566 页。

[3] （汉）郑玄注，（唐）孔颖达疏：《礼记正义》卷一《曲礼上第一》，李学勤主编：《十三经注疏》标点本，北京大学出版社 1999 年版，第 15 页。

仲，吾其被发左衽矣"①。管仲虽也常有违背礼仪的行为②，但在孔子看来，保护并传承华夏礼乐文明是大义，违反小的礼仪则是小失。所以，孔子将管仲视为"仁人"③。

要想了解中华文明与文化，首先就必须对礼及其载体"三礼"有全面的认识。中华礼文化的载体就是"三礼"，即《周礼》《礼仪》和《礼记》。"三礼"之名始于东汉末年，郑玄注解《周礼》《仪礼》与《礼记》，并著有《三礼目录》，因而有了"三礼"之名。"三礼"作为中国古代礼仪汇集的经典，内容非常广泛，涉及分邦建国、疆域划分、政教法令、祭祀礼乐、赋税财用、婚丧服饰、天文历法、宫廷建筑、士农工商等。大到国家制度，小到生活礼仪，凡所应有，无所不有。《周礼》主要记载的是基本的政治制度，《仪礼》主要记载具体的行为规范，《礼记》主要是从理论层面论说礼仪的意义。中国古代的礼仪大都从"三礼"发展而来，"三礼"是中国古代礼仪的思想源泉，更是华夏礼仪文明的经典依据。

一、《周礼》的成书

《周礼》是我国最早、最完整的一部官制经典。西周初，周公为了巩固西周的政治统治，在分邦建国的基础上，建立了一套系统的礼乐制度，由此形成《周礼》文本最原始的内容和思想来源。《周礼》的内容丰富，祭祀、朝觐、巡守、丧葬、军事、服饰、工艺、农业、商业、赋税、饮食、车马等，各种制度都有记载。《周礼》由此成为后代礼制发展的范本。

关于《周礼》的作者，历来说法很多，有周公所作说、西周所作说、春

---

① （春秋）孔丘撰，杨伯峻、杨逢彬注译：《论语·八佾》，岳麓书社2000年版，第134页。

② （春秋）孔丘撰，杨伯峻、杨逢彬注译：《论语·八佾》："然则管仲知礼乎？"曰："邦君树塞门，管氏亦树塞门。邦君为两君之好，有反坫，管氏亦有反坫。管氏而知礼，孰不知礼？"岳麓书社2000年版，第25页。

③ （春秋）孔丘撰，杨伯峻、杨逢彬注译：《论语·宪问》："子路曰：'桓公杀公子纠，召忽死之，管仲不死。'曰：'未仁乎？'子曰：'桓公九合诸侯，不以兵车，管仲之力也。如其仁！如其仁！'"《论语·宪问》："子贡曰：'管仲非仁者与？桓公杀公子纠，不能死，又相之。'子曰：'管仲相桓公，霸诸侯，一匡天下，民到于今受其赐。微管仲，吾其被发左衽矣。岂若匹夫匹妇之为谅也，自经于沟渎而莫之知也？'"岳麓书社2000年版，第133—134页。

周公像

周公是西周初重要政治人物。姬姓，名旦，亦称"叔旦"。文王之子，武王之弟。因采邑在周（今陕西岐山北），故称"周公"。曾助武王灭商。武王死，成王年幼，由其摄政。管叔、蔡叔、霍叔等不服，联合武庚和东方夷族反叛。他出师东征，平定反叛，大规模分封诸侯，并营建洛邑（今河南洛阳市）为东都。又制礼作乐，建立典章制度，主张"明德慎罚"。其言论见于《尚书》的《人诰》《康诰》《多士》《无逸》《立政》等篇。

秋所作说[①]、战国所作说、周秦之际儒者所作说、汉初所作说、刘歆伪造说，等等[②]。其中，影响最大的有三种说法。

1. 周公所作《周礼》说

司马迁、班固都认定周公作《周官》或《周礼》。两汉之际的大儒刘歆也认为："周公致太平之迹，迹具在斯。"[③]后来郑玄进一步强调：周公居摄而作六典之职，谓之《周礼》。营邑于土中。七年，致政成王，以此礼授之，使居洛邑，治天下。[④]

后贾公彦《序周礼废兴》引用郑玄为《周礼》所作的《序》曰：斯道也，

---

① 如刘起釪认为："《周礼》一书所载官制材料，都不出春秋之世周、鲁、卫、郑四国官制范围，没有受战国官制影响。"《洪范成书年代考》，《中国社会科学》1980 年第 3 期。

② 刘起釪、王钟翰等著：《经史说略：二十五史说略》，北京燕山出版社 2002 年版，第108 页。

③ （汉）郑玄注，（唐）贾公彦疏：《周礼注疏·序周礼废兴》，李学勤主编：《十三经注疏》标点本，北京大学出版社 1999 年版，第 8 页。

④ （汉）郑玄注，（唐）贾公彦疏：《周礼注疏·天官冢宰第一》，李学勤主编：《十三经注疏》标点本，北京大学出版社 1999 年版，第 1—2 页。

文武所以纲纪周国，君临天下，周公定之，致隆平龙凤之瑞。①

宋代朱熹也肯定说："《周礼》是周公遗典也。"② 总之，中国古代很多学者都认为周公作《周礼》，如魏晋王肃、干宝，唐代魏徵③、贾公彦，宋代李觏、曾巩、王安石、张载、司马光、郑伯谦、郑樵、朱熹④，元代丘葵、吴澄，明代陈凤梧、柯尚迁、徐即登，清代汪中、惠士奇、江永、孙诒让、魏源等。可以说，这个观点在中国古代最为流行。

2. 战国所作说

倡导此说的是东汉今文经学家何休。何休认为《周礼》是"六国阴谋之书"⑤，贾公彦的《序周礼废兴》一文中曾记载：

> 然则《周礼》起于成帝刘歆，而成于郑玄，附离之者大半。故林孝存以为武帝知《周官》末世渎乱不验之书，故作《十论》《七难》以排弃之。何休亦以为六国阴谋之书。⑥

不仅何休、贾公彦强调《周礼》乃战国时期的书籍，在《汉书·艺文志》中也有"六国之君，魏文侯最好古，孝文帝时得其乐人窦公，献其书，乃《周官·大宗伯》之《大司乐》章也"⑦的说法。宋代苏轼、苏辙，明代季本《读礼疑图》，清代毛奇龄、崔述《丰镐考信录》、皮锡瑞《经学通论》以及近代

---

① （汉）郑玄注，（唐）贾公彦疏：《周礼注疏·序周礼废兴》，李学勤主编：《十三经注疏》标点本，北京大学出版社 1999 年版，第 9 页。

② （宋）黎靖德编，杨绳其、周娴君校点：《朱子语类》卷八十六《礼三·周礼·总论》，岳麓书社 1997 年版，第 1979 页。

③ （唐）魏徵等：《隋书》卷三十二《经籍志》称："《周官》盖周公所制官政之法。"中华书局 1973 年版，第 925 页。

④ 朱熹曾说："《周礼》是周公遗典也……《周礼》一书好看，广大精密，周家法度在里"。（（宋）黎靖德编，杨绳其、周娴君校点：《朱子语类》卷八十六《礼三·周礼·总论》，岳麓书社 1997 年版，第 1979 页。）

⑤ （汉）郑玄注，（唐）贾公彦疏：《周礼注疏·序周礼废兴》，李学勤主编：《十三经注疏》标点本，北京大学出版社 1999 年版，第 9 页。

⑥ （汉）郑玄注，（唐）贾公彦疏：《周礼注疏·序周礼废兴》，李学勤主编：《十三经注疏》标点本，北京大学出版社 1999 年版，第 9 页。

⑦ （汉）班固撰，（唐）颜师古注：《汉书》卷三十《艺文志》，中华书局 1964 年版，第 1712 页。

的钱穆、郭沫若、顾颉刚、范文澜、杨向奎等都支持这个说法，此说在近现代最为流行。

3. 刘歆伪造说

此为宋代胡安国、胡宏父子所倡导。对此，朱熹曾说："《周礼》，胡氏父子以为是王莽令刘歆撰"①。不仅如此，宋代洪迈、包恢，清代廖平、康有为、崔适，近代钱玄同、徐复观等都赞同这个说法。其中，尤其以宋代中期的学者包恢的影响最大，对此朱彝尊《经义考》曾引述元人吴澄的说法：

> 毁《周礼》非圣经，在前固有其人，不若吾乡宏斋包恢之甚。毫分缕析，逐节诋排，如法吏定罪，卒难解释，观者必为所惑。近年科举不用《周礼》，亦由包说惑之也。②

康有为照

包恢认为《周礼》并不是圣经，认定是刘歆伪造。并撰有《六官疑辨》，"毫分缕析，逐节诋排"，以至于时人皆认为刘歆的确伪造《周礼》，使得元代科举考试基本上不用《周礼》。后来，康有为继承了前人的说法，并撰有《周官证伪》一书，于《新学伪经考》中极力坚持刘歆伪造《周礼》。

近代以来，很多学者对《周礼》成书的时间与作者展开讨论③，较为认同《周礼》产生于春秋战国时期，比如刘起釪认为：

---

① （宋）黎靖德编，杨绳其、周娴君校点：《朱子语类》卷八十六《礼三·周礼·总论》，岳麓书社 1997 年版，第 1979 页。

② （清）朱彝尊：《经义考》卷一百二十四《六官疑辨》引，上海古籍出版社 2010 年版，第 2302 页。

③ 杨天宇在其《周礼译注》一书中作了总结与分析，可以参考之。（杨天宇：《周礼译注》，上海古籍出版社 2004 年版，第 13—20 页。）

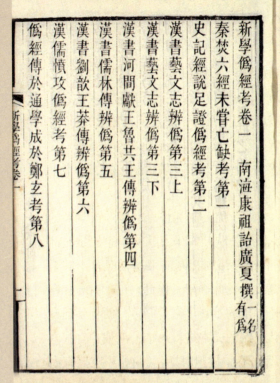

康有为《新学伪经考》书影，光绪十七年康氏万木草堂刊本

《新学伪经考》，康有为撰，十四卷。初刊于清光绪十七年（1891年）。发展了廖平《今古学考》的论点，认为古文经学帮助王莽夺取政权建立"新朝"，当称"新学"；古文经传出自刘歆伪造，故称"伪经"；用以反对"恪守祖训"的封建顽固派和古文经学"述而不作"的旧说。戊戌变法时期，曾起一定影响。书中考辨古书，虽有创见，亦多武断。

　　《周礼》的成书有一个发展过程。第一步只是一部官职汇编，至迟成于东周春秋时代，它依据的是自西周以来逐渐完备的周、鲁、卫、郑四国的姬周系统的官制，初步还记录了一些官职的职掌。后来逐渐详细补充，写成了各官职的职文，除了主要保存了春秋以上资料外，还录进了不少战国资料，所以全书的补充写定当在战国时期。①

　　还有很多学者通过对出土的金文材料考证、传世文献的对勘，进一步分析也认为《周礼》成书约在战国中后期。

---

① 刘起釪：《古史续辨》，中国社会科学出版社1991年版，第650页。

此外，还有其他说法①，如蒙文通就认为《周礼》成于西周说，"虽未必即周公之书，然必为西周主要制度，而非东迁以下之治"②。也有很多学者认为此书成于周秦之际，如宋人魏了翁就认为此书乃"秦汉间所附会之书"；清人毛奇龄认为"此书系周末秦初儒者所作"；梁启超也持此观点，认为"这书总是战国、秦、汉之间，一二人或多数人根据从前短篇讲制度的书，借来发表个人的主张"③，等等。

本书认为，《周礼》作为文本的内容源于周公制礼作乐，但今天看到的《周礼》文本不是周公所作。换句话说，周公制礼作乐及其礼学思想是这部书基本的思想源泉。先秦时期，肯定有记载西周礼制的书籍，但并不够系统，孔子修订六经对《周礼》的文本高度关注并进行了修订。正是由于存在着类似《周礼》的文本，随着周代礼乐制度的不断丰富与完善，便有朝廷专管部门或者不同时代的学者对载有周代礼制的文本进行总结、汇编，有些内容甚至被编成教科书教育贵族子弟。到了春秋战国时期，《周礼》应该有大而全的文献汇编本，以供各国贵族参考或学者学习研究使用。到了战国后期，最有可能是秦的儒家学者（或博士官）为秦统一后提供分邦建国的政治参考，以商周礼制为基础，融合了春秋战国时期各地域的礼乐文明以及各家各派思想理论学说，尤其吸收了阴阳五行学说，最终形成了内容丰富且完备的《周礼》。

《周礼》的成书经历了漫长的过程，并由多人集体完成，是周秦之际大一统背景下的产物。对此，正如有的学者所言：

> 在周秦之际，随着周天子权力式微，旧有的政治秩序和官制体系被打破。到春秋以至战国，社会政治秩序变革更新，天下一统的趋势逐渐形成。在思想界，诸子百家并起，纷纷提出各自的政治主张。其中的一些人，着眼于国家官吏制度的建设问题，在设计新官职体系的同时，于官吏执掌或职责中赋予理想政治的内容。《周礼》一书就是在这一社会

① 对此，彭林在其《〈周礼〉主体思想与成书年代研究》一书中作了系统归纳，可参考。（彭林：《〈周礼〉主体思想与成书年代研究》（增订版），中国人民大学出版社 2009 年版，第 3—16 页。）

② 蒙文通：《从社会制度及政治制度论〈周官〉成书年代》，载《图书集刊》1942 年第 1 期。

③ 梁启超：《古书真伪及其年代》，中华书局 1955 年版，第 125 页。

背景或思想背景下创制出来的。①

《周礼》是一部有关政治体制、管理制度理想化的政治典籍，是为了满足当时社会政治发展的需要。随着战国时期天下一统大势的形成，需要关于政治体制、官职架构的理论来指导现实，于是《周礼》应运而生。另一方面，《周礼》中充满阴阳五行学说，而此学说盛行于战国时期，这就表明其成书有战国时期的学者参与，最终这部书在战国后期至秦初完成了定本。

二、《周礼》学简史

《周礼》在中国古代扮演着重要的角色，作为经典被历朝历代所重视，成为政治研究、实践的对象之一。历朝历代基于《周礼》学形成了很多文本及学术流派。

（一）汉唐

《周礼》在汉武帝时期，被河间献王刘德献给朝廷，但没有立为学官，只藏于宫廷之中。汉成帝时，刘向、刘歆父子整理朝廷秘府藏书时，发现了古文《周礼》，并将之著录于《别录》。王莽时期，在刘歆的努力下，《周礼》被立为官学。王莽之所以重视《周礼》，因为《周礼·春官·典命》为其篡汉提供了理论依据②。《周礼》被立为博士之后，王莽可以名正言顺代汉自立。

王莽覆灭后，《周礼》随即被废除。但刘歆的弟子甚多，由此促使了《周礼》的广泛传播。《序废兴》引马融《传》说：

> 奈遭天下仓卒，兵革并起，疾疫丧荒，（刘歆之）弟子死丧。徒有里人河南缑氏杜子春尚在，永平之初，年且九十，家于南山，能通其读，颇识其说，郑众、贾逵往受业焉。众、逵洪雅博闻，又以经书记传相证明为《解》，逵《解》行于世，众《解》不行。兼揽二家，为备多所遗阙。然众时所解说，近得其实……至六十，为武都守，郡小少事，乃述平生之志，著易、尚书、诗、礼《传》，皆讫。惟念前业未毕者唯

---

① 王启发：《礼学思想体系探源》，中州古籍出版社 2005 年版，第 200 页。

② （汉）郑玄注，（唐）贾公彦疏：《周礼注疏·春官宗伯第三》中说："典命掌诸侯之五仪、诸臣之五等之命。上公九命为伯，其国家、宫室、车旗、衣服、礼仪，皆以九为节"。北京大学出版社 1999 年版，第 544 页。

杜子春像

杜子春（约前30—约后58年），东汉经学家。河南缑氏（今河南偃师东南）人。传《周礼》，以授郑众、贾逵。所注《周礼》，郑玄曾采用，今佚。清马国翰《玉函山房辑佚书》辑有《周礼杜氏注》二卷。

《周官》，年六十有六，目瞑意倦，自力补之，谓之《周官传》也。[1]

从上可以知道，刘歆之后的众多弟子经受战乱而去世，只有河南缑氏杜子春活在世上，到了东汉明帝永平年间已经90岁左右了。"杜子春乃两汉之际《周礼》学承传的关键人物"[2]。当时郑众、贾逵等人都向他学习，后二人都撰有《周官解》。随后，马融又在郑众、贾逵的基础上，撰有《周官传》。《后汉书·儒林传》记载："马融作《周官传》，授郑玄，玄作《周官注》。"[3]刘歆的《周礼》学，经过弟子杜子春的传承、宣扬，后郑众、贾逵、马融、郑玄等大儒也都重视并传承《周礼》，还为它作注解，其中郑玄的贡献最大。

郑玄针对东汉末年社会动荡、礼崩乐坏的局面，遍注"三礼"，尤重《周礼》。他认为《周礼》是周公所作，要恢复上下有序的社会秩序，就必须以周代礼乐为本。他在经学史上首次将《周礼》放在"三礼"之首，提升了《周礼》的地位，为后来《周礼》的发展奠定了重要的经学基础。需要指出的是，两汉今古文的重要区别在于礼制，如廖平所说："今学博士之礼制出于《王制》，

① （汉）郑玄注，（唐）贾公彦疏：《周礼注疏·序周礼废兴》，李学勤主编：《十三经注疏》标点本，北京大学出版社1999年版，第8页。
② 杨天宇：《郑玄三礼注研究》，天津人民出版社2007年版，第88页。
③ （南朝宋）范晔撰，（唐）李贤等注：《后汉书》卷七十九下《儒林传》，中华书局1965年版，第2577页。

古文专用《周礼》。"①皮锡瑞也说："《王制》为今文大宗，《周礼》为古文大宗，则显有可证者。"②自从郑玄《周礼》注解本流行之后，汉代各家注解本渐渐消亡。

在曹魏时期，郑玄经学非常兴盛，据刘汝霖《汉晋学术编年》记载，曹魏初年所立的十九博士中，除《公羊》《穀梁》《论语》三经之外，《易》《书》《毛诗》《周礼》《仪礼》《礼记》和《孝经》，皆宗郑学③。而曹魏时期的古文经学家王肃博通群经，在经解上与郑玄多有不同，曾作《周官礼注》《仪礼注》及《仪礼·丧服经传注》。王肃女儿是司马昭之妻，因此在司马氏权势的支持下，王肃所注解的各经"皆立于学官"④，以至于"故于此际，王学几欲夺郑学之席"⑤。

西晋建立之后，朝廷在礼制继承前朝，都用王肃的说法，而不用郑玄之说，王学盛极一时。但西晋灭亡之后，王学博士都被废除。东晋建立之后，所立的九个博士之中，除了《周易》用王弼注解、古文《尚书》用杜预、服虔注的伪孔《传》《左传》之外，其他六经，即《周礼》《礼记》《尚书》《毛诗》《论语》《孝经》，都用郑玄注。

南北朝时期，学风南北差异很大，所用群经注解也有不同，但在"三礼"学方面，南北朝均采用郑玄注解本，治经方法也大体相同。此时，世家大族势力兴盛，注重门第等级，希望通过宗法礼仪维护等级秩序、调节内部矛盾，所以对"三礼"学非常重视，"三礼"学因此成为南北朝时期的显学。在"三礼"学之中，《仪礼·丧服》由于是关于丧服等级、样式及服丧者的身份规定，更加受到世家大族的重视，在"三礼"各篇中最受重视，注解论著也最多。这一时期，涌现出来了一大批的"三礼"学专家，例如，南朝的皇侃、严植之、崔灵恩，北朝的徐遵明、熊安生等。这一时期需要关注的是，朝廷极为重视礼仪，如南朝齐武帝命尚书令王检制定吉、凶、军、宾、

① 廖平：《四益馆经学四变记·初变记》，载《六益馆丛书》本，四川存古书局，民国十二年（1923）印本。
② （清）皮锡瑞：《皮锡瑞集》，岳麓书社2012年版。
③ 刘汝霖：《汉晋学术编年》卷六之"魏文帝黄初五年"条，中华书局1987年版。
④ （晋）范晔撰，（南朝宋）裴松之注：《三国志》卷十三《王肃传》，中华书局1959年版，第419页。
⑤ 马宗霍：《中国经学史》第七篇《魏晋之经学》，河南人民出版社2016年版，第63页。

嘉五礼，梁武帝虽崇奉佛教，但也召集礼学家如沈约、严植之等制定礼仪。北朝的孝文帝也积极推行汉化，制定礼仪。北魏后分裂为东魏、西魏，东魏不久又被北齐代替。北齐时，魏收、薛道衡修订五礼，实际由儒者马敬德、熊安生等主持。后隋朝所用的礼仪"悉用东齐（即北齐）《仪注》以为准，亦微采王检礼"①。

南朝重视《仪礼·丧礼》，朝野对《周礼》并不重视，只有梁人沈峻的《周礼》学受到时人的关注。据《梁书·儒林传》记载，礼部郎陆倕和仆射徐勉举荐沈峻云：

> 凡圣贤可讲之书，必以《周官》立义，则《周官》一书，实为群经源本。此学不传，多历年世，……惟助教沈峻，特精此书……莫不叹服，人无间言。弟谓宜即用此人，命其专此一学，周而复始，使圣人正典，废而更兴，累世绝业，传于学者。②

南朝虽然兼通"三礼"的学者很多，但专治《周礼》的寥寥可数。就北朝来说，北朝经学胜于南朝，而北朝"三礼"之中，更重视《礼记》。但北朝重视《周礼》的程度远远胜过南朝，以至于西魏时期，宇文泰人用苏绰基于《周礼》建立当时的政治体制。《熊安生传》称，"朝廷既行《周礼》，公卿以下多习其业"③。可以说，北朝后期，《周礼》学盛极一时。

隋代统一了南北朝，尽管时间很短，但在经学史上的地位非常重要。当时隋立经学博士，"三礼"学都宗郑玄。其中"三礼"学的名家有刘焯、刘炫等。刘焯、刘炫二人曾问学于北朝礼学名家熊安生，并传其礼学，两人皆撰有《义疏》。

进入唐代，由于自汉代以后经学门派众多、注疏混杂，为了统一经学解释、统一思想，于是唐太宗命孔颖达主持编纂《五经正义》，其中"三礼"方面只选择了《礼记》作注，亦即《礼记注疏》（《礼记正义》）。孔颖达《礼记正义》也是以郑玄注本为根据，然后吸收了南朝皇侃、北朝熊安生的《礼

---

① （唐）魏徵等：《隋书》卷八《礼仪志》，中华书局1973年版，第156页。
② （唐）姚思廉：《梁书》卷四十八《沈峻传》，中华书局1973年版，第679页。
③ （唐）令狐德棻：《周书》卷四十五《熊安生传》，中华书局1971年版，第812页。

记》注解成果，属于南北兼采。

《礼记》是"三礼"中单独被作为官学经典随同《五经正义》颁行天下，作为科举考试的必读书目，这在一定程度上说明了朝廷在"三礼"之中更注重《礼记》。由此，《礼记》实现了由"记"向"经"的转变。（《礼记》一直是《仪礼》的注解本，居于附庸的低位，此时一跃而成为儒经。）但需要注意的是，在唐代的经学历史中，对于"三礼""三传"，朝廷所重视的只有《礼记》《左传》，其余四种《周礼》《仪礼》《公羊》《穀梁》都不受朝廷重视。

尽管朝廷不重视《周礼》《仪礼》，但唐高宗时的太学博士贾公彦重视这两部经典，并撰有《周礼义疏》50 卷、《仪礼义疏》40 卷。其中，《周礼注疏》得到朱熹的高度评价，他说："《五经》中，《周礼疏》最好"[1]。根据新旧《唐书·儒林传》可以得知，贾公彦的学问受之于张士衡，张士衡受学于刘轨思、熊安生及刘焯，由此可以看出，其学来源于北学。贾公彦注解《周礼》《仪礼》所用的底本都是郑玄注本。另外需要提及的是，《周礼义疏》《仪礼义疏》之后，徐彦撰写了《春秋公羊传疏》，杨士勋撰写了《春秋穀梁传疏》。由于这四部注疏都是私家撰写，质量都很高，所以很快也都被立为官学，与《五经正义》并称为《九经注疏》。尽管如此，在唐代《周礼》并不受重视。

（二）宋元明

宋元明时期，"三礼"学的发展整体上而言，可以说是一代不如一代，正如皮锡瑞所说：

> 宋儒学有根柢，故虽拔弃古义，犹能自成一家。若元人则株守宋儒之书，而于注疏所得甚浅……明人又株守元人之书，于宋儒亦少研究……故经学至明为极衰时代。[2]

其中，汉唐之际的"三礼"注疏不受重视，甚至受到质疑和摒弃。《仪礼》在宋元明三代较《周礼》《礼记》而言，最不受重视。《礼记》最受关注，尤其是其中《大学》《中庸》两篇，随着程朱之学的兴盛，它们被单独列出来，

---

① （宋）黎靖德编，杨绳其、周娴君校点：《朱子语类》卷八十六《礼三·周礼·总论》，岳麓书社 1997 年版，第 1981 页。

② （清）皮锡瑞著，周予同注释：《经学历史》九《经学积衰时代》，中华书局 2004 年版，第 283、289 页。

研究者甚繁。

宋代"三礼"之中，《周礼》《礼记》最为兴盛，《仪礼》不太受重视。原因之一，便是《仪礼》记载的是周代具体的礼仪，随着社会文化变迁，很多礼仪已不再适用。而《礼记》记载的主要是礼仪思想，尊崇王权，各个时代都适用。学者对于"三礼"的研究，开始跳出汉唐时期注重章句训诂之学的束缚，注重阐发"三礼"中所蕴含的社会政治理念，以此来治国安邦。

在宋代《周礼》学史上，影响甚大的莫过于王安石作《周礼新义》。王安石曾为《周礼》做注解，并将它作为变法的理论依据，立为学官。王安石主持编纂的《三经新义》(《周礼新义》《诗经新义》《尚书新义》)颁行全国，开启了新的经学时代，标志着宋学的建立。对此，正如王应麟所说：

> 自汉儒至于庆历间，谈经者守训诂而不凿。《七经小传》出而稍尚新奇矣。至《三经新义》行，视汉儒之学若土梗。①

在王安石新学的推动下，《周礼》学也得到了同时代诸多学者的关注与研习。随着王安石变法的失败，《周礼新义》也遭到了学者的指责，以至于南宋初年的胡安国、胡宏父子怀疑《周礼》是刘歆的伪作②，以此来否定王安石变法的神圣性和合理性，这在一定程度上影响了后人对于《周礼》一书的价值判定。不过，南宋理学集大成者朱熹却认为《周礼》是周公所作。

> 《周礼》，胡氏父子（胡安国、胡宏）以为是王莽令刘歆撰，此恐不然。《周礼》是周公遗典也。③

朱熹否定了胡安国、胡宏父子的观点，认为《周礼》并不是刘歆的伪造，而是周公所作。由于朱熹在后代学术思想界影响非常大，其观点具有权威性，以至于《周礼》在南宋以后受到很多学者的关注。在南宋，浙东学派对《周礼》也非常关注，这与其所倡导的经制、事功思想有直接的关系。有

---

① （宋）王应麟：《困学纪闻》卷八《经说》，上海古籍出版社 2015 年版，第 291 页。
② （宋）胡宏：《皇天大纪论·极论周礼》，载《胡宏集》，中华书局 1987 年版，第 259 页。
③ （宋）黎靖德编，杨绳其、周娴君校点：《朱子语类》卷八十六《礼三·周礼·总论》，岳麓书社 1997 年版，第 1979 页。

宋一代，比较重要的《周礼》学著述有王安石《周礼新义》、王昭禹《周礼详解》、叶时《礼经会元》、郑伯谦《太平经国之书》、易祓《周官总义》等。

元代的"三礼"学基本上沿袭宋代，发明不多。不过值得注意的是，在元仁宗皇庆二年（1313 年）规定科举考试除了四书用朱熹注解，《诗经》用朱熹《四书章句集注》、《尚书》用蔡沈《书集传》、《周易》用程颐《易传》与朱熹《周易本义》，《春秋》用"三传"与胡安国《春秋传》，而《礼记》依旧用古代《注》《疏》，即郑玄注、孔颖达疏（《礼记正义》），这也说明元代郑玄礼学依旧非常盛行。元代朝野很多学者对于"三礼"的研究多沿袭宋代，比较著名的有吴澄《仪礼逸经传》与《礼记纂言》、敖继公《仪礼集说》[1]、陈澔《礼记集说》、陈友仁《周礼集说》、毛应龙[2]《周官集传》等。

就《周礼》学来说，有元人邱葵（1244—1333 年），字吉甫，号钓矶翁，同安县人。他长期隐居，笃修朱子性理之学。撰有《周礼补亡》（又名《周礼全书》）六卷。生平事迹见《宋元学案》卷六八、《新元史》卷二三五。丘葵《周礼补亡》又称《周礼全书》，主要是解释《周礼》之六官。在注解的过程中，多本俞廷椿、王与之的说法。

明代"三礼"学多墨守元代，如明代初年的科举考试规定，考试内容沿袭元人旧有的规定，即用《礼记正义》，同时也不用《周礼》《仪礼》。到了永乐年间，规定《礼记》只用陈澔《礼记集说》。这可能是因为陈澔父亲陈大猷是朱熹弟子黄榦的学生，陈澔又师从家父，是朱熹四传弟子，属于名门正派。加上陈澔《礼记集说》用程朱理学解读《礼记》，所以被朝廷定为官学。永乐十二年（1414 年）十一月，朝廷敕命胡广等三十九人编撰《周易》《尚书》《诗经》《礼记》《春秋》等《五经大全》，以此取代汉唐以来旧有的注疏之学。《五经大全》不足一年就编撰成功，随后被用来科举取士。其中《礼记大全》以陈澔《礼记集说》为主，书成之后，《礼记大全》成为当时科举考试的必

---

① 敖继公《仪礼集说》作为郑玄之后通解《仪礼》的名著，也是王肃《仪礼注》后又一部指摘郑学之书。此书乃敖继公针对郑玄注解不妥处进行修正，多有所得。清初学者喜其简便，此书地位一度凌驾郑玄注解之上。

② 毛应龙，字介石，元江西豫章（今江西南昌）人。大德（1297—1307 年）间官澧州教授。著有《周官集传》二十四卷，兼采诸家训释，而断以己意。另有《周官或问》五卷。（事迹见《新元史》卷二百三十五，《元史类编》卷三十四，《元书》卷八十八。）《周官或问》今未见传本。

读书目。明代学者研究"三礼",几乎没有创新,水平整体上不及宋元。

当然,也有一些注重训诂考据的《周礼》著述。例如,王志长的《周礼注疏删翼》,便是"能以注疏为根柢""能恪遵古本""在经学荒芜之日,临深为高,亦可谓研心古义者矣"①。

王应电,字昭明,昆山(今江苏昆山)人。曾撰有《周礼传》《周礼图说》《周礼翼传》《同文备考》《书法指要》《六义音切贯珠图》《六义相关图》等多部著作。其中《周礼传》《周礼图说》《周礼翼传》都被《四库全书》所收录。对于王应电的礼学,《明史》本传称:

> 《周礼》自宋以后,胡宏、季本各著书,指摘其瑕衅至数十万言。而俞寿翁、吴澄则以为《冬官》未尝亡,杂见于五官中,而更次之。近世何乔新、陈凤梧、舒芬亦各以己意更定。然此皆诸儒之《周礼》也。覃研十数载,先求圣人之心,溯斯礼之源;次考天象之文,原设官之意,推五官离合之故,见纲维统体之极。因显以探微,因细以绎大,成《周礼传诂》数十卷。以为百世继周而治,必出于此。②

王应电对《周礼》研究非常深入,在宋元以来诸儒如胡宏、吴澄、何乔新、陈凤桐等人的基础上,对《周礼》作了深入的分析与考证。王应电的《周礼》研究,尽管注重实证,不过也多有主观臆测之处。对于王应电的这三部《周礼》学著述,四库馆臣认为:

> 大抵三书之中,多参臆说,不尽可从。以《周礼》《仪礼》至明几为绝学,故取长弃短,略采数家,以姑备一朝之经术。所谓不得已而思其次也。③

(三)清代

清代为"三礼"学的复盛时期,清代初年,依旧沿袭宋元明的理学,经

---

① (清)永瑢等:《四库全书总目》卷十九《周礼注疏删翼》提要,中华书局1965年版,第155页。

② (清)张廷玉:《明史》卷二百八十二《王应电传》,中华书局1984年版,第7251页。

③ (清)永瑢等:《四库全书总目》卷十九《周礼传》提要,中华书局1965年版,第154页。

学上基本上是汉、宋兼采，很少有创见，《礼记》用陈澔《礼记集说》。在《周礼》学研究方面，学者多注重汉、宋兼采，如李光坡《周礼述注》、汪基《周礼约编》、沈淑《周官翼疏》、官献瑶《石溪读周官》等都是如此。

清代为了巩固大一统，越来越注重"三礼"学。乾隆元年（1736年）开设"三礼馆"，由鄂尔泰任总编纂官，负责为"三礼"重新作注，以服务于政治需要。乾隆十三年（1748年），新的《三礼义疏》作完，朝廷钦定《三礼义疏》178卷，这是一部以朝廷名义颁行的"三礼"学著述，其特点是汉宋兼采、"三礼"并行，改变了宋以来对《礼记》的重视。这部书也是对汉唐以来经传注疏之学所作的一次较为全面的总结，对于清代"三礼"学的兴盛，具有非常重要的促进作用。在《三礼义疏》之中，其中《周礼义疏》48卷，兼采汉宋之学，略有发明，颇有可观之处。到了乾隆三十八年（1773年），朝廷又开设四库馆，编纂《四库全书》，对先秦以来的各种"三礼"类重要著作进行收集整理，这对于中国古代"三礼"学的发展都有重要的价值和意义。这掀起了朝野上下对"三礼"学的重视。有清一代，"三礼"学方面知名的还有张尔岐《仪礼郑注句读》、凌廷堪《仪礼释例》、孙希旦《礼记集解》、朱轼《礼记纂言》、朱彬《礼记训纂》、黄以周《礼书通故》等。会通"三礼"学的则有江永《礼书纲目》、徐乾学《读礼通考》、秦蕙田《五礼通考》等。

随着清代考据学的兴盛，学者对"三礼"的研究，改变了过去注重思想义理方面的探讨，转向探究对"三礼"进行训诂、考据。其中，最具代表性的著述有孙诒让《周礼正义》，此书86卷，230余万字，兼采汉唐以来著述成就，考辨翔实，为《周礼》学的集大成之作。

孙诒让（1848—1908年），幼名效洙，又名德涵，字仲容，别号籀庼，浙江瑞安人。同治六年（1867年）举人，五应会试不中。此后专攻学术，精研古学数十年。撰有《周礼正义》《墨子间诂》《契文举例》《温州经籍志》《四库全书简明目录批注》等多部著作。孙诒让在治经上强调广博，不要拘泥于一家一派之说，这一点

孙诒让像

《凌次仲校礼图》，现藏安徽博物院

凌廷堪（约1755—1809年）清经学家、音韵学家。字次仲。安徽歙县人。乾隆进士。任宁国（治今安徽宣城）府学教授。慕江永、戴震之学，长于考辨。对中国古代礼制、乐律、历算、疆域沿革等有所研究，撰《礼经释例》十三卷，分为饮食宾客、祭例、器服等八类，寻例释辞，便于稽考。又有《燕乐考原》《校礼堂文集》等。

在其《周礼正义》中体现非常明显。他在《周礼正义叙》中曾说道：

　　诒让自胜衣就傅，先太仆君即授以此经。而以郑注简奥、贾疏疏略，未能尽通也。既长，略窥汉儒治经家法，乃以《尔雅》《说文》正其训诂，以《礼经》、大小戴《记》证其制度，研揅累载，于经注微义略有所悟。窃思我朝经术昌明，诸经咸有新疏，斯经不宜独阙，遂博采汉、唐、宋以来，迄于乾嘉诸经儒旧诂，参互证绎，以发郑注之渊奥，裨贾疏之遗缺。草创于同治之季年，始为长编数十巨册，缀辑未竟，而举主南皮张尚书议集刊国朝经疏，来征此书，乃隳栝鳃理，写成一帙以就正。然疏牾甚众，又多最录近儒异义，辨论滋繁，私心未惬也。继复更张义例，刬繁补阙，廿年以来，稿草屡易，最后迻录为此本。其于古义、古制疏通证明，校之旧疏为略详矣。①

从这篇《叙》可看出，孙诒让致力于《周礼正义》的校勘、考辨工作，不仅旁搜博采"汉、唐、宋以来，迄于乾嘉诸经儒旧诂"，而且也利用《尔雅》《仪礼》《礼记》等儒经与《周礼》进行互证，以期实现对《周礼》最大限度地考辨、疏通。

尽管从汉唐以来，郑玄的礼学成为"三礼"学的典范，在清代更是如此。清儒对于郑学颇为推崇，鲜有突破其窠臼旧注。但孙诒让对此则不以为然。他在考辨、疏通《周礼》之时，对于郑玄礼学并非盲从，而是择善而从，不墨守郑玄旧注。对此，他在《略例》中专门作了说明：

> 唐疏例不破注，而六朝义疏家则不尽然。郑学精贯群经，固不容轻破，然三君之义，后郑所赞辨者，本互有是非。乾嘉诸儒考释此经，间与郑异，而于古训古制，宣究详墙，或胜注义。今疏亦惟以寻绎经文，博稽众家为主……于康成不曲从杜、郑之意，或无悖尔。

对于清儒礼学方面的成就，孙诒让也择善而从。他希望通过注重兼采众长的形式，实现对《周礼》最大限度地理解。总之，孙诒让跳出对郑玄之学的墨守，兼采众长，以期融会贯通，实现对经书、经义的理解与领悟。

---

① （清）孙诒让：《周礼正义叙》，中华书局1987年版，第1—3页。

《幽壑鸣琴图》，（明）文徵明绘，现藏美国克利夫兰艺术博物馆

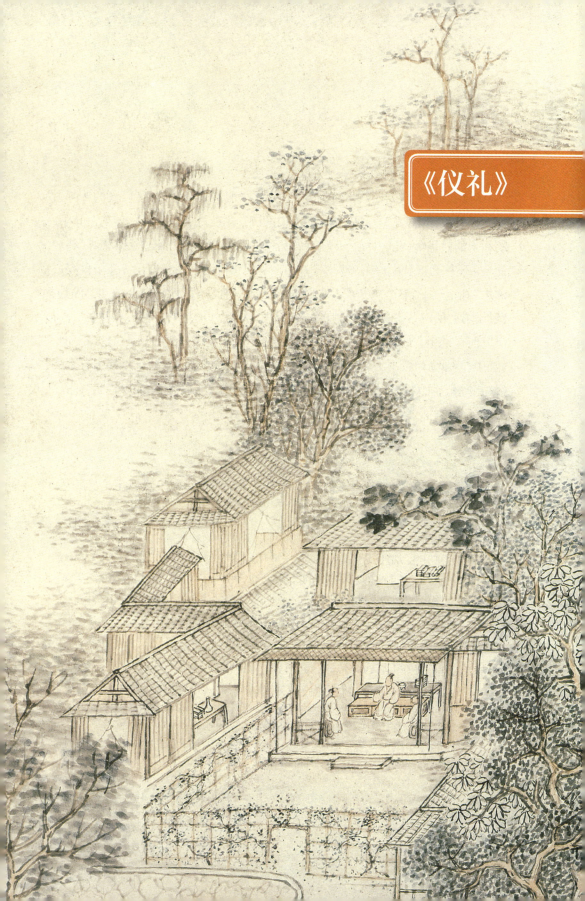

《仪礼》

《仪礼》是上古礼仪制度的汇编，为孔子所编。《仪礼》是后人的称呼，在先秦时被称为《礼》[1]。先秦时期所说的诗、书、礼、乐、易、春秋，其中的礼指的就是《仪礼》。汉代《仪礼》的名称逐渐普遍起来，但也继续称呼《礼》的[2]，还称为《士礼》《礼经》[3]，甚至还称为《礼记》（如《史记·孔子世家》称之"礼记"。当然，这和大、小戴《礼记》不一样。《仪礼》中有经，也有记。《后汉书》的《蔡邕传》《卢植传》中所言"礼记"均指"仪礼"。）总之，在汉以前，"仪礼"的称谓还没有出现。"仪礼"之名最早出现在王充《论衡·谢短》中[4]。此后《晋书·荀崧传》也记载，荀崧上书请求增立博士，其中有"郑《仪礼》博士一人"[5]。从这可以说明，最早在东汉初期，最晚在东晋元帝时，已有了"仪礼"的称谓。

一、《仪礼》的成书

《仪礼》的成书和作者，自古以来也是争议不断，至今没有定论。关于《仪礼》的成书一般有三种说法。

---

[1] （战国）庄周撰，（清）王先谦集解：《庄子·天运》："（孔）丘治《诗》《书》《礼》《乐》《易》《春秋》六经"，第149页。（战国）荀况撰，（唐）杨倞注：《荀子》卷四《儒效篇》："《诗》言是其志也，《书》言是其事也，礼言是其行也，乐言是其和也，《春秋》言是其微也。"第75页。山东大学《商君书》注释组注：《商君书新注·农战》："《诗》《书》、礼、乐、善、修、仁、廉、辩、慧"。山东人民出版社1976年版，第27页。

[2] （汉）班固撰，（唐）颜师古注：《汉书》卷八十八《孟卿传》："由是《礼》有大戴、小戴、庆氏之学。"中华书局1964年版，第3615页。

[3] （汉）王充：《论衡》卷十二《谢短篇》："今《礼经》十六。"上海人民出版社1974年版，第198页。（汉）班固撰，（唐）颜师古注：《汉书》卷三十《艺文志》："《礼古经》五十六卷，《经》十七篇。"中华书局1964年版，第1709页。

[4] （汉）王充：《论衡》卷十二《谢短篇》："宣帝时河内女子坏老屋，得佚《礼》一篇，六十篇中，是何篇是者？高祖诏叔孙通制作《仪品》十六（二）篇何在？而复定《仪礼》，见在十六篇，秦火之余也。"上海人民出版社1974年版，第197页。

[5] （唐）房玄龄：《晋书》卷七十五《荀崧传》，中华书局1974年版，第1978页。

1.周公所作说

汉代古文经学家一般都主张这个说法，如郑玄、孔颖达①、贾公彦②是重要代表。另外，唐陆德明，宋代郑樵、朱熹，清胡培翚等也都认同这个说法。周公制礼作乐是毫无疑问的历史事实，但《仪礼》为周公所作的说法，却缺乏文献上的有力支持，所以近代以来认同此说的学者越来越少。

2.孔子所作说

最早提出孔子编撰《仪礼》的是司马迁、班固等人，司马迁《史记》、班固《汉书》都认为在周王室礼崩乐坏的情况下，孔子整理了《仪礼》，表彰周代礼乐文明，其中《史记·孔子世家》说：

> 孔子之时，周室微而礼乐废，《诗》《书》缺。追迹三代之礼，序《书传》，上纪唐虞之际，下至秦缪，编次其事。曰："夏礼吾能言之，杞不足征也。殷礼吾能言之，宋不足征也。足，则吾能征之矣。"观殷夏所损益，曰："后虽百世可知也，以一文一质。周监二代，郁郁乎文哉。吾从周。"故《书传》《礼记》自孔氏。③
>
> 夫周室衰而《关雎》作，幽厉微而礼乐坏，诸侯恣行，政由疆国。故孔子闵王路废而邪道兴，于是论次《诗》《书》，修起礼乐。④

《汉书·儒林传》也说：

> 自卫反鲁，然后乐正，《雅》《颂》各得其所。究观古今之篇籍，乃

---

① （汉）郑玄注，（唐）孔颖达疏：《礼记正义·序》中说道："武王没后，成王幼弱，周公代之摄政，六年致太平，述文、武之德而制礼也……又《礼记·明堂位》云：周公摄政六年，制礼作乐，颁度量于天下。但所制之礼，则《周官》《仪礼》也。"第6页。孔颖达认为《仪礼》是周公制礼作乐的产物。

② （汉）郑玄注，（唐）贾公彦疏：《仪礼注疏·序》记载："至于《周礼》《仪礼》，发源是一，理有终始，分为二部，并是周公摄政太平之书。"又辨别《仪礼》《周礼》说："《周礼》言周不言仪，《仪礼》言仪不言周，即同周公摄政六年所制。题号不同者，《周礼》取别夏、殷，故言周；《仪礼》不言周者，欲见兼有异代之法。"李学勤主编：《十三经注疏》标点本，北京大学出版社1999年版，第1、4页。

③ （汉）司马迁：《史记》卷四十七《孔子世家》，中华书局1963年版，第1935—1936页。

④ （汉）司马迁：《史记》卷一百二十一《儒林列传》，中华书局1963年版，第3115页。

称曰:"大哉,尧之为君也!唯天为大,唯尧则之。巍巍乎其有成功也,焕乎其有文章也!"又曰:"周监于二世,郁郁乎文哉!吾从周。"于是叙《书》则断《尧典》;称乐则法《韶舞》,论《诗》则首《周南》。缀周之《礼》,因鲁《春秋》,举十二公行事,绳之以文武之道,成一王法,至获麟而止。盖晚而好《易》,读之书编三绝,而为之传。皆因近圣之事,以立先王之教,故曰:"述而不作,信而好古""下学而上达,知我者其天乎!"①

《史记》《汉书》中所提到的"礼"都是《仪礼》。两书认为,孔子鉴于春秋时期,王室衰微、礼崩乐坏,为了重振礼乐文明,积极宣扬礼乐文明,并整理了与周代礼乐文明有关的文献,整理、删订《尚书》《诗经》,还作《春秋》《易传》。另外,孔子还将有关周代礼乐制度进行编订,就是《史记》《汉书》所说的"故《书传》《礼记》自孔氏"②、"论次《诗》《书》,修起礼乐"③、"于是叙《书》则断《尧典》,称乐则法《韶舞》,论《诗》则首《周南》,缀周之《礼》"④。总之,孔子整理了周代礼乐方面的典籍,这其中当有《仪礼》,《仪礼》的后传文本主要是孔子所编订、传承。

司马迁、班固提到孔子只是编订《仪礼》文本,而不是创作。并且都没有明确指出《仪礼》究竟有多少篇(今文《仪礼》十七篇,而古文《仪礼》五十六篇)。最有可能的是,孔子曾经编订了五十六篇《仪礼》。《史记·儒林传》记载:

> 《礼》固自孔子时而其经不具,及至秦焚书,书散亡益多,于今独有《士礼》,高堂生能言之。⑤

———————————

① (汉)班固撰,(唐)颜师古注:《汉书》卷八十八《儒林传》,中华书局1964年版,第3589—3590页。

② (汉)司马迁:《史记》卷四十七《孔子世家》,中华书局1963年版,第1936页。

③ (汉)司马迁:《史记》卷一百二十一《儒林列传》,中华书局1963年版,第3115页。

④ (汉)班固撰,(唐)颜师古注:《汉书》卷八十八《儒林传》,中华书局1964年版,第3589页。

⑤ (汉)司马迁:《史记》卷一百二十一《儒林列传》,中华书局1963年版,第3126页。

《汉书·艺文志》则记载：

> 汉兴，鲁高堂生传《士礼》十七篇。讫孝宣世，后仓最明。戴德、戴圣、庆普皆其弟子，三家立于学官。《礼》古经者，出于鲁淹中及孔氏，与十七篇文相似，多三十九篇。及《明堂阴阳》《王史氏记》所见，多天子诸侯卿大夫之制，虽不能备，犹瘉仓等推《士礼》而致于天子之说。①

高堂生像
高堂生西汉今文礼学的最早传授者。字伯。鲁郡（今山东曲阜）人。专治古代礼制。今本《仪礼》十七篇即出于他的传授。

根据司马迁、班固的说法，可以判定孔子曾编纂了《仪礼》五十六篇，包含了天子、诸侯、卿大夫、士四个阶层的礼仪。孔子编订的五十六篇《仪礼》在传播过程中多有散佚，经过秦"焚书坑儒"散失更多，以至于到了汉代只剩下《士礼》十七篇。这十七篇《士礼》，主要是关于士阶层礼仪的。汉代，从原鲁国淹中巷子和孔氏家的墙壁中出土了古文《仪礼》五十六篇，这在某种程度上就是孔子所编订的原本《仪礼》，比今文《士礼》十七篇多出三十九篇，这三十九篇讲的是上自天子诸侯，下至卿大夫、士的礼仪。

孔子编订的《仪礼》五十六篇，只是对原有《仪礼》文本所做的整序工作。孔子之前，周王室已经有完善的礼乐文本，《礼记·王制》就说："乐正崇四术，立四教。顺先王《诗》《书》《礼》《乐》以造士。春秋教以《礼》《乐》，冬夏教以《诗》《书》。"② 从出土的周代金文文献以及《尚书》《逸周书》《左

---

① （汉）班固撰，（唐）颜师古注：《汉书》卷三十《艺文志》，中华书局 1964 年版，第 1710 页。

② （汉）郑玄注，（唐）孔颖达疏：《礼记正义》卷十三《王制》，北京大学出版社 1999 年版，第 404 页。

传》《国语》《毛诗》等传世文献来看，周朝贵族经常举行的各种典礼，如冠礼、觐礼、聘礼、飨礼、丧礼等，礼仪都已经非常程序化了。其内容和今本《仪礼》所记载的很相近，这些都表明孔子之前已经存在《仪礼》。孔子为了传承文明、教育弟子，做了整理性编订工作。随着儒学成为显学，孔子所编订的《仪礼》成为最流行、最权威的文本。成书于春秋战国时期的《孟子》《荀子》《礼记》等文献中有大量引述《仪礼》的文字。这些都说明《仪礼》成书于《孟子》《荀子》《礼记》之前的春秋时期。

3. 战国末或汉代儒者所作说

这个说法最先兴起于宋代，乐史和郑樵都认为《仪礼》既不是出于周公，也不是孔子，而是春秋以后的学者。如郑樵就说："则《仪礼》一书，盖晚出无疑。"① 认为有可能是汉儒所为。到了清代，很多学者都认为《仪礼》成书于战国时期。近代以来古史辨派更是否定《仪礼》与周公、孔子的关系。

总的来看，孔子编订《仪礼》从古文献学上更有说服力。当然，孔子《仪礼》并不是定本，只能说是《仪礼》的一个原本。孔子之后，《仪礼》传本很多，后传弟子们多有修订，最终定本于战国末。最有可能是定本于荀子一门。近人钱玄同在其《重论经今古文学问题》就说：其书盖晚周为荀子之学者所作。②

近现代史学家洪业《仪礼引得序》认同钱玄同的观点，认为：

> 《荀子》所述之礼仪，亦颇与今之《仪礼》有歧异。则高堂生之传本，编纂于荀子之后也。③

需要注意的是，《仪礼》之中有经、记、传的分别，三者的成书年代有所不同。大概《仪礼》奠基于周初，开始成书于西周末至春秋初年。梁启超也如此认为，"《仪礼》……大抵应为西周末、春秋初之作。"④ 后来孔子删订、编辑已经存在的官方《仪礼》，基本上形成了后世《仪礼》文本，《史记·孔

---

① （宋）郑樵：《六经奥论》卷五《三礼总辨·仪礼辨》，景印文渊阁《四库全书》本，台湾商务印书馆 1986 年版。

② 钱玄同：《重论经今古文学问题》，载顾颉刚编著：《古史辨》第 5 册，海南出版社 2005 年版，第 29 页。

③ 洪业：《仪礼引得》，上海古籍出版社 1986 年版，第 15 页。

④ 梁启超：《中国近三百年学术史》，天津古籍出版社 2003 年版，第 292 页。

子世家》就说:"《书传》《礼记》自孔氏。"① 其中"礼记"指的就是《仪礼》。孔子所编撰的《仪礼》成书后,又由儒学弟子进行增饰、评价,然后很多篇目后面有了传、记,在《仪礼》十七篇中有十三篇篇末有记,这些记主要是评价《仪礼》内容。此形成了今本《仪礼》十七篇的格局。总之,《仪礼》非一时一人所完成,而是经过多年多人编辑的结果,清人邵懿辰《礼经通论》也说:礼本非一时一世而成,积久服习,渐次修整,而后臻于大备。②

二、《仪礼》学简史

"三礼"学对传统社会政治、思想文化、世道人心等各方面都有重大的意义,所以得到了历代朝野的广泛重视,并因此产生了大量的"三礼"学研究著述。

《礼经通论》书影,现藏中国国家图书馆

(一)先秦

礼在中国古代非常发达,起源于人们的生活习俗与宗教祭祀。它一方面作为社会政治制度,规范着国家的政治体制与运行机制,维护古代的大一统国家;另一方面作为日常道德规范,成为社会最重要的行为法则,扮演着准法律的角色,维系着人与人之间和谐、有序的关系。

夏商周时期已经有了完善的礼乐制度。三代礼乐是一个因袭的过程,如孔子所说:"殷因于夏礼""周因于殷礼"③。周代是上古礼制最为完善的时期,

① (汉)司马迁:《史记》卷四十七《孔子世家》,中华书局 1963 年版,第 1936 页。
② (清)邵懿辰:《礼经通论·论孔子定礼乐》,南菁书院《皇清经解续编》卷一二七七。
③ (春秋)孔丘撰,杨伯峻、杨逢彬注译:《论语·为政》,岳麓书社 2000 年版,第 16 页。

而周公又是贡献最大的人。对于周代礼制，王国维在其《殷周制度论》评价：

> 中国政治与文化之变革，莫剧于殷周之际。……殷、周间之大变革，自其表言之，不过一姓一家之兴旺与都邑之转移；自其里言之，则旧制度废而新制度兴，旧文化废而新文化兴。①

王国维还认为周代礼制在夏商的基础上进一步完善，产生了"立子立嫡之制""庙数之制""同姓不婚之制"等重要制度，这些制度都是周公所为，"此数者，皆周之所以纲纪天下。"②"此种制度，固亦由时势之所趋，然手定此者，实惟周公。"③周公在夏商的基础上作了最大限度地修正，形成了独具特色的周代礼制，成为"三礼"最初的思想源泉。故就夏商周礼学而言，周公所作的贡献巨大。

在春秋时期，礼崩乐坏，很多礼仪开始被破坏，鲁国依旧奉行周礼，在当时颇有影响。《春秋左传正义·闵公元年》记载：

> 冬，齐仲孙湫来省难。书曰"仲孙"，亦嘉之也。仲孙归曰："不去庆父，鲁难未已。"公曰："若之何而去之？"对曰："难不已，将自毙，君其待之。"公曰："鲁可取乎？"对曰："不可。犹秉周礼。周礼，所以本也。臣闻之：'国将亡，本必先颠，而后枝叶从之。'鲁不弃周礼，未可动也。君其务宁鲁难而亲之。亲有礼，因重固，间携贰，覆昏乱。霸王之器也。"④

当时齐国的大夫仲孙前往鲁国访问，回国后齐国国君问是否可以攻伐，仲孙就回答说，鲁国秉持周礼，周礼是立国之本，且在各国颇有影响，所以不可以攻伐。

---

① （清）王国维：《观堂集林》卷十《殷周制度论》，浙江教育出版社 2014 年版，第 147—148 页。
② （清）王国维：《观堂集林》卷十《殷周制度论》，浙江教育出版社 2014 年版，第 248 页。
③ （清）王国维：《观堂集林》卷十《殷周制度论》，浙江教育出版社 2014 年版，第 258 页。
④ （晋）杜预注，（唐）孔颖达疏：《春秋左传正义·闵公元年》，李学勤主编：《十三经注疏》标点本，北京大学出版社 1999 年版，第 304 页。

孔子对周朝礼仪颇为重视，不仅践行周礼，而且发表了很多关于周礼的观点。这一时期对后世礼学影响最大的莫过于孔子。首先，孔子一生对周代礼乐制度非常的崇敬，进退都一丝不苟践行礼仪。《论语》中记载了很多他恪守周代礼乐的行为：他进见君主的时候，就会低头弓着身子，小心翼翼，上了朝堂依旧小心翼翼，非常恭敬；面对国君，他面色庄重、低声下气（褒义）；遇到国君召唤，不等车马准备好，就开始行动；国君赐给他的食物，一定要恭敬的品尝；如果是生肉，就煮熟后，先祭祀祖先，然后享用；如果是活的动物，就蓄养起来，借此以念君恩，等等。孔子恪守周礼，出于内心的崇敬与向往，更是他仁学思想的实践。

孔子不仅恪守周礼，还整理西周以来的礼制文献，删订了《仪礼》，深入研究上古以来的礼制，提出了一系列的礼学思想。面对春秋时期礼崩乐坏的现实，一方面主张通过"正名"来恢复周礼[①]；另一方面在前人的基础上，建构了以"仁"为核心的新礼学体系。在他看来，礼仪不仅仅只是形式，更重要的是对人的关怀。孔子说："礼云礼云，玉帛云乎哉？"[②] 意思是说，礼乐制度难道就是单纯地体现为向祖先神鬼献上玉帛等礼器的祭祀形式么？言外之意，礼不仅仅只是形式，还应该有内容，这个内容就是"仁"。孔子说："人而不仁，如礼何？人而不仁，如乐何？"[③] 认为人如果没有仁德，不懂得关爱人，即使行礼乐也没有意义。孔子所说的礼是以仁为内在根据的，礼仪只不过是仁的外在体现。孔子的仁学本质是对人的重视，即对生命的重视。春秋无义战视生命如草芥，单纯讲礼仪没有意义，礼制的建立基于对人的重视和尊重，只有人们对礼制发自内心的崇敬与自觉，才可以真正建立起等级有序、和谐稳定的社会政治秩序。所以，在孔子的仁学思想中，仁和礼是内外、体用统一的关系。

---

① （春秋）孔丘撰，杨伯峻、杨逢彬注译：《论语·颜渊》："齐景公问政于孔子。孔子对曰：'君君，臣臣，父父，子子。'"《论语·子路》："子路曰：'卫君待子而为政，子将奚先？'子曰：'必也正名乎！'子路曰：'有是哉，子之迂也！奚其正？'子曰：'野哉，由也！君子于其所不知，盖阙如也。名不正，则言不顺；言不顺，则事不成；事不成，则礼乐不兴；礼乐不兴，则刑罚不中；刑罚不中，则民无所错手足。故君子名之必可言也，言之必可行也。君子于其言，无所苟而已矣。'"岳麓书社 2000 年版，第 111、117 页。

② （春秋）孔丘撰，杨伯峻、杨逢彬注译：《论语·阳货》，岳麓书社 2000 年版，第 168 页。

③ （春秋）孔丘撰，杨伯峻、杨逢彬注译：《论语·八佾》，岳麓书社 2000 年版，第 18 页。

到了战国时期，礼制依旧得到了各个学派的重视，儒家、道家、墨家、法家、名家、纵横家、杂家等都对古代礼乐制度提出了自己的看法。其中儒家学派的重要代表孟子、荀子的礼学思想对后世影响最大。孟子自幼在母亲的培养下精通礼仪。在孟子看来，人性本善，自出生就已具有了仁、义、礼、智的基本的品质，所以统治者要积极发扬人的这种善，让人固有的仁、义、礼、智四种品质显现出来。具体而言，怎么发扬善性呢？孟子强调要以民为本，让老百姓有基本的生活保障，丰衣足食，自然可以发挥善性，礼仪秩序由此就得到实现。孟子一方面是从人性的高度来强化礼仪，不论是统治者还是普通百姓，只有践行礼仪才是真正的人；另一方面也强调统治阶层对民生的重视。孟子所处的战国时代，恢复周礼变得更加困难，所以孟子与孔子相比，更强调权变①。

荀子比孟子更加重视礼，但思路和孔子、孟子不同，认为人性都是恶的，所以要用外在的礼仪规范人性，只有这样才可以建立稳定有序的社会政治秩序，如他所说："今人之性恶，必将待师法然后正，得礼义然后治。"②在他看来，礼仪是治国安邦的最高法则与根本所在，所谓"隆礼贵义者其国治，简礼贱义者其国乱……礼者，治辨之极也，强国之本也，威行之道也，功名之总也"③，"人无礼则不生，事无礼则不成，国家无礼则不宁"④。鉴于战国变

---

① 孟子这里不存在绝对的、无条件遵守的礼仪。比如孔子作《春秋》，凡是弑杀君主的都属于非礼的行为，不管这个君主是否贤明。但在孟子看来，有德之君，臣民应当尊敬，这是基本的礼仪，但是无德之君，就是独夫民贼，人人都可以群起而诛之，这就是孟子的礼，如他所说"闻诛一夫纣矣，未闻弑君也"。（（汉）赵岐注，（宋）孙奭疏：《孟子注疏·梁惠王章句下》，北京大学出版社1999年版，第53页。）另外，孟子也讲求权变，比如《孟子·离娄上》记载了齐国思想家淳于髡与孟子的一段对话就是如此："淳于髡曰：'男女授受不亲，礼与？'孟子曰：'礼也。'曰：'嫂溺，则援之以手乎？'曰：'嫂溺不援，是豺狼也。男女授受不亲，礼也。嫂溺援之以手者，权也。'"（（汉）赵岐注，（宋）孙奭疏：《孟子注疏·离娄章句上》，李学勤主编：《十三经注疏》标点本，北京大学出版社1999年版，第204页。）
② （战国）荀况撰，（唐）杨倞注：《荀子》卷十七《性恶篇》，上海古籍出版社2010年版，第285页。
③ （战国）荀况撰，（唐）杨倞注：《荀子》卷十《议兵篇》，上海古籍出版社2010年版，第169、180页。
④ （战国）荀况撰，（唐）杨倞注：《荀子》卷一《修身篇》，上海古籍出版社2010年版，第10页。

法国强的事实，荀子也进一步认识到法制对社会政治的重要性，强调礼治重要性，同时也强调法制的必要性。礼法并用是荀子的主要思想，对中国古代的政治思想领域影响非常深远。

秦代是一个非常重要的时期，尽管秦国建立后，对儒家学派进行打压，推行法家学说，但在实际的政治生活中也推行礼制。比如，秦始皇建立了以皇帝为核心的等级礼制，同时用郡县制、三公九卿制来维系至上的皇权体制。此外，秦统一全国、统一度量衡、统一文字、统一思想，既是儒家大一统思想的实践，也为等级礼仪的推行提供了社会政治、思想观念上的保障。秦始皇曾经举行过很多礼仪，如泰山封禅、改变礼俗。秦始皇去世后，陵寝制度礼制对后世帝王丧葬、陵墓规制有深远的影响，汉唐陵制就深受其影响。秦始皇统一六国之后，博士官对礼仪文献的整理、传承都有非常重要的贡献，汉代很多博士官如伏生《尚书》学、张苍《春秋》学、叔孙通"三礼"学，对于古代礼制的传承都有非常重要的推动作用。

在秦汉以后，儒学成为官方统治学说，孔、孟、荀关于礼的认识与论述成为后代礼学思想的源泉，而作为儒家礼学的经典"三礼"也被各个时代不断俱时注解与诠释，成为中国古代的显学之一。

（二）汉唐

汉代是"三礼"学兴起、繁盛时期。汉代重视礼仪始于高祖刘邦。叔孙通为了巩固新生的汉政权，在刘邦的支持下基于古代礼仪制定了一系列的朝廷礼制，使刘邦建立起皇权的权威和尊严。从此以后，"三礼"学开始得到了朝野上下的重视，并成为当时最重要的学说之一。

《仪礼》被孔子编订之后，传承过程中散失了很多。到了汉代，《仪礼》只剩下《士礼》十七篇。根据《汉书·儒林传》的记载，高堂生将今文《仪礼》十七篇传给翼奋，翼奋传给孟卿，孟卿传给后仓，后仓传给通汉子方、戴德、戴圣、庆普。这就是常说的汉代《礼》学"五传弟子"。高堂生因为首先传承《仪礼》，且是用汉代通行的隶书写就，故被视为《仪礼》学宗主，而其所传文本即今文《仪礼》。

在汉宣帝时期，高堂生的后传弟子中只有后仓最精通《仪礼》。后仓的弟子中戴德、戴圣、庆普三人最为有名，于是朝廷将这三家立为官学。东汉，戴德、戴圣两家渐渐衰落，而庆普一家比较兴盛。

汉代《仪礼》共有四个传本：即今文《仪礼》十七篇的戴德、戴圣、庆普三家和古文五十六篇本《仪礼》。这四家虽然版本不同，但在《仪礼》十七篇上是比较一致，分为冠婚、朝聘、丧祭、乡射四大类。今文三家《仪礼》都是高堂生的后传弟子。

与今文《仪礼》相对的是古文《仪礼》，一般认为是汉武帝时出自于鲁淹中或孔壁中。《汉书·艺文志》记载：

> 《礼》古经者，出于鲁淹中及孔氏，与十七篇文相似，多三十九篇。及《明堂阴阳》《王史氏记》所见，多天子、诸、侯、卿、大夫之制，虽不能备，犹瘉仓等推《士礼》而致于天子之说。①

在汉武帝末期，鲁恭王为了扩建宫殿，拆毁孔子家旧宅，从孔家墙壁中出土了《尚书》《论语》《孝经》《仪礼》等古文经。其中出土的《仪礼》，共

《汉殿论功图》，（明）刘俊绘，现藏美国大都会博物馆

史家称汉初政权为"布衣将相之局"，"其君既起自布衣，其臣亦多自亡命无赖之徒，立功以取将相"。功臣将相位居朝堂之上，"饮酒争功，醉或妄呼，拔剑击柱"，刘邦"益厌之"。叔孙通在刘邦支持下，针对"君不君，臣不臣"的乱象，掺揉三代礼仪和先秦旧制，制成一整套完备的朝仪，前 200 年在长乐宫正式开始施行。新朝仪深合高祖之意，"上既观，使行礼，曰：'吾能为此。'"高祖欣喜，"吾乃今日知为皇帝之贵也"。

---

① （汉）班固撰，（唐）颜师古注：《汉书》卷三十《艺文志》，中华书局 1964 年版，第 1710 页。

为五十六篇，比当时流行的今文《仪礼》十七篇多出三十九篇。这五十六篇古文《仪礼》包含了天子、诸侯、卿大夫、士四个阶层的礼仪，应当是孔子编订的《仪礼》原本。

王莽时期，古文《仪礼》五十六篇曾被立为官学，但东汉初年又被废除。由于古文《仪礼》在汉代学术界有争议，加之东汉郑玄为《仪礼》作注也没有为这三十九篇作注，以至于三十九篇渐渐散佚了，学者将散佚的三十九篇古文《仪礼》称为《逸礼》。实际上，古文《逸礼》在古代也得到了重视与引用，如朱熹所说：

> 古《礼》五十六篇，班固时其书尚在，郑康成亦及见之，注疏中多援引，不知何时失之，甚可惜也。

王应麟也作了梳理：

> 《逸礼》三十九，其篇名颇见于他书。若《天子巡狩礼》见《周官·内宰》注，《朝贡礼》见《聘礼》注，《烝尝礼》见《射人》疏，《中溜礼》见《月令》注辑《诗·泉水》疏，《王居明堂礼》见《月令》《礼器》注，《古大明堂礼》见蔡邕《论》。又《奔丧》疏引《逸礼》《王制》疏引《逸礼》云"皆升合于太祖"，《文选》注引《逸礼》云"三皇禅云云，五帝禅亭亭"。《论衡》："宣帝时，河内女子坏老屋，又得佚《礼》一篇，合五十七。"断珪碎璧，皆可宝也。

从朱熹、王应麟等人的记载来看，《逸礼》颇有一定的学术价值，故在汉唐之际得到了很多学者的关注，并成为学者们注解经典。只是可惜到了宋代之后，就几乎亡佚了，正如元人吴澄所说：三十九篇唐初犹存，诸儒曾不以为意，遂至于亡，惜哉！[①]

郑玄对于《仪礼》的贡献颇大，正如皮锡瑞曾评价说："郑于礼学最精，

---

① 这里朱熹、王应麟、吴澄的观点，皆援引自皮锡瑞：《皮锡瑞集》，岳麓书社 2012 年版，第 1430—1431 页。

而有功于礼经最大。"[①] 在郑玄之前，人们对于"三礼"的研究多分家分派，并没有"三礼"学的概念，但经过郑玄对"三礼"的整理与注解，奠定了后来"三礼"学的基础与框架。对于《仪礼》，经过郑玄今古文本进行对勘、整理，兼采古今优长，由此确定了《仪礼》十七篇定本。

在曹魏时期，郑玄经学非常兴盛，曹魏初年所立的十九博士中，除《公羊》《穀梁》《论语》三经之外，《易》《书》《毛诗》《周礼》《仪礼》《礼记》和《孝经》，皆宗郑学[②]。

当时的古文经学家王肃博通群经，曾作《周官礼注》《仪礼注》及《仪礼·丧服经传注》，在经解上与郑玄多有不同：郑玄《仪礼注》用今文说，王肃就以古文说驳斥之；郑玄《仪礼注》用古文说，王肃就用今文说驳斥之。在司马氏支持下，王肃所注解的各经"皆立于学官"[③]，包括"三礼"学，以至于"故于此际，王学几欲夺郑学之席"[④]。西晋建立之后，礼制继承前朝，都用王肃的说法，而不用郑玄之说，王肃"三礼"学盛极一时。在魏晋时期，王肃《仪礼注》在当时被奉为经典，得到了朝野上下的尊崇与研习。但西晋灭亡之后，王学博士被废除。东晋"三礼"学都宗郑玄。

南北朝时期，学风南北差异很大，所用群经注解也有不同，但《仪礼》都用郑玄注解本，治经方法也大体相同。此时，世家大族势力兴盛，更加注重门第等级，希望通过宗法礼仪制度来维护等级秩序或调节内部矛盾，所以对《仪礼》学最为重视，由此《仪礼》学成为南北朝时期的显学。这一时期出现了一大批《仪礼》学名家。例如，北朝的徐遵明、刘献之、沈重、刘芳、李铉、熊安生、刘焯、刘炫等人；南朝则有严植之、沈文阿等。

需要关注的是，南北朝时儒者们在重视《仪礼》的时候，也重视《周礼》《礼记》，涌现出一大批"三礼"学兼通的名家。例如，南朝的皇侃、雷次宗、严植之、崔灵恩等。其中雷次宗"三礼"学最为有名，时人将他和郑玄并称为"雷郑"。北朝的徐遵明更是名声远播，根据《北史·儒林传》记载，"北

---

① （清）皮锡瑞：《经学通论》，中华书局1954年版，第7页。

② 刘汝霖：《汉晋学术编年》卷六之"魏文帝黄初五年"条，中华书局1987年版。

③ （晋）范晔撰，（南朝宋）裴松之注：《三国志》卷十三《王肃传》，中华书局1959年版，第419页。

④ 马宗霍：《中国经学史》第七篇《魏晋之经学》，河南人民出版社2016年版，第63页。

朝三礼并出遵明之门"①，可见其影响之大。之后，徐遵明传其学于李铉等，李铉撰《三礼义疏》，李铉又传熊安生等。熊安生传孙灵晖、郭仲坚、丁恃等，"其后生能通《礼经》者，多是安生门人"②。又有北周沈重，也是当时儒宗，撰有《仪礼义》三十五卷。

南北朝《仪礼》学中，《仪礼·丧服》是关于丧服等级、样式及服丧者的身份规定，得到世家大族的高度重视，在《仪礼》各篇中最受重视，注解论著也最多。

隋统一了南北朝，尽管时间很短，但在经学史上的地位非常重要。隋立经学博士，"三礼"学都宗郑玄。其中名家有刘焯、刘炫等人。其中刘焯、刘炫二人曾问学于北朝礼学名家熊安生，并传其礼学。

进入唐代，由于汉代以后经学门派众多、注疏混杂，为了统一经学解释，进而统一思想，唐太宗命孔颖达主持编纂《五经正义》，其中"三礼"选择《礼记》作注，亦即《礼记注疏》（也叫《礼记正义》）。孔颖达《礼记正义》以郑玄注本为根据，吸收南朝皇侃、北朝熊安生的注解成果，南北兼采。《礼记注疏》是"三礼"中单独被作为官学经典，故编纂成书后为朝廷颁行天下，作为科举考试的必读书目。这也说明朝廷在三礼之中更注重《礼记》，自此《礼记》实现了由"记"向"经"的转变。（原《礼记》一直是《仪礼》的注解本，居于附庸的地位）需要注意的是，唐代经学对于"三礼""三传"，朝廷所重视的只有《礼记》《左传》，其余四书《周礼》《仪礼》《公羊》《穀梁》都不受重视。

（三）宋元明

宋代"三礼"之中，《仪礼》依然不太受重视。相比于《周礼》的浮沉，《仪礼》因其深奥难懂，一般学者很少关注。如四库馆臣所说："《仪礼》至为难读。郑《注》文句古奥，亦不易解。又全为名物度数之学，不可以空言骋辩。故宋儒多避之不讲。"③《仪礼》缺乏义理阐发的空间，故王安石熙宁变法之际，被逐出科举必考的经典行列。元明两代受到宋代的影响，朝野上下也很少有研习《仪礼》的学者与著述。

---

① （唐）李延寿：《北史》卷八十一《儒林传》，中华书局 1974 年版，第 2708 页。
② （唐）李延寿：《北史》卷八十一《儒林传》，中华书局 1974 年版，第 2708 页。
③ （清）永瑢等：《四库全书总目》卷二十《钦定仪礼义疏》提要，中华书局 1965 年版，第 162 页。

尽管如此，宋代也有一些学者关注《仪礼》，值得关注的著述有，张淳《仪礼识误》①、朱熹《仪礼经传通解》、李如圭《仪礼集释》、杨复《仪礼图》、魏了翁《仪礼要义》等。

元代的"三礼"学基本上沿袭宋代，少有创新。刘师培《经学教科书》中作了归纳和总结。

> 及元儒吴澄作《仪礼逸经传》，而汪克宽亦作《经礼补佚》，杂采他书之语，定为《仪礼逸文》，或妄分子目，体例未纯。敖继公作《集说》，遂疑《丧服传》为伪书，而《注》文不遵郑氏矣。②

元代对于《仪礼》的研究并不多，所产生的著述也非常有限，有吴澄《仪礼逸经传》与《礼记纂言》、汪克宽《经礼补佚》、敖继公《仪礼集说》等。

敖继公，字君善，长乐人。赵孟頫是其弟子。敖继公于大德五年（1301年）撰成《仪礼集说》十七卷，是对郑玄《仪礼》注解的补充与完善。其《自序》中说道：

> 此书旧有郑康成注，然其间疵多而醇少，学者不察也。予今辄删其不合于经者而存其不谬者，意义有未足，则取疏记或先儒之说以补之。又未足，则附之以一得之见焉，因名曰《仪礼集说》。③

敖继公鉴于郑玄注解《仪礼》的不足与错谬进行补正，吸收了汉唐以来注疏、义疏、注解的成果。敖继公《仪礼集说》很有特色，罗列了很多郑玄、贾公彦的不足之处，但没有对之进行批驳，反而保存以存异，并发表自己的看法，保存了汉唐以来很多注解《仪礼》的成果与思想，这部书在《仪礼》学史上有重要的价值。四库馆臣评价：

---

① 《仪礼识误》一书，乃南宋孝宗乾道八年，由两浙转运判官曾隶刊郑玄所注《仪礼》十七卷，张淳为之参考多种版进行校订，四库馆臣评价此书"最为详审"。（（清）永瑢等：《四库全书总目》卷二十《仪礼识误》提要，中华书局1965年版，第159页。）

② （清）刘师培著，陈居渊注：《经学教科书》，上海古籍出版社2006年版，第109页。

③ （元）敖继公撰，孙宝点校：《仪礼集说》，上海古籍出版社2017年版，第3页。

于郑《注》之中，录其所取，而不攻驳所不取。无吹毛索垢，百计求胜之心。盖继公于《礼》所得颇深，其不合于旧说者，不过所见不同，各自抒其心得。初非矫激以争名。故与目未睹注疏之面，而随声佐斗者，有不同也。且郑《注》简约，又多古语，贾公彦《疏》尚未能一一申明。继公独逐字研求，务畅厥旨，实能有所发挥，则亦不病其异同矣。[①]

明代《仪礼》学非常衰微，《仪礼》学的著述也非常有限，《明史·艺文志》著录只有十多种，《四库全书》没有一部收录。在《四库全书存目》附录有郝敬《仪礼节解》、张凤祥《礼经集注》、朱朝英《读仪礼略记》三部。

《仪礼》学在明代发展衰微，与明代的思想文化有直接的关系。明代传承了宋元性命道德之学，强调心性道德，而对具体的礼仪重视不够，这造成了明代《仪礼》学的衰微与著述的稀少。正如《四库全书总目》所言：

> "三礼"之学，至宋而微，至明殆绝。《仪礼》尤世所罕习，几以为故纸而弃之。注其书者寥寥数家，即郝敬《完解》之类，稍著于世者，亦大抵影响揣摩，横生臆见。盖《周礼》犹可谈王谈霸，《礼记》犹可言敬言诚，《仪礼》则全为度数节文，非空辞所可敷演，故讲学家避而不道也。[②]

在四库馆臣看来，"三礼"学之中，《周礼》涉及大量的王霸之道，对于治国理政有重要的意义；《礼记》中则涉及修身明道。相较而言，《仪礼》都是具体的礼仪规范，在道学盛行的明代，尤其是在明代中后期，学者们都谈心性之学，《仪礼》自然得不到儒者们的重视。尽管如此，明代也有一些《仪礼》学的著述，如郝敬《仪礼节解》。

郝敬（1558—1639年），字仲舆，号楚望，湖北京山人。精通经学，著述甚多。撰有《仪礼节解》等书。《仪礼节解》共十七卷，这部书重在疏通《仪礼》内容，同时对《仪礼》的思想多有阐发，但也存在私意穿凿之弊，如《四

① （清）永瑢等：《四库全书总目》卷二十《仪礼集说》提要，中华书局1965年版，第161页。
② （清）永瑢等：《四库全书总目》卷二十《仪礼述注》提要，中华书局1965年版，第163页。

库全书总目》所言"所解亦粗率自用，好为臆断"①。

（四）清代

清代是《仪礼》学发展的繁盛时期，对于《仪礼》学很多学者都有所关注，并产生了非常多的研究著述。对于清代《仪礼》学，清人刘师培《经学教科书》中作了梳理与分析：

> 近儒治三礼学者，始于徐乾学《读礼通考》。（仅"凶礼"一门。）而万斯大（作《学礼质疑》《仪礼商》《礼记偶笺》）、蔡德晋（作《礼经礼传本义》及《通礼》）、毛奇龄（于"昏礼""丧礼""祭礼""庙制""学校""明堂""宗法""效禘"咸有著述。）、盛世佐（《仪礼集编》。咸治《礼经》，）然糅杂无家法。安溪李氏亦深于"三礼"，（李光地作《周官笔记》，其弟光坡复作《三礼述注》，兄子某亦作《周礼训纂》。）方苞同业光地，殚心《礼》学，（于"三礼"皆有书。）亦武断无伦绪。惟张尔岐《仪礼郑注句读》，分析章句，条理秩然。而吴廷华（《仪礼章句》）、金日追（《礼仪正讹》）、沈彤（《仪礼小疏》）、褚寅亮（《仪礼管见》）亦宗汉诂治《仪礼》。及江永作《礼经纲目》，于"三礼"咸有撰著，（作《周礼疑义举要》《礼记训义择言》《释宫补》。）戴震（《作考工记图》）、金榜（作《礼笺》。承其学。）同学之士，有胡匡衷（作《仪礼释宫》）、程瑶田（作《宗法小记》《丧服足征录》《释宫小记》《考工创物小记》，兼通水地声律之学。）后有凌廷堪、胡培翚，以廷堪《礼经释例》为最精。任大椿（《作释缯》《弁服释例》）、阮元（作《车制考》）、孔广森（作《大戴礼补注》）咸从戴震问《礼》。张惠言与榜同学，作《仪礼图》，秦蕙田《五礼通考》，（集"三礼"之大成。）亦采江、戴之绪言。自胡培翚作《仪礼正义》，而朱彬作《礼记训纂》，孙诒让作《周礼正义》，"三礼"新疏咸出旧疏之上矣。后起之书，有黄以周《礼书通故》为最详备。若夫论《礼经》者，有惠士奇（《礼说》）、庄存与（《周官说》）、凌曙（《礼论》）。考名物制度者，有齐召南、沈彤（《周官禄田考》）、王鸣盛（《周礼军赋说》）、惠栋（《明堂大道录》）、金鹗（《礼说》）。疑"三礼"者，

---

① （清）永瑢等：《四库全书总目》卷二十三《仪礼节解》提要，中华书局 1965 年版，第189 页。

有方苞(《疑周礼仪礼》)、邵位西(《疑仪礼》)。此近儒之"三礼"学也。①

清代是《仪礼》学大兴的时代，不仅出现了很多贯通"三礼"学的学者及著述，如徐乾学《读礼通考》、李光坡《三礼述注》、江永《礼经纲目》、秦蕙田《五礼通考》、黄以周《礼书通故》等；也有很多专门研究《仪礼》的学者及著述，如万斯大《仪礼商》、张尔岐《仪礼郑注句读》、凌廷堪《礼经释例》、胡培翚《仪礼正义》等。总之，清代学者注重《仪礼》学，将之作为经学考证学的重心，在注解《仪礼》的过程中，对《仪礼》的内容多有考证、梳理，注重名物训诂、典制的考索与疏通，跳出了汉宋古今的门户之见，所得结论较为公允客观，由此也产生了很多集大成的著述。根据王锷《三礼研究论著提要》的总结，清代《仪礼》学专著便有 225 部，涉及的学者有 177 人之多。可以说，清代《仪礼》学是中国古代的巅峰时刻。

> 这一时期，留下了一大笔辉煌灿烂的文化遗产，众多的《仪礼》整理、研究类文献便是其中重要的一部分。从目前所知的情况看，整个清代的《仪礼》研究著作有 200 多部，不论是就研究著作的数量上，还是就研究的深入程度上来说，此前历代《仪礼》学研究皆不可与之等量齐观。②

清代中期，乾嘉两朝有关《仪礼》学的考证学大兴，并成为了经学的核心所在，产生了一大批的经典著述，如戴震《仪礼正误》、张惠言《读仪礼记》与《仪礼图》、凌曙《礼论略抄》、卢文弨《仪礼注疏详校》、阮元《仪礼注疏校勘记》、段玉裁《仪礼汉读考》等。这一时期的《仪礼》学注重考证，极大地深化了对《仪礼》的研究与思考。作为官方的《四库全书》对历代《仪礼》学著述的汇集、提要，也是推动当时《仪礼》学发展的重要举措，并由此树立了清代《仪礼》学发展的基本范式。

道咸以后，《仪礼》学的发展进入了新的阶段，学者除了继续延续乾嘉考证学的治学方法之外，对《仪礼》学也注重总结与普及，出现了一批具有

---

① （清）刘师培著，陈居渊注：《经学教科书》，上海古籍出版社 2006 年版，第 134 页。

② 邓声国：《清代仪礼文献研究》，上海古籍出版社 2006 年版，第 1 页。

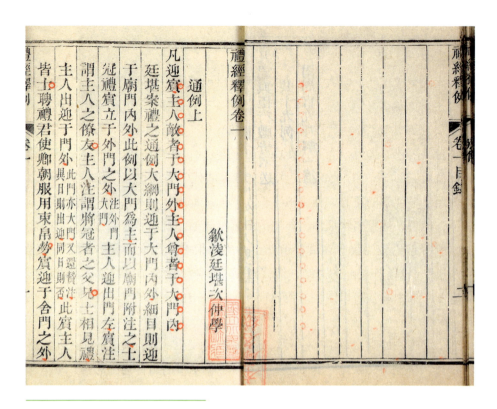

《礼经释例》书影，现藏中国国家图书馆

影响力的著述，如胡培翚《仪礼正义》、曹元弼《礼经学》、黄以周《礼书通故》、俞樾《仪礼平议》等。

胡培翚《仪礼正义》四十卷，成书于清道光中后期，为清代《仪礼》研究的集大成之作。该书在贾公彦《仪礼注疏》的基础上，兼采众家之长，进行考辨、梳理，并为《仪礼》进行章句训诂。他在注解过程中，打破了古今、汉宋的门户界限，择善而从，可谓古今汉宋兼采。并在注解过程中，还以"今按"的形式发表自己的看法。胡培翚《仪礼正义》被梁启超誉为《仪礼》研究的"集大成者"[1]。章太炎认为"新疏自比贾疏更精"[2]。

① 梁启超：《中国近三百年学术史》，天津古籍出版社 2003 年版，第 213 页。
② 章太炎：《章太炎国学二种·国学略说》，浙江古籍出版社 2012 年版，第 161 页。

《礼记》

在汉代《礼记》有两种，一是戴德编的 85 篇《礼记》，也称《大戴礼记》；二是戴德的侄子戴圣编的 49 篇《礼记》，也称《小戴礼记》。在古代，《小戴礼记》影响更大，故后世所言《礼记》一般指《小戴礼记》。《礼记》在唐宋科举盛行后影响很大。需要强调的是，《礼记》中第四十二篇《大学》、第三十一篇《中庸》被宋儒程颐等单独拿出来，与《论语》《孟子》合称为"四书"，成为宋代以后科举考试的必读书目。

一、《礼记》的成书

《礼记》是有关礼学方面的论文集，今本《礼记》来源于古文《礼记》，据《史书》《汉书》记载，古文《礼记》在汉代流传有一百三十多篇，作者多为儒家后传弟子所作，如《汉书·艺文志》就说：

> 《礼古经》五十六卷，经七十篇。（"七十"系"十七"之误。）
> 《记》百三十一篇。（七十子后学者所记也。）
> 《明堂阴阳》三十三篇。（古明堂之遗事。）
> 《王史氏》二十一篇。（七十子后学者。）[1]

东汉郑玄在《六艺论》中也曾讲："后得孔氏壁中河间献王，古文《礼》五十六篇，《记》百三十一篇，《周礼》六篇"[2]。这里的百三十一篇古文《礼记》，是孔门后传弟子们陆续写作而成。唐孔颖达《礼记正义》中就曾说：

> 《中庸》是子思仮所作，《缁衣》公孙尼子所撰。郑康成云：《月令》，

---

① （汉）班固撰，（唐）颜师古注：《汉书》卷三十《艺文志》，中华书局 1964 年版，第 1709 页。
② （唐）陆德明：《经典释文》卷一《注解传述人》引郑玄说，上海古籍出版社 1985 年版，第 41 页。

吕不韦所修。卢植云：《王制》，谓汉文时博士所录。其余众篇，皆如此例，但未能尽知所记之人也。①

如果将这些述论礼的古文《礼记》合起来，大体有二百多篇（有二百四篇与二百十四篇两说）②。古文《礼记》时间跨度比较大，彼此之间也缺乏严密、统一的写作体例与理论框架。汉代之前一直都是单篇流传。

今本《礼记》的编撰者，一般都认为是汉代戴圣，根据《史记·儒林列传》和《汉书·艺文志》的记载，汉代初年礼学的主要传授者是鲁人高堂生。到了汉宣帝时期，高堂生的后传弟子后仓是最有名的礼学家。后仓弟子中，戴德、戴圣非常有名，是叔侄关系，分别在原来流传的二百多篇古文《礼记》基础上，选编了两个《礼记》版本，即戴德《礼记》85篇（即《大戴礼记》，今存39篇）、戴圣《礼记》46篇（即《小戴礼记》，东汉马融增《月令》《明堂位》《乐记》三篇，共49篇）。其中《小戴礼记》49篇就是我们今天的《礼记》原本。

关于大、小戴《礼记》的关系，晋人陈邵等有"小戴删大戴"的说法，《经典释文·序录》就引用其说法：

> 陈邵《周礼论序》云：戴德删古《礼》二百四篇为八十五篇，谓之《大戴礼》。戴圣删《大戴礼》为四十九篇，是为《小戴礼》。后汉马融、卢植考诸家同异，附戴圣篇章，去其繁重及所钞略，而行于世，即今之《礼记》是也。郑玄亦依卢、马之本而注焉。③

《隋书·经籍志》说得更具体。但这些说法遭到了清代学者如纪昀、戴震、

---

① （汉）孔安国传，（唐）孔颖达疏：《礼记正义·序》，李学勤主编：《十三经注疏》标点本，北京大学出版社1999年版，第8页。

② 对此刘向《别录》云："古文《记》二百四篇。"（（唐）陆德明：《经典释文》卷一《注解传述人》引刘向说，上海古籍出版社1985年版，第41页。）（唐）魏徵等：《隋书》卷三十二《经籍志》云："汉初，河间献王又得仲尼弟子及后学者所记一百三十一篇献之，时亦无传之者。至刘向考校经籍，检得一百三十篇，向因第而叙之。而又得《明堂阴阳记》三十三篇、《孔子三朝记》七篇、《王史氏记》二十一篇、《乐记》二十三篇，凡五种，合二百十四篇。"中华书局1973年版，第925页。

③ （唐）陆德明：《经典释文》卷一《注解传述人》，上海古籍出版社1985年版，第44页。

戴圣像

戴圣西汉今文礼学"小戴学"的开创者。字次君。梁（今河南商丘南）人，又据《成安县志》为魏郡斥丘（今河北成安东南）人。任九江太守。与叔父德同学《礼》于后仓。宣帝时立为博士，参加石渠阁议，世称"小戴"。选集古代各种有关礼仪等的论述，编成《小戴礼记》，即今本《礼记》。

钱大昕、陈寿祺等人的反驳。

汉代中前期，《礼记》一般被视为《仪礼》的附录或解说。东汉晚期，郑玄为《小戴礼记》作注解，使其摆脱了与《仪礼》的附属关系，此后《礼记》便专指《小戴礼记》。到了唐代，朝廷把其列为"经书"，成了读书人的必读书目。而《大戴礼记》受到冷落，以至于很多篇目都亡佚了，留存至今的只有 39 篇。

《礼记》的最终编纂者，在历史上也有很多争论，王锷先生对前贤时哲的观点作了归纳，自汉代以来，大体有 20 多种不同的说法①。但总括起来主要有两种：

一是认为《礼记》是西汉戴圣所编，持此观点的主要有汉代郑玄，西晋陈邵，唐陆德明、孔颖达、杜佑、许坚，清戴震、钱大昕、纪昀、沈钦韩、陈寿祺，晚清民国以来的王国维、吴承仕、周予同、沈文倬、杨天宇、李学勤等。

二是认为《礼记》不是戴圣所编纂，而是出于众人之手，《礼记》的编纂年代大体在东汉中期逐渐抄纂而成，持此观点为近现代梁启超、洪业、蔡介民、钱玄、王文锦等。在这些观点中，梁启超的观点值得关注。

《礼记》的性质是孔门论礼丛书。他是儒家思想，尤其是礼教思想最发达到细密时的产品。他是七十子的后学，尤其是荀子一派，各记其师长言行，由后仓、戴圣、戴德、庆普等凑集而成的。它的大部分在战

---

① 王锷：《〈礼记〉成书考》，中华书局 2007 年版，第 284—299 页。

国中叶和末叶就已陆续出现，小部分是西汉前半儒者又陆续缀加的。[1]

本书认为戴圣编纂《礼记》的说法更加有说服力，此说法有文献作支持，尽管有学者怀疑，但始终影响甚大。

二、《大学》《中庸》简介

《大学》《中庸》原为《礼记》中的两篇，但在宋代被单独拿出，与《论语》《孟子》并立，是为四书。宋代以后，朱注四书被确定为科举用书。近代，学者们也延续传统，继续将《大学》《中庸》单独来研习。

（一）《大学》

《大学》是《礼记》的第四十二篇，《中庸》是《礼记》的第三十一篇。《大学》作为《礼记》中的一篇，作者也多有争议。《礼记》本就是将汉以前很多单独流行的文章编辑而成，各篇没有明确的作者。

《大学》汉唐都作为《礼记》中的一篇进行研习。郑玄、孔颖达等作注作疏，都没有单独刊行或表彰，直到唐代韩愈对《大学》的思想进行阐发之后，才开始得到了学者们的关注。

北宋之后，《大学》受到儒学复兴的推动开始被学术界所重视。宋仁宗曾将《大学》赐给进士及第者。司马光曾作《大学广义》一篇，专门分析其思想，这是《大学》首次被单独注解研究。《大学》真正被后世重视并深入研究，始于二程。

二程作为宋代理学的奠基人，为了建构自己的思想体系，对《大学》极力表彰，将《大学》看成是"孔氏遗书"[2]，并将《大学》看成是为学修身的入门书，所谓"入德之门，无如《大学》"[3]。二程对《大学》中的概念、范畴、思想进行了辨析和阐发，使之成为其理学的重要组成部分。二程将《大学》视为修德入门最好的指导书籍，并将之视为较《论语》《孟子》而言，更适宜体悟圣人之道的经典。这极大地提升了《大学》在儒家经典中的位置，《大学》由此具有了单独存在的合理性与必要性。此后，洛学弟子如胡宏、张栻、

---

[1] 梁启超：《国学要籍研读法四种》，国家图书馆出版社 2008 年版，第 96 页。

[2] （宋）程颢、程颐：《程氏遗书》卷二上，《二程集》，中华书局 1981 年版，第 18 页。

[3] （宋）程颢、程颐：《程氏遗书》卷二十二上，《二程集》，中华书局 1981 年版，第 277 页。

程颐像，（清）上官周绘

程颐（1033－1107 年），北宋哲学家、教育家。字正叔，学者称伊川先生。洛阳（今属河南）人。曾任秘书省校书郎，官至崇政殿说书。反对王安石新政。曾和兄程颢学于周敦颐，并同为北宋理学的奠基者，世称"二程"。二程首先将《大学》从《礼记》里抽出，编次章句。随后，朱熹又将《中庸》抽出，合编为"四书"，且将《大学》放于首篇，重新编排训释。《大学》提出明明德、亲民、止于至善的三纲领和格物、致知、诚意、正心、修身、齐家、治国、平天下的八条目，成为南宋以后理学家讲伦理、政治、哲学的基本纲领。

周行己、杨时、游酢等也都极力推崇《大学》。

作为二程的四传弟子——朱熹更是继承了二程及洛学弟子《大学》学的思想，在二程及洛学弟子们的基础上进一步肯定了《大学》的价值。朱熹在《四书集注》中援引程子语：

子程子曰："《大学》，孔氏之遗书，而初学入德之门也。"于今可见古人为学次第者，独赖此篇之存，而《论》《孟》次之。学者必由是而学焉，则庶乎其不差矣。[1]

朱熹肯定了二程对《大学》的认知与理解，还在二程及弟子学说的基础上，进一步丰富完善了理解与诠释，作《大学章句》一书。在朱熹看来，《大学》是孔子的思想，只是孔子弟子最终编撰而成。朱熹还仿效二程，将《大学》内容作了改编，即将《大学》原本分为经一章，传十章。在他看来，经就是孔子的话，是全文的总纲领；传就是解释孔子经文的话，是曾子的话，由曾子弟子进行编辑整理。用朱熹自己的话来说便是：

右经（《大学》）一章，盖孔子之言，而曾子述之。其传十章，则曾子之意而

---

① （宋）朱熹：《四书章句集注·大学章句》，中华书局 1983 年版，第 3 页。

门人记之。①

朱熹认为，《大学》经文是孔子思想，曾子传述；传文是曾子思想，由曾子弟子记录。朱熹的影响很大，后代学者一般都遵从其观点。不仅如此，朱熹还对《大学》作了注解，是为《大学章句》一书，随着程朱之学成为官方之学，程朱《大学》学也得到了士子们的推崇，并最终在宋元明清产生了深远的影响。

（二）《中庸》

《中庸》很早就独立成书，并为历代学者所关注，宋代以后成为儒家最重要的经典之一。关于《中庸》的作者，司马迁《史记·孔子世家》明确认为是孔子的孙子子思所作："伯鱼生伋，字子思，年六十二。尝困

子思像

子思（前483—前402年），战国初哲学家。姓孔，名伋。孔子之孙。相传曾受业于曾子。他把儒家的道德观念"诚"说成是世界的本原，"诚者，物之终始。不诚无物"（《中庸》），以"中庸"为其学说的核心。孟子曾受业于他的门人，将其学说加以发挥，形成了思孟学派。后被封建统治者尊为"述圣"。《汉书·艺文志》著录《子思》二十三篇，已佚。现存《礼记》中的《中庸》《表记》《坊记》等，相传是他的著作。

于宋。子思作《中庸》。"② 东汉郑玄也认为《中庸》是子思所作，唐孔颖达继承了这个说法，《礼记正义》引郑玄《目录》就说："名曰《中庸》者……孔子之孙子思伋作之，以昭明圣祖之德。"③ 到了宋代，二程、朱熹等人也进一步肯定了《中庸》为子思所作，随着程朱理学成为官方意识形态，子思作《中庸》的说法就成为定论，很少有学者怀疑。

《中庸》一共两卷三十三章，但孔颖达、朱熹所分的章法不同。朱熹《中

---

① （宋）朱熹：《四书章句集注·大学章句》，中华书局1983年版，第3页。

② （汉）司马迁：《史记》卷四十七《孔子世家》，中华书局1963年版，第1946页。

③ （汉）孔安国传，（唐）孔颖达疏：《礼记正义》卷五十二《中庸》引郑玄《目录》，李学勤主编：《十三经注疏》标点本，北京大学出版社1999年版，第1422页。

庸章句》成为经典，直接影响了元明清时期对《中庸》的理解与解释，更影响了人们的道德观念和思想行为。

在宋以前，《大学》《中庸》主要被作为《礼记》的部分被研习，还没有专门就其思想进行系统阐发，真正被重视是在中唐。中唐的韩愈、李翱对《大学》《中庸》中"性与天道"的思想进行阐发，以此来对抗佛老之学。到了北宋，《大学》《中庸》得到了越来越多的学者的重视，很多学者借助其重建新的儒学思想体系，其中最有影响的当属二程。由于二程的重要影响力，其后二程洛学弟子继承并发展了二程学说，最终经由朱熹集宋代理学之大成，作《四书章句集注》，从而奠定了《大学》《中庸》经典的地位，元明清时期，《四书章句集注》一直被作为科举考试的必读书目，影响了人们的思想与行为一千多年。

近代以来，有很多学者怀疑曾子与《大学》、子思与《中庸》之间的关系，李学勤先生在 1993 年出土的郭店楚简的基础上进行研究，进一步认为曾子与《大学》、子思与《中庸》有一定的内在关联性，并认为两书的确是连接孔子与孟子思想的中间环节①。

三、《礼记》学简史

《礼记》作为儒家礼学方面的论文集，其中很多思想在先秦时期就已经流传。在春秋时期，作为儒家学说的创始人——孔子就发表了很多对上古三代仪礼的看法，这些也成为后来《礼记》思想及内容的重要组成部分。在战国时期，作为儒家学派的重要代表，孟子、荀子的礼学思想对后世影响最大。就《礼记》来说，孟子、荀子也有大量的引述与阐发，对此今人吕友仁作了统计：

> 《孟子》征引《记》文 37 次，其中 34 次是暗引，3 次是明引。明
> 引的 3 次，均将征引的《记》文称之为《礼》。《荀子》征引《记》文

---

① 李学勤先生研究后认为："这些儒书的发现，不仅证实了《中庸》出于子思，而且可以推论《大学》确可能与曾子有关。《大学》中提出的许多范畴，如修身、慎独、新民等，在竹简里都有反复的论述引申……由此可见，宋以来学者推崇《大学》《中庸》，认为《学》《庸》体现了孔门的理论理想，不是没有根据的。"（李学勤：《先秦儒家著作的重大发现》，载《人民政协报》1998 年 6 月 8 日。又载《中国哲学》第 20 辑。）

39 次，其中 38 次是暗引，1 次是明引。明引则称之为《礼》。[①]

正是孟子、荀子对《礼记》的重视，使得《礼记》学得以传承与发展，最终成为了汉代的经典。

（一）汉唐

汉代有大、小戴《礼记》。大、小戴是叔侄关系，叔叔戴德传《礼记》八十五篇，即《大戴礼记》；侄子戴圣传《礼记》四十九篇，即《小戴礼记》，就是今本《礼记》。到了东汉，《大戴礼记》衰微，而《小戴礼记》由马融、卢植、郑玄等大儒作注，从而大行于世。但按照"三礼"讲授的时段来看，大体上西汉主要讲《仪礼》，东汉主要讲《周礼》，三国以后开始讲《礼记》，原因就在于《礼记》成书晚，取得经典的位置自然也晚于其他两经。从唐代之后，《礼记》被视为"三礼"中最重要的典籍，一直流传到了近代。

两汉经学，郑玄成就最大，其对"三礼"学的贡献，皮锡瑞评价："郑于礼学最精，而有功于礼经最大。"[②] 在郑玄之前，"三礼"的研究多分家分派，并没有"三礼"学的概念，但经过郑玄的整理与注解，奠定了"三礼"学的基础与框架。从郑玄注解之后，"三礼"学开始盛行于世，后来学者多以此为基础。具体而言，郑玄曾师从马融为学，在贾逵、马融、卢植等的基础上，遍考众说，兼采今古，注"三礼"。他第一次将《周礼》排在"三礼"之首，提升了《周礼》的地位；《仪礼》经过郑玄对今古文本进行对勘和整理，兼采古今优长，由此确定了《仪礼》十七篇定本；《礼记》本依附于《仪礼》，自郑注后，开始与《周礼》《仪礼》鼎足而立。郑玄在"三礼"学史上具有承上启下的重要地位，其学自成体系，人称"郑学"。

曹魏时期，郑玄经学非常兴盛。据刘汝霖《汉晋学术编年》记载，曹魏初年所立的十九博士中，除《公羊》《穀梁》《论语》三经之外，《易》《书》《毛诗》《周礼》《仪礼》《礼记》和《孝经》，皆宗郑学[③]。而曹魏时期的古文经学家王肃，在经解上与郑玄多有不同，曾作《周官礼注》《仪礼注》及《仪

---

① 吕友仁：《礼记讲读》，华东师范大学出版社 2009 年版，第 2 页。

② （清）皮锡瑞：《经学历史》，中华书局 2004 年版，第 7 页。

③ 刘汝霖：《汉晋学术编年》卷六之"魏文帝黄初五年"条，中华书局 1987 年版。

礼·丧服经传注》。王肃所注解的各经"皆立于学官"①，以至于"故于此际，王学几欲夺郑学之席。"②

西晋建立之后，礼制继承前朝，都用王肃的说法，而不用郑玄之说，王学盛极一时。但西晋灭亡之后，王学博士都被废除。东晋建立之后，所立的九个博士之中，除了《周易》用王弼注解、古文《尚书》用"伪孔传"《左传》用杜预、服虔注之外，其他六经，即《周礼》《礼记》《尚书》《毛诗》《论语》《孝经》都用郑玄注。东晋"三礼"学都宗郑玄。

南北朝时期研究"三礼"的著述多达数十种，据统计"南北朝时期研究'三礼'的经学著作，《周礼》有 15 种，《仪礼》有 72 种，《礼记》有 32 种，总论'三礼'的著作有 9 种，通论礼学者 50 种，总计接近 180 种，远远超过对其他经典的研究。'三礼'中，尤其重视对《礼记》的研究，其在经书中的地位，已经取代《仪礼》而居《五经》之一"③。可见"三礼"学成为了显学，《礼记》已经彻底取代了《仪礼》的经学主导地位。需要重视的是，南北朝时期，礼学家都为《礼记》作"义疏"，如南朝的贺循、贺㻛、虞蔚之、崔灵恩、沈重、范宣、皇侃等，北朝则有徐遵明、李业兴、李宝鼎、侯聪、熊安生等。

隋统一了南北朝，尽管时间很短，但在经学史上的地位非常重要。当时隋立经学博士，"三礼"学都宗郑玄。其中三礼学的名家有刘焯、刘炫等人。刘焯、刘炫二人曾问学于北朝礼学名家熊安生，并传其礼学。陆德明《经典释文》的《礼记释文》对魏晋南北朝以来的《礼记》注解成果多有汇总，为此后《礼记》学的发展奠定了学术思想基础。

唐初，为了统一经学解释，进而统一思想，唐太宗命孔颖达主持编纂《五经正义》，其中"三礼"只选择了《礼记》作注，亦即《礼记注疏》(也叫《礼记正义》)。孔颖达《礼记正义》以郑玄注本为根据，然后吸收了南朝皇侃、北朝熊安生的《礼记》注解成果，属于南北兼采。《礼记正义》共七十卷，阮元《十三经注疏》作六十三卷，乃是因为宋人将《礼记》经文、注文与正义进行合编，形成了六十三卷。

---

① （晋）范晔撰，（南朝宋）裴松之注：《三国志》卷十三《王肃传》，中华书局 1959 年版，第 419 页。
② 马宗霍：《中国经学史》第七篇《魏晋之经学》，河南人民出版社 2016 年版，第 63 页。
③ 王锷：《东汉以来礼记的流传》（上），《井冈山大学学报》（社科版）2010 年第 5 期。

《礼记正义》注解特点：第一，广征博引，会通为一。由于孔颖达编纂主要是根据南北朝时期的义疏，尤其是皇侃、熊安生的义疏为本，即如其《序》中所言"今奉敕删理，仍据皇氏以为本，其有不备，以熊氏补焉"①。然后众家之长，删繁就简，择善而从，以成为一书。第二，注重校勘、考订。孔颖达编纂《礼记正义》时，不仅对流传于当时的《礼记》经文进行校勘，同时对郑玄《礼记注》乃至皇、熊义疏本也做了校勘。中古时期，雕版没有兴起，经书注解的版本流传不同，会造成内容不同。孔颖达等对于各种注解本考订，并下有"恐定本误也""恐误也""俗本误也""俗本……非也""误"等判断语句及内容。第三，坚持"疏不破注"的原则，并"寓作于述"。《五经正义》在整体上坚持"疏不破注"的原则，但也并非一味地墨守旧注、旧疏，而是在"疏不破注"的大原则下，继承并补充完善旧注、旧疏，这是对中国古代经学传统，是孔子"寓作于述"治学精神的继承与发展。

《礼记正义》编撰成书后，研习便以此为本。虽其也存在一些问题，但总体反响较好，影响深远。如《四库全书总目》卷二十一《礼记正义》提要称："故其书务伸郑《注》，未免有附会之处。然采摭旧文，词富理博，说《礼》之家，钻研莫尽。譬诸依山铸铜，煮海为盐。即卫湜之书尚不能窥其涯涘，陈澔之流益如莛与楹矣。"②章太炎在其《国学讲义》中也称赞道："《礼记》孔疏，理晰而词富，清儒无以复加，朱彬作《训纂》，不过比于补注而已。"③

《礼记注疏》是"三礼"唯一被作为官学经典随同《五经正义》颁行天下，说明了当时在"三礼"中更注重《礼记》。由此《礼记》实现了由"记"向"经"的转变。需要注意的是，在唐代的经学史中，对于"三礼""三传"，朝廷所重视的只有《礼记》《左传》，其余四种《周礼》《仪礼》《公羊》《穀梁》都不受朝廷重视。

（二）宋元明清

宋朝建立后，推行"右文"政策，对经学非常重视。宋太祖初期，朝廷就对旧有的儒家经典进行整理、校勘、考订，以利于流传使用，"建隆三年，

① （汉）孔安国传，（唐）孔颖达疏：《礼记正义·序》，李学勤主编：《十三经注疏》标点本，北京大学出版社 1999 年版，第 4 页。
② （清）永瑢等：《四库全书总目》卷二十一《礼记正义》提要，中华书局 1965 年版，第 169 页。
③ 章太炎：《章太炎国学二种·国学略说》，浙江古籍出版社 2012 年版，第 161 页。

判监崔颂等上新校《礼记》《释文》。开宝五年，判监陈鄂与姜融等四人，校《孝经》《论语》《尔雅》《释文》，上之。二月，李昉、知制诰李穆、扈蒙校定《尚书》《释文》。咸平二年十月十六日，直讲孙奭请摹印《古文尚书音义》与新定《释文》并行，从之。是书周显德六年田敏等校勘，郭忠恕覆定古文，并书刻板"[1]。宋初三朝的《礼记》学与其他经学类似，都墨守汉唐注疏之学，皮锡瑞对此就曾评价说这一时期的经学："笃守古义，无取新奇；各承师传，不凭胸臆；犹汉、唐注疏之遗也。"[2] 马宗霍也认为："惟是因袭雷同，既不出唐人《正义》之范，则宋初经学，犹是唐学，不得谓之宋学。"[3]

宋仁宗庆历以后，随着"经学变古"，朝野上下开始重视思想义理之学，对于《礼记》的认知与诠释也开始转向对思想义理的关注。据《经义考》记载，与《周礼》相关的著述有十几部，与《礼记》相关的著述有五十多部。《礼记》受到朝野的极大关注，尤其是其中的《大学》《中庸》两篇受到越来越多的学者重视，原因就在于其从天道性命的高度宣扬了儒家的道德观念和政治理想，于是宋儒将两篇从《礼记》中独立出来，与《论语》《孟子》合并，称为"四书"，随后"四书"学日渐成为显学。到南宋时，湖湘学派、闽学、心学、浙东学派对《礼记》学都非常重视，尤其注重四书学，推动了学术的传承与发展。

在南宋开禧、嘉定时期，卫湜所撰的《礼记集说》颇具有代表性。全书广征博引，共有144家之说，还有其他涉及《礼记》语录、文集、杂说等，是《礼记》注解成果的汇总。《四库全书总目》评价"采撷群言，最为赅博，去取亦最为精审。自郑注而下，所取凡一百四十四家，其他书之涉于《礼记》者，所采录不在此数焉"[4]。就四书学来说，朱熹为四书作注解，即《四书章句集注》，成书后在中国古代后期影响非常大。

元代朝野很多学者对于"三礼"的研究多沿袭宋代，比较著名的有吴澄《礼记纂言》、陈澔《礼记集说》等。对此刘师培《经学教科书》总结：

---

① （宋）王应麟：《玉海》卷四十三，文渊阁《四库全书》影印本，商务印书馆1986年版，第3846页。

② （清）皮锡瑞著，周予同注释：《经学历史》八《经学变古时代》，中华书局2004年版，第220页。

③ 马宗霍：《中国经学史》第十篇《宋之经学》，河南人民出版社2016年版，第110页。

④ （清）永瑢等：《四库馆书总目》卷二十一《礼记集说》提要，中华书局1965年版。

治《礼记》者，始于卫湜《集说》，征引该博，惟撷采未精。及元吴澄作《纂言》，复位篇次，陈澔作《集说》，立说亦趋浅显。明代《大全》（胡广等选）本之，而古义遂亡。（明以《仪礼》为本经。）[1]

元代的《礼记》学深受程朱理学化范式的影响，在解读的时候多注重理学的融入，代表性的文献是吴澄《礼记纂言》、陈澔《礼记集说》等，还有很多融入四书学之中也值得关注。元代四书学文献颇为丰富，根据倪灿、卢文弨《补辽金元艺文志》记载，元人专门研究四书学的著述就有50多部，700多卷，这其中不包括单部的著述。

陈澔（1260—1341年），字可大，号云住，南康路都昌县（今江西都昌）人，宋末元初著名理学家。出身于礼学世家，其祖父讳炳，淳祐四年（1244年）进士，主要从事《礼》的研究。其父讳大猷，为饶鲁门人，开庆元年（1259年）进士，曾撰有《尚书集传会通》，尤对《礼》学多有心得。陈澔父、祖两代均好"礼"，这对他从事"礼"学研究有很大影响。陈澔最有影响的著作是《礼记集说》，乃明清两代学校、书院及私塾的"御定"课本，科考取士的必读之书。元人吴澄就称其"二陈君可谓善读书者，其说礼无可疵矣"[2]。《明史》载："永乐间，颁《四书五经大全》，废注疏不用……《礼记》止用陈澔《集说》。"[3] 可见《礼记集说》流行之广，影响之大。

《礼记集说》共十卷，《四库全书》收录。对于陈澔撰写《礼记集说》的目的与宗旨，其在《序》中也作了揭示：

前圣继天立极之道，莫大于礼；后圣垂世立教之书，亦莫先于礼。礼仪三百，威仪三千，孰非精神心术之所寓，故能与天地同其节，四代损益，世远经残，其详不可得闻矣。《仪礼》十七篇，《戴记》四十九篇，先儒表章《学》《庸》，遂为千万世道学之渊源。其四十七篇之文，虽纯驳不同，然义之浅深同异，诚未易言也。郑氏祖谶纬，孔疏惟郑之从，虽有他说，不复收载，固为可恨。然其灼然可据者，

① （清）刘师培著，陈居渊注：《经学教科书》，上海古籍出版社2006年版，第109页。
② 何绍忞：《新元史》卷二三六《陈澔传》，吉林人民出版社1995年版，第3413页。
③ （清）张廷玉：《明史》卷七十《选举志二》，中华书局1984年版，第1694页。

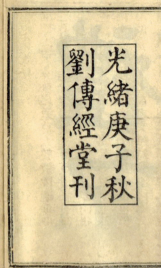

《礼记集说》书影

不可易也。近世应氏集解于《杂记》、大小《记》等篇，皆阙而不释。噫！慎终追远，其关于人伦世道，非细故而可略哉！先君子师事双峰先生十有四年，以是经三领乡书，为开庆名进士，所得于师门讲论甚多，中罹煨烬，只字不遗。不肖孤，僭不自量，会萃衍绎而附以臆见之言，名曰《礼记集说》。盖欲以坦明之说，使初学读之即了其义，庶几章句通，则蕴奥自见。正不必高为议论，而卑视训诂之辞也。书成，甚欲就正于四方有道之士，而衰年多疾，游历良艰，姑藏巾笥，以俟来哲。治教方兴，知礼者或有取焉，亦愚者千虑之一尔。至治壬戌良月既望，后学东汇泽陈澔序。①

　　陈澔作为朱熹的四传弟子，注解《礼记》吸收了宋代以来程朱理学派的思想观点，在传承的基础上，又有鲜明独到的个人见解。这部书主要是鉴于宋元重视《礼记》中的《大学》《中庸》，但鲜有对其他四十七篇进行关注。再加上宋代以前的郑玄、孔颖达在注解《礼记》时，多有不确之处，而陈澔之前的应氏《集解》也有很多不足，所以陈澔在以往的基础上对《礼记》进行系统地分析、注解，并借助《礼记集说》极力宣扬程朱理学。

---

① （元）陈澔：《礼记集说·序》，上海古籍出版社 1987 年版，第 1 页。

陈澔《礼记集说》是对程朱理学派礼学思想的总结和升华。元代科举其他经书的注解都用程朱理学家的注疏，而唯有《礼记》沿用郑玄、孔颖达的注疏，陈澔《礼记集说》的成书可以说弥补了程朱理学派《礼记》注解的阙失。正如四库馆臣所评价：

> 是书成于至治壬戌。朱彝尊《经义考》作三十卷。今本十卷，坊贾所合并也。初，延祐科举之制，《易》《书》《诗》《春秋》皆以宋儒新说与古注疏相参，惟《礼记》则专用古注疏。盖其时老师宿儒，犹有存者，知《礼》不可以空言解也。澔成是书，又在延祐之后，亦未为儒者所称。明初，始定《礼记》用澔注。胡广等修《五经大全》，《礼记》亦以澔注为主，用以取士，遂诵习相沿。盖说《礼记》者，汉、唐莫善于郑、孔，而郑《注》简奥，孔《疏》典赡，皆不似澔注之浅显。宋代莫善于卫湜，而卷帙繁富，亦不似澔注之简便。又南宋宝庆以后，朱子之学大行，而澔父大猷师饶鲁，鲁师黄榦，榦为朱子之婿，遂借考亭之余荫，得独列学官。①

陈澔《礼记集说》作为《礼记》的注解本，其特点在于浅显、简洁，便于理解。尽管这部书没有在元代得到应有的重视，但陈澔的《礼记集说》被作为明代科举考试必读书目，随后胡广等人编纂《礼记大全》也以陈澔《礼记集说》为主，在明清影响非常大，成为《礼记》学文献的经典之作。

明代"三礼"学多墨守元代，如明代初年的科举考试规定，考试内容沿袭元人旧有的规定，即用《礼记正义》，同时也不用《周礼》《仪礼》。永乐年间，规定《礼记》只用陈澔《礼记集说》。这可能是因为陈澔父亲陈大猷是朱熹弟子黄榦的学生，陈澔又师从家父，是朱熹四传弟子，属于名门正派。加上陈澔《礼记集说》用程朱理学解读《礼记》，所以被朝廷定为官学。永乐十二年(1414 年)十一月，朝廷敕命胡广等三十九人编撰《周易》《尚书》《诗经》《礼记》《春秋》等《五经大全》，以此取代汉唐以来旧有的注疏之学。此《五经大全》不足一年就编撰成功，随后被用以科举取士。

---

① （清）永瑢等：《四库全书总目》卷二十一《云庄礼记集说》提要，中华书局 1965 年版，第 170 页。

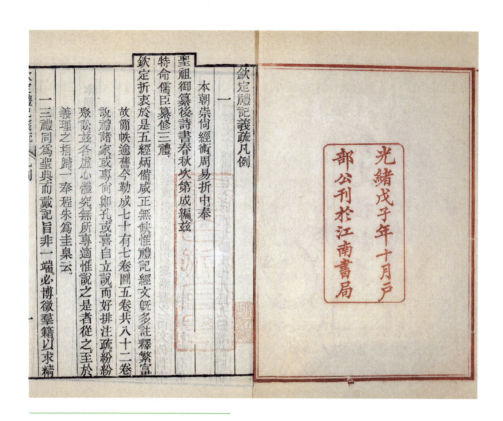

《钦定礼记义疏》书影，现藏中国国家图书馆

　　明代学者研究"三礼"，几乎没有创新，水平整体上不及宋元。但《礼记》学尤为兴盛，其有关道德心性修养的篇章很多，也有思想阐发的空间，由此得到明儒的重视。《礼记》学的著述在明代"三礼"学文献中最多。《明史·艺文志》著录45部，《四库全书总目》著录7部，《四库全书总目存目》著录25部。代表性的著述有徐师增《礼记集注》、王翼明《礼记补注》、黄道周《礼记解》等。

　　清代为《礼记》学的兴盛时期，清初经学依旧沿袭宋元、宋明时期的理学化礼学依旧盛行，很少有创见，《礼记》也用陈澔《礼记集说》。乾嘉以后，《礼记》学在朝廷的推动下开始兴起，出现了很多《礼记》学的著述，这些著述具有汉宋古今兼采的特征。

　　清代前期，《礼记》学也非常兴盛，在《四库全书》中收录了《礼记》学著述7部，存目17部。这一时期的《礼记》学非常突出对陈澔《礼记集说》的考辨。清代前期最有影响的莫过于在乾隆前期开设三礼馆，编纂《礼记义疏》。《三礼义疏》是一部以朝廷名义颁行的"三礼"学著述，其特点是汉宋兼采、"三礼"并行，改变了宋以来过于对《礼记》的重视。可以说，《三礼义疏》是对汉唐以来"三礼"学所作的一次较为全面的总结，对于清代"三礼"学包括《礼记》学的兴盛，无疑具有非常重要的促进作用。

有清一代，出现了一批研究《礼记》学的名家及名作，如孙希旦《礼记集解》、朱轼《礼记纂言》、朱彬《礼记训纂》、黄以周《礼书通故》等。朱彬（1753—1834 年），字武曹，江苏宝应人。撰有《经传考证》8 卷，《礼记训纂》49 卷，《游道堂诗文集》4 卷。《礼记训纂》共 49 卷，其中《大学》《中庸》两篇也被纳入其中，并采用郑玄旧注。《礼记》每一篇即为一卷，每一卷首都有解题，说明篇名由来、本篇内容、学术源流等。这部书朱彬在郑玄、孔颖达《礼记正义》的基础上，兼采众家之长，并吸纳宋代以来理学诸家的注解成果，删繁就简对《礼记》进行了注解。当然，朱彬对于《礼记》的解释属于笺注的形式，并非一一注解。《礼记训纂》吸收了大量乾嘉时期的考据学成果，虽然此书名为《礼记训纂》，而实则为"集注"。书中不仅保存了汉代以来主要《礼记》学家的基本观点，更是保存了乾嘉时期礼学的重要成果。

文廟正位豆範銅為之通高五寸五分上深二寸口徑四
寸九分底徑四寸七分蓋高二寸二分徑與口徑同
頂為紐索形盧其中高三分邊鏤如意紋回紋座鏤
壽字紋腰為波紋方勝紋蓋為波紋回紋

孔庙祭器之笾、豆图，现藏北京故宫博物院

《左传》

《春秋》本是鲁国的宫廷史书①，后经孔子的删订，吸收了春秋各国历史，编成新的史书《春秋》。其中融入了孔子的政治理念与编纂思想，所以后世把《春秋》看成是儒家经典之一。由于《春秋》文字过于简洁，自从孔子时代开始，便有很多学者为其传，其中影响最大的就是《春秋》三传，即《左传》《公羊传》《穀梁传》。其中，《左传》突出用历史史实解读《春秋》，在中国古代影响非常深远。

一、《左传》的成书

《左传》原名为《左氏春秋》，汉代改称为《春秋左氏传》，简称《左传》。《左传》传统认为是孔子同时代的左丘明所作，是用来解释孔子所作的《春秋》。最早记载左丘明作《左传》的是司马迁《史记》，其文曰：

> 是以孔子明王道，干七十余君，莫能用，故西观周室，论史记旧闻，兴于鲁而次《春秋》，上记隐，下至哀之获麟，约其辞文，去其烦重，以制义法，王道备，人事浃。七十子之徒口受其传指，为有所刺讥褒讳挹损之文辞不可以书见也。鲁君子左丘明惧弟子人人异端，各安其意，失其真，故因孔子史记具论其语，成《左氏春秋》。②

司马迁《史记》认为，孔子作《春秋》对历史人物、历史事件多有褒贬，为了减少不必要的争端，于是没有书写在简帛上，而是通过弟子们口耳相传的形式传承。左丘明担心孔子弟子们因个人观点、见解不同，造成对孔子《春秋》大义的误解，于是作《左传》为《春秋》作注解，以免孔子《春秋》

---

① （晋）杜预注，（唐）孔颖达疏：《春秋左传正义·昭公二年》记载，晋大夫韩起访问鲁国，"观书于大史氏，见《易象》与《鲁春秋》"。李学勤主编：《十三经注疏》标点本，北京大学出版社 1999 年版，第 1172 页。

② （汉）司马迁：《史记》卷十四《十二诸侯年表》，中华书局 1963 年版，第 509—510 页。

左丘明像

左丘明的身世一直都有争论。孔安国注《论语》、班固《汉书·艺文志》记载，左丘明是鲁国太史，和孔子是同时代人，但不是孔子弟子。左丘明博学多识、性格耿直、品德高尚，孔子对他的人品很欣赏，曾称其："巧言、令色、足恭，左丘明耻之，丘亦耻之；匿怨而友其人，左丘明耻之，丘亦耻之。"孔子将他引为同道，经常论学切磋，互有启发。汉宣帝博士严彭祖在其《严氏春秋》中引用古本《孔子家语·观周篇》："孔子将修《春秋》，与左丘明乘如周，观书于周史，归而修《春秋》之经，丘明为之传，共为表里。"孔子作完了《春秋》去世。左丘明继续为《春秋》作传，并将这部书传给曾子的次子曾申。司马迁《太史公自序》记载："左丘失明，厥有《国语》"。左丘明晚年双目失明，成了瞽史，仍撰写《国语》，传于后世。

"微言大义"被人错解。之后班固《汉书·艺文志》也继承了《史记》的说法：

> 古之王者世有史官，君举必书，所以慎言行，昭法式也。左史记言，右史记事，事为《春秋》，言为《尚书》，帝王靡不同之。周室既微，载籍残缺，仲尼思存前圣之业，乃称曰："夏礼吾能言之，杞不足征也；殷礼吾能言之，宋不足征也。文献不足故也，足则吾能征之矣。"以鲁周公之国，礼文备物，史官有法，故与左丘明观其史记，据行事，仍人道，因兴以立功，就败以成罚，假日月以定历数，藉朝聘以正礼乐。有所褒讳贬损，不可书见，口授弟子，弟子退而异言。丘明恐弟子各安其意，以失其真，故论本事而作传，明夫子不以空言说经也。《春秋》所贬损大人当世君臣，有威权势力，其事实皆形于传，是以隐其书而不宣，所以免时难也。及末世口说流行，故有《公羊》《穀梁》《邹》《夹》之《传》。四家之中，《公羊》《穀梁》立于学官，邹氏无师，夹氏未有书。[①]

班固在《史记》的基础上，对左丘明编纂《左传》作了更加系统的说明，

---

① （汉）班固撰，（唐）颜师古注：《汉书》卷三十《艺文志》，中华书局1964年版，第1715页。

并认为左丘明与孔子是同时代的人，一起观周代史书，孔子作了《春秋》，左丘明则在孔子《春秋》的基础上编纂了《左传》，以解释《春秋》。贾逵、郑玄、何休、桓谭、王充、许慎、范宁、杜预等大儒也都认为左丘明作《左传》，这在中国古代是最基本的观点。

但从古代便有很多学者怀疑这个观点，并提出了新的说法。例如，中唐啖助就认为《左传》的作者是左氏，是战国时人，而不是春秋的左丘明。清代今文经学家刘逢禄和康有为等认为，《左传》是刘歆伪造的。钱穆则认为《左传》是吴起所作。

关于《左传》的成书过程，一般都采用司马迁《史记》的"一次成书说"，即《左传》是左丘明一个人写作完成的。但后来学者研究发现，《左传》并不是一次性完成，而是经过很多学者多次传播、多次修订完善。如清代姚鼐就说：

> 《左氏》之书，非出一人所成，自左氏丘明作传，以授曾申，申传吴起，起传其子期，期传楚人铎椒，椒传赵人虞卿，虞卿传荀卿，盖后人屡有附益。其为丘明说《经》之旧，及为后所益者，今不知孰为多寡矣。余考其书，于魏氏事造饰尤甚，窃以为吴起为之者盖尤多。[1]

在姚鼐看来，《左传》并不是左丘明一人所作，他只是完成了《左传》最初的原本。在左丘明完成《左传》之后，便将此书传给了曾子儿子曾申、曾申又传给了吴起、吴起传给儿子吴期、吴期传给了铎椒、铎椒传给了虞卿、虞卿传给了荀子。后来，秦博士张苍又从荀子那里继续传承了《左传》，成为汉代《左传》学的宗师。姚鼐认为在《左传》的历史传承过程中，不断地被修订完善，其中增删、修订以吴起最多，最终形成今天的《左传》文本。

不只是姚鼐否定司马迁"一次成书说"，清代今文经学家刘逢禄也持类似的观点，即"二次成书说"。他在《左氏春秋考证》中认为，《左传》成书经历了两个阶段：第一个阶段，由左丘明根据春秋时期各国流传的史书编撰而成了《左氏春秋》，这部书并不是完全用来解释孔子《春秋》的；第二阶

---

[1] （清）姚鼐著，刘季高标校：《惜抱轩诗文集》卷三《左传补注序》，上海古籍出版社1992年版，第34页。

段，由刘歆根据《春秋》的编年体例和所记载的历史事实，对《左传》进行改造和丰富，从而使得《左传》内容与《春秋》经文彼此相互对应，成为今本《左传》。这种观点对后世学者产生了深远的影响，如康有为、胡念贻①、顾颉刚②、赵光贤③等都认为《左传》本是与《春秋》无关的史书，后经过刘歆等的增删、改造，最终成为解释《春秋》的著作。

以上几家的说法，都表明今本《左传》不是一次性成书，这有一定的道理，但刘逢禄、康有为认为刘歆伪造、篡改有些言过其实，可能与今、古文经学门户之见有直接的关系。相比较而言，姚鼐的说法比较公允，也更符合《左传》传承、成书的情况。其实，不只是《左传》在流传过程中有增删、修订，其他很多经典如《周易》《老子》《诗经》《周礼》《仪礼》《论语》《孝经》等都被不断地编辑、整理过，从出土的简帛古文与今本相对比，就会发现的确有增删、修改的部分。例如，先秦《周易》卦爻辞的内容与今本有很大差别，《老子》原是《德经》在前，《道经》在后，而我们今天看到的《道德经》，顺序正好相反，这都是因为经过了后代的修订。今天《左传》文本的确是经过增删、修订后成书的。姚鼐之所以认为吴起增删最多，与《左传》记载的历史史实以晋国最多有直接的关系（《左传》全书十九万多字，其中晋国最多，四万多字）。即使从《左传》文本本身出发，也能找到一些增删、修订的例子。例如，《左传》中鲁哀公十五年、十六年的历史，不成体系，也不完整，就应当是后人所增加的。还有《左传》与《春秋》经文并不是一一对应的，而是有很多无传之经与无经之传。另外还有一些"以义解经"的部分，如"君子曰""五十凡"之类的并不是与传文为有机的整体，更像是后人加入。所以，就今本《左传》而言，姚鼐的说法有一定的道理。

就《左传》最原始的文本而言，我们认为司马迁《史记》的记载是正确的。纵观全文，在写作风格、用词规范、叙述内容等方面基本上是一个有机的整体，并不是后人篡改而成（即使有一些增删，也未影响全书的整体性），《左传》应是左丘明一次性完成的。作为史官的司马迁，能够接触到比后人更丰富的、更原始的史料，且他离左丘明的时代更近，对史实的把握应该比姚

---

①　胡念贻：《左传的真伪和写作年代问题考辨》，《文史》第十一辑。

②　顾颉刚：《春秋三传及国语之综合研究》，巴蜀书社 1988 年版。

③　赵光贤：《左传编撰考》，载《古史考辨》，北京师范大学出版社 1987 年版。

萧、刘逢禄、康有为等人更符合历史的本来面目。总之，就今本而言，《左传》的确是多次修订、完善后成书。《左传》在传承中，出现了被增删、修订、丰富的情况，在中国古代尤其是先秦典籍是很正常的事情，况且这种修订并没有对《左传》所要表达的本意产生根本性的影响；就原本而言，关于《左传》的成书，司马迁的说法最为可信。

二、《左传》学简史

研究《春秋》学，需要从孔子之前的夏、商、周开始谈起，孔子《春秋》开创了一个新的时代，之后"春秋三传"发扬了孔子《春秋》学的精神。汉代之后，《春秋》学受到关注，尤其是董仲舒对《春秋公羊传》的解释，奠定了《春秋》重要的地位。从此之后，《春秋》学开始成为中国经学史最重要的组成部分。

（一）先秦两汉

1. 先秦

夏商周时期是《春秋》学的产生时期，特别是在周代，《春秋》随着史官制度的发展，开始兴盛，上到周王室，下到诸侯国都有自己的史书——《春秋》。这些记载历史的《春秋》为孔子《春秋》的形成奠定了史料与方法基础。

《春秋》学无论是在思想上，还是方法上都已经相当成熟，编年体是这一时期史书的主要形式。在编纂思想与方法上，各国编纂《春秋》的目的，一方面是为了记载军国大事，另一方面是为了规范君臣的言行，所以《春秋》注重秉笔直书；在编纂方法上，注重微言大义，如董狐"崔杼弑其君"。孔子根据鲁国历史以及周王室的史料编撰了《春秋》，是对之前《春秋》学的继承和发展。孔子《春秋》的产生有重要的价值，他以历史叙述的形式来宣扬周礼、宣扬王道政治理想，在中国政治思想文化史上具有承上启下的重要意义。

先秦时期，《左传》《公羊传》《穀梁传》是最早研究《春秋》的著述，其中《左传》主要是解释《春秋》中的历史史实，记述"郑伯克段于鄢""赵盾弑其君夷皋"等具体史实；而《公羊传》《穀梁传》主要是解读春秋笔法与春秋大义，这有助于理解孔子作《春秋》的动机与目的，如孔子为什么要用"弑"而不用"杀"，为什么会有语言、称谓、名称上的种种不同。此外，

鄭伯克段于鄢 隱公元年　左傳

初、鄭武公娶于申、曰武姜、生莊公及共叔段。莊公寤生、驚姜氏、故名曰寤生、遂惡之。愛共叔段、欲立之、亟請于武公、公弗許。

及莊公即位、為之請制。公曰、制、巖邑也、虢叔死焉、他邑唯命。請京、使居之、謂之京城大叔。

祭仲曰、都城過百雉、國之害也。

鄭伯克段于鄢 隱公元年　穀梁傳

克者何、能也。何能也、能殺也。○甚鄭伯之處心積慮、成于殺也。

段、鄭伯弟也。何以知其為弟也、殺世子母弟目君、以其目君、知其為弟也。段、弟也而弗謂弟、公子也而弗謂公子、貶之也。段失子弟之道矣。賤段而甚鄭伯也。

于鄢、遠也、猶曰取之其母之懷中而殺之云爾、甚之也。然則為鄭伯者宜奈何、緩追逸賊、親親之道也。

春秋《左传》《穀梁传》关于"郑伯克段于鄢"的传文区别

"三传"也根据社会文化的变迁对《春秋》思想作了进一步的发展。例如,《左传》发扬了民本思想、德治思想;《公羊传》《穀梁传》发扬了《春秋》大一统、纲常名教等思想。三传作为解释《春秋》的不同形式,奠定了后世研究《春秋》的两种经学解读的模式:即以事解经与以义解经。

孟子最早提到孔子作《春秋》,《孟子》中有三处与《春秋》相关文字,分别就孔子《春秋》产生的背景、特征与意义作了解释。孟子强调,孔子以周礼为价值依据作《春秋》,目的就是为了挽救社会政治的混乱,希望借历史记叙来规范君臣非礼的行为。孟子对孔子《春秋》性质的揭示,对汉以后影响非常大,如董仲舒、司马迁等今文经学家基本上秉承了孟子《春秋》学的思想,并作进一步的发挥。

荀子对《春秋》学作出突出贡献，《左传》《穀梁传》就是经过荀子的学脉传到汉代。荀子强调礼法，更注重《春秋》中所宣扬的微言大义，并将其看成是学习礼仪、成就圣人的重要经典之一。他在《劝学篇》中说：

> 学恶乎始，恶乎终？曰：其数则始乎诵经，终乎读礼；其义则始乎为士，终乎为圣人……故《书》者，政事之纪也；《诗》者，中声之所止也；《礼》者，法之大分，类之纲纪也，故学至乎《礼》而止矣。夫是之谓道德之极。《礼》之敬文也，《乐》之中和也，《诗》《书》之博也，《春秋》之微也，在天地之间者毕矣。①

这段话大意是：学习从哪里开始？到哪里终结？答案是：从学习的科目来说，是从诵读《书》《诗》等经典开始，到阅读《礼》为止；从学习的意义来说，是从做读书人开始，到成为圣人为止……《尚书》是政事的记载；《诗》是和谐的音乐所附丽的篇章；《礼》是行为规范的要领、具体准则的总纲。所以学到《礼》就达到了道德的顶点。《礼》肃敬而有文饰，《乐》中正而又和谐，《诗》《书》内容渊博，《春秋》词意隐微，但道理深刻。存在于天地之间的道理都包括在这些典籍中了。从这可以看出，荀子强调《春秋》存在着微言大义，是学习礼仪最重要的经典之一，通过《春秋》来获得对礼仪的体认，最终成就圣人。

总之，在战国时期《左传》就已经成书了，此时的多种文献援引《左传》章句，如《荀子》《韩非子》等。

2. 两汉时期的《左传》学

《春秋》学开始发展是在汉代，但"春秋三传"发展状况不竟相同。其中，《公羊传》率先在汉景帝时期被立为博士。汉武帝时，因董仲舒、公孙弘②等的推动，《公羊》学大兴，其宣扬"大一统""尊王攘夷""君尊臣卑"等思想。《穀梁传》在汉宣帝时期才开始被立为博士，随后大兴。《左传》在王莽、汉

---

① （战国）荀况撰，（唐）杨倞注：《荀子》卷一《劝学篇》，上海古籍出版社 2010 年版，第 4—5 页。

② 公孙弘也是著名的《公羊》学家，据（汉）班固撰，（唐）颜师古注：《汉书》卷八十八《公孙弘传》记载："公孙弘以治《春秋》（即《公羊传》）为丞相封侯，天下学士靡然乡风矣。"中华书局 1964 年版，第 3593 页。

光武帝时期被立为博士，之后被废。在东汉明帝之后，开始形成了《春秋》三传并立的局面。有汉一代，《公羊传》最为兴盛，地位也最为稳固。

就《左传》而言，在汉代不及《公羊传》《穀梁传》。具体来说，《左传》在汉代的最初传授者为秦博士张苍，张苍曾经师从荀子学习《左传》。秦汉之际，张苍《春秋》学一直属于私学，在民间传播，用的都是先秦古文字。《左传》在刘歆之前一直被看成是史书，被称为《左氏春秋》，并未被看成是《春秋》的传文，即使是《史记》也没有将它称为《左氏春秋传》。

《左传》虽然不像《公羊传》《穀梁传》被立为官学。但由于《左传》丰富的历史史实和深厚的思想底蕴，得到了朝野上下的重视，《汉书·儒林传》记载：

> 汉兴，北平侯张苍及梁太傅贾谊、京兆尹张敞、大中大夫刘公子皆修《春秋左氏传》。谊为《左氏传》训故，授赵人贯公，为河间献王博士，子长卿为荡阴令，授清河张禹长子。禹与萧望之同时为御史，数为望之言《左氏》，望之善之，上书数以称说。后望之为太子太傅，荐禹于宣帝，征禹待诏，未及问，会疾死。授尹更始，更始传子咸及翟方进、胡常。常授黎阳贾护季君，哀帝时待诏为郎，授苍梧陈钦子佚，以《左氏》授王莽，至将军。而刘歆从尹咸及翟方进受。由是言《左氏》者本之贾护、刘歆。①

据以上史料可知，西汉《左传》尽管没有被立为官方博士，但研习者很多且多为高官，如北平侯张苍、梁太傅贾谊、京兆尹张敞、太中大夫刘公子、太子太傅萧望之、将军王莽、丞相尹咸、翟方进等。汉景帝时的河间献王刘德将《毛诗》《左传》立为地方博士。刘歆是《左传》兴起非常关键的一个人物。在刘歆之前，官僚学者们研究《左传》多是了解历史、讲解大义。刘歆研究《左传》，曾向尹咸、翟方进等人请教，相互探讨，并开始用它来解读经书《春秋》。同时将《左氏春秋》改名为《左氏春秋传》，将它看成是

---

① （汉）班固撰，（唐）颜师古注：《汉书》卷八十八《儒林传》，中华书局1964年版，第3620页。

贾逵像

贾逵（30—101年），东汉经学家、天文学家。字景伯。扶风平陵（今陕西咸阳西北）人。任侍中及左中郎将等职。明帝时，利用朝廷尊信谶纬，上书说《左传》与谶纬相合，可立博士；与班固同撰东汉史。章帝时在北宫白虎观、南宫云台讲授《古文尚书》《左氏传》，同治今文经学的李育相辩难，提高了古文经学的地位。精通天文学。撰有《春秋左氏传解诂》《国语解诂》等。

和《公羊传》《穀梁传》一样解释《春秋》的经传之书①，希望朝廷立为博士。在刘歆的积极努力下，《左传》和《毛诗》《逸礼》《古文尚书》都被王莽立为官学博士，《左传》由此成为儒家经典之一，但王莽之后即被废除。

东汉时期的《左传》学，一般都出自刘歆。如郑众便是师从刘歆学习《左传》。更为主要的是，受到刘歆的影响，东汉班固将《左氏春秋》改称为《左氏传》或《春秋左氏传》，简称《左传》，这标志着《左传》作为《春秋》的传文开始得到了朝野的认可，正式成为经书。从此以后，这个名称一直沿用至今。当然，东汉时期针对《左传》发生了今、古文的三次争辩②，对《左传》的兴起有重要的推动作用，"自是《左氏》大兴"③。

（二）魏晋南北朝隋唐

三国经学以曹魏为盛。魏国王

---

① （汉）班固撰，（唐）颜师古注：《汉书》卷三十六《刘歆传》云："初《左氏传》多古字古言，学者传训故而已，及歆治《左氏》，引传文以解经，转相发明，由是章句义理备焉。"中华书局1964年版，第1967页。

② 第一次争辩是在汉光武帝刘秀时期，陈元与今文博士范升之间的辩论。结果，陈元的古文派占了上风，汉光武帝同意将《左传》立为官学。第二次争辩是在汉章帝时期，于建初四年（79年），在白虎观会议上，发生在贾逵与今文博士李育之间的争论。第三次争辩是发生在东汉末年郑玄、何休之间，参与这场争论的还有汉代《左传》学的代表人物服虔。服虔曾撰有《春秋左氏传解谊》三十一卷，目前仅有辑本，佚文来自于孔颖达《春秋左传正义》所引。通观其书，多用"三礼"解读《左传》。

③ （宋）洪迈：《容斋四笔》卷二，《容斋随笔》，上海古籍出版社2015年版，第356页。

肃最为知名。《三国志·王肃传》称："初，肃善贾、马之学，而不好郑氏，采会同异，为《尚书》《诗》《论语》《三礼》《左氏》解，乃撰定父朗所作《易传》，皆列于学官。"① 汉代之后，这是《左传》首次被列为官学，王肃所撰的《春秋左氏传注》三十卷，也被著录于《隋书·经籍志》。

魏晋时期出现了对后世影响深远的重要著述，西晋杜预的《春秋左氏经传集解》。杜预《春秋》学的重要贡献，首先就是把《春秋》和《左氏春秋传》合编为《春秋左氏经传集解》，即以《春秋》为经文，《左氏春秋传》为传文，每一年的《春秋》经文后面都编有同一年的《左传》传文，完全改变了《春秋》和《左传》独立流传的历史。另外，杜预为《左传》作注，即《春秋左氏经传集解》三十卷，是《左传》注

杜预像

杜预（222—284年），西晋将领、学者。字元凯。京兆杜陵（今陕西西安东南）人。任镇南大将军，都督荆州诸军事。以灭吴功封当阳县侯。多谋略，当时号称"杜武库"。博学多通，参加制定《晋律》。撰《春秋左氏经传集解》《春秋释例》《春秋长历》等。其中《集解》是《左传》注解流传到今的最早的一种，收入《十三经注疏》中。

解流传至今最早的一种，收入《十三经注疏》中。杜预在其著述中总结了《左传》的"凡例"。

南北朝时期，南朝用的是杜预《春秋左氏经传集解》，风格比较简明；北朝用的是服虔②《春秋左氏解谊》。

在隋统一南北朝之后，杜预《左传》学盛行，而服虔《左传》学以及《公羊》学、《穀梁》学都衰微了。《隋书·经籍志》记载："至隋，杜氏盛行，服义

---

① （晋）陈寿撰，（南朝宋）裴松之注：《三国志》卷十三《王肃传》，中华书局1959年版，第419页。

② 服虔，东汉经学家，郑玄同时代人，当时郑玄想为《左传》作注，发现服虔所说和自己差不多，于是便不做了。

及《公羊》《榖梁》浸微，今殆无师说。"① 隋唐时期，尽管是北方统一南方，但在经学上却是南学统一北学，所以杜预之学取代服虔之学也是自然而然的事情。

唐代，经学进入一个新的统一时代。唐太宗命孔颖达编纂《五经正义》。其中《春秋正义》主要是以杜预《春秋左氏经传集解》为基础，为之作疏，这就是《春秋左传注疏》（也称《春秋左传正义》），随后颁行天下。还有徐彦以何休《春秋公羊解诂》为基础，作《春秋公羊传注疏》，梁启超评价徐彦的疏，"空言敷衍，毫无发明"②，可见这时《公羊》学已经衰微；杨士勋以范宁《春秋榖梁传集解》为基础，作《春秋榖梁传注疏》，这部书简洁、顺畅，非常精审。

到了中唐，经过安史之乱，唐王朝走向衰落，学者们开始借助《春秋》学来阐发治国安邦之术，其中啖助、赵匡、陆淳等人的贡献最大，后人称之为"啖赵学派"。

首先，他们对汉唐以来的《春秋》注疏表示质疑，强调"舍传求经"，就是不需要借助"春秋三传"，更不需要借助汉唐之际的经传注疏，而是直接从《春秋》经文中发挥圣人的微言大义。他们为《春秋》作注，既反对依赖"春秋三传"，也反对章句注疏之学，其思想对宋代《春秋》学的发展产生了深远的影响，宋代学者研究《春秋》学基本上就是这种思路与方法。

其次，"啖赵学派"在经学思想上，倡导"尊王攘夷"。安史之乱地方势力坐大，向皇权发起挑战，形成藩镇割据、皇权衰微的局面。周边少数民族也乘唐王朝内乱，侵扰中原。所以"啖赵学派"希望借助阐发《春秋》中"尊王攘夷"的思想，来为现实社会政治提供某种借鉴。

总而言之，"啖赵学派"的《春秋》学开启了唐宋之际"疑经惑传"与探究经书义理的经学思潮。受其影响，之后很多学者都开始摆脱"春秋三传"与章句注疏之学的束缚，直接探讨《春秋》中的微言大义、政治思想，如冯伉《三传异同》、刘轲《三传指要》、韦表微《春秋三传总例》、陈岳《春秋折衷论》等都是如此。他们在经学注解上都注重舍传求经、以意逆志（即不遵循"春秋三传"的解释，根据自己的理解来解释《春秋》，不过也容易

① （唐）魏徵等：《隋书》卷三十二《经籍志》，中华书局 1973 年版，第 933 页。
② 梁启超：《中国近三百年学术史》，天津古籍出版社 2003 年版，第 225 页。

造成穿凿附会）。在他们之后，"疑经惑传"的思潮得到继续发展，并直接影响到了其他经书的研究。一时之间，《春秋》学成为晚唐、五代时期的显学。后来，宋代学者对"啖赵学派"经学解释的方法非常赞赏，并积极推广，这为宋代理学的兴起和建立奠定了重要的思想基础。

（三）宋元明清

宋元明清时期的《左传》学，较中古时期并不兴盛。不过，相对于中古时期的《左传》学来说，这一时期的研究理念、方法受到中唐"啖赵学派"、宋代胡安国《春秋传》的影响甚大。中国近世的《左传》学开始注重价值与意义，被纳入到了理学体系，加上四书学的昌盛，以至于整体上显得比较衰微。尽管在考据学盛行的清代，《左传》学名家辈出、著述繁多，但依然缺乏太多的发明，而注重对以往《左传》常见问题及内容的梳理、分析与阐发，由此清代成为中国古代《左传》学的集大成时代。

1. 宋代《左传》学

两宋时期，《春秋》学与《易》学同为显学。其中《春秋》学继承并发展中唐"啖赵学派"研究《春秋》的思想与方法。宋代初年的胡瑗、孙复等研究《春秋》学力主要"舍传求经"或会通三传，旨在发挥《春秋》经文中的微言大义，这开启了宋代《春秋》学的新思维，而孙复所撰的《春秋尊王发微》更是一部承前启后的经典之作。

> 如果说啖助诸人已启其先河，而孙复则是突破式人物……《春秋尊王发微》（注：孙复撰）的历史功绩不在其结果上，而是在对宋以后的影响及作用上，宣告了《春秋》学新局面的开始。同时也是中国思想界的一次变革，由此改变了以往思想发展的方向，改变了思维模式，产生出宋学。①

胡瑗、孙复等人以新的方式研究《春秋》学，摆脱汉唐以来各家各派注解的束缚，开始注重经书本身的思想义理，不但对《春秋》学有影响，对其他经书也有深远的影响，这是宋代《春秋》学的第一个里程碑。

随着儒学的深入发展，以二程为代表的理学家，建构了新的儒学思想体

---

① 戴维：《春秋学史》，湖南教育出版社 2004 年版，第 317 页。

系——理学，并开始用理学来解读《春秋》，发挥《春秋》中所蕴含的理学思想，形成了理学派《春秋》学。南宋时期的《春秋》学的影响更加深远，这是宋代《春秋》学的第二个里程碑，后来的理学后传弟子都基本上继承、发展了二程《春秋》学的思想与方法，如胡安国《春秋传》、杨时《春秋说》、张九成《春秋讲义》、吕祖谦《东莱博议》、魏了翁《春秋要义》等，都从理学的角度出发来注解《春秋》乃至《左传》。

胡安国《春秋传》在《春秋》学与经学史上都具有重要的意义。胡安国私淑二程之学，注重以理解经，通过《春秋传》来传扬二程理学。后来南宋理学家真德秀将胡安国所代表的湖湘学看成是二程洛学传承上的重要一支①。《胡氏春秋传》颇具特色，一方面兼采众家之长，超越《公羊》《穀梁》之学的束缚，不拘门户之见，极力突出《春秋》大义；另一方面寓天理理念于其中，用理学家的天理伦常、纲常名教的观念，来论证《春秋》"尊王攘夷"之大义。在它看来，天理不但是人伦道德、纲常名教的根本所在，也是尊王攘夷、惩恶扬善的重要理论依据。胡安国《春秋传》是二程理学派《春秋》学思想的继续与发展，在宋代后期乃至后世都产生了很大影响。

胡安国《春秋传》对《春秋》学的传承发展贡献巨大。由于宋代强调"舍传求经""会通三传"的研究思路与方法，以至于专门研究《左传》学的著述非常少，只有苏辙、叶梦得、吕祖谦等著有专书，其他多涉及具体的经文、传文以及《左传》学的一些基本问题。总之，在强调思想义理的宋代，《左传》以史实见长自然没有得到太多的重视，宋人基本上延续了"啖赵学派"会通三传的做法，并以胡安国为典范，直接影响了两宋时期的《春秋》学。对此正如皮锡瑞所言：

> 今世所传合"三传"为一书者，自唐陆淳《春秋纂例》始。淳本啖助、赵匡之说，杂采"三传"，以意去取，合为一书，变专门为通学，是《春秋》经学一大变，宋儒治《春秋》者皆此一派，如孙复、孙觉、刘敞、崔子方、叶梦得、吕本中、胡安国、高闶、吕祖谦、张洽、程公说、吕大圭、家铉翁，皆其著者，以刘敞为最优，以胡安国为最显。②

---

① （宋）真德秀：《西山读书记》卷三十一《邵子之学》，清文渊阁四库全书本。
② （清）皮锡瑞：《皮锡瑞集》，岳麓书社 2012 年版，第 1579 页。

随着理学化经学的盛行，《左传》也被纳入到了理学解释的体系，理学化的《左传》学也成为了宋代乃至之后的基本发展模式。

2.元明《左传》学

元明时期，胡安国《春秋传》被作为科举考试的书目之一，成为当时最有影响力的《春秋》学著述，其解经范式也直接影响到了《左传》学。《春秋》学的发展基本上墨守宋代仪轨，很少有发明，成为《春秋》学乃至《左传》史上的衰微时期。

元代俞皋《春秋集传释义大成》、李廉《春秋诸传会通》、汪克宽《春秋胡传附录纂疏》等著述，皆羽翼胡安国《春秋传》而作。明成祖时期编撰的《五经大全》，其中《春秋大全》基本上沿袭元人汪克宽《春秋胡传附录纂疏》。

根据黄虞稷《千顷堂书目》著录，明人的《春秋》类著述 200 多种，其中以《左传》为题的有 40 多种。《明史·艺文志》著录的《春秋》类著述 131 部，其中以《左传》为题的有 20 多部。整体来看，《左传》学并不发达，为学者多注重胡安国《春秋传》，虽然也有学者对《左传》常见的问题如《左传》的作者、成书时间、性质、义例等做了探究，但多延续了宋元时期的《左传》学框架及内容，鲜有发明。

3.清代《左传》学

清代时期，《春秋》学的发展，戴维将其分为三个时期[①]：第一时期，即清代前期，大约为顺治康熙两朝，约有八十多年，经学发展呈现汉、宋兼采的局面。清王朝为了巩固统治，依旧利用程朱理学来统治思想，官方主持编纂了《日讲春秋解义》与《钦定春秋传说汇纂》。由于康熙不喜胡安国《春秋传》，便有俞汝言、张尚瑗、张自超等人以程朱之学为根柢，批判胡安国《春秋传》。为了批驳明末虚浮的学风，顾炎武、王夫之注重以考证的方法研究《春秋》，产生了深远的影响。这一时期代表性的著述有马骕《左传事纬》、高士奇《左传纪事本末》、江永《春秋地理考实》、顾栋高《春秋大事表》等。

第二时期，即清代中期（乾嘉时期），朴学大兴，汉代古文经学大兴。同时随着朝廷文化高压政策的实施，学者转向考据之学，并形成了吴、皖、扬州、常州等多个学术群体，他们多从训诂考据的角度研究《春秋》，代表人物如惠栋、钱大昕、洪亮吉、王引之、阮元、焦循、孔广森、庄存与、刘

---

① 戴维：《春秋学史》，湖南教育出版社 2004 年版，第 419 页。

惠栋像，现藏中国国家博物馆

惠栋（1697—1758年），清经学家，吴派经学的奠基人。字定宇，号松崖，学者称小红豆先生。江苏吴县（今苏州）人。传祖周惕、父士奇之学。搜集汉儒经说，加以编辑考订，以详博见长。撰《周易述》《易汉学》，专宗汉《易》；《古文尚书考》，辨证伪《古文尚书》出于晋人；《九经古义》，讨论古字古义。另有《明堂大道录》《禘说》《松崖文钞》等。

逄禄等人。这一时期《左传》学的代表作有惠栋《左传补注》、洪亮吉《春秋左传诂》、沈钦韩《春秋左氏传补注》、焦循《春秋左传补疏》、刘文淇《春秋左氏传旧注疏证》等。

第三时期，即清代晚期，相当于道咸以后直到清王朝灭亡，西汉今文学大兴，特别是《公羊》学成为显学，一时风靡。学者多希望从《春秋》发掘出对社会有用的思想，如龚自珍、魏源、廖平、康有为等人皆是如此。

整体来说，清代《左传》著述甚多、名家辈出，在研究思路与方法上注重考证、实证，突出对史实、文字、典制、名物、地理等的关注，尽管有很多学者对杜（预）注继续传承、考证，但也有相当多的学者尤其是研习《左传》的学者对孔颖达舍弃贾逵、服虔注而采纳杜预注解的做法颇为不满，如顾炎武《左传杜解补正》、惠栋《左传补注》、洪亮吉《春秋左传诂》等实则都是在对杜注进行梳理、考辨，也有旨在破除杜注而再立汉注之意。李贻德《春秋左氏传贾服注辑述》、刘文淇《春秋左氏传旧注疏证》则对汉代旧注做了辑佚，以期恢复贾逵、服虔等人之说。总之，清代诸儒对于以往《左传》学多有继承与发展，使清代成为中国古代《左传》学发展历史上的重要时代。

《公羊传》

《公羊传》《穀梁传》在成书、内容和传习上多有一致之处。两书都被认为是孔子弟子子夏所传，口耳相传，在汉景帝时期相继被书写在简帛上，均属于今文经学。《公羊传》《穀梁传》同源异流，在解释《春秋》的方式上很相似，都采用设问的形式"以义解经"，即非常注重分析《春秋》中的"微言大义"，不同于《左传》注重历史史实。

一、《公羊传》的成书

《公羊传》是"春秋三传"中最早得到承认的一部经书，作者相传是齐人公羊高。唐代颜师古《汉书注》和徐彦《公羊疏》都认为公羊高是子夏门人。按徐彦的说法，《公羊传》最初是孔子口授，由子夏传给后人：

> 孔子至圣，却观无穷，知秦无道，将必燔书，故《春秋》之说口授子夏。度秦至汉，乃著竹帛。①

《公羊传》从孔子到汉代的传承谱系，《公羊解诂》徐彦疏引汉人戴宏说：

> 子夏传与公羊高，高传与其子平，平传与其子地，地传与其子敢，敢传与其子寿。至汉景帝时，寿乃共弟子胡毋子都著于竹帛。②

可知，《公羊传》自孔子、子夏始，其后三百年间，主要由齐国公羊氏家族的五代人（高、平、地、敢、寿）在家族内部口耳传承。公羊高作为子夏的弟子，继承了子夏《春秋》的理解与传承，并基于齐学形成《公羊传》之原本。

---

① （汉）公羊寿传，（汉）何休解诂，（唐）徐彦疏：《春秋公羊传注疏·序》，李学勤主编：《十三经注疏》标点本，北京大学出版社1999年版，第3页。
② （汉）公羊寿传，（汉）何休解诂，（唐）徐彦疏：《春秋公羊传注疏·序》引戴宏说，李学勤主编：《十三经注疏》标点本，北京大学出版社1999年版，第4页。

由此得出，公羊高既不是《公羊传》的创作者，也不是定本作者，而是传承者之一。汉人戴宏说《公羊传》经由子夏与公羊家族中的五人传承，并最终成书，但很难符合现实逻辑，因为从子夏到汉代公羊寿中间约三百年，而传承者只有五代，这在古代是不太现实的。实际应是，在子夏及公羊家族中比较杰出的五人一起传承《公羊传》的时候，还有很多不太有名的学者也参与了《公羊传》的传承与发展。对此，四库馆臣也如此认为：

公羊高像
公羊高，旧说为《春秋公羊传》的作者。战国时齐人。相传是子夏的弟子。所治《春秋公羊传》，最初为口说流传，西汉景帝时，传至玄孙公羊寿，始与齐人胡毋生将它"著于竹帛"。

> 今观《传》中有"子沈子曰""子司马子曰""子女子曰""子北宫子曰"，又有"高子曰""鲁子曰"，盖皆传授之经师，不尽出于公羊子。[1]

在今本《公羊传》中，除了公羊子之外，还出现了其他至少六位传承人：子沈子、子司马子、子女子、子北宫子、鲁子、高子等，他们均出现在《公羊传》正文中。例如，《春秋公羊传注疏·隐公十一年》在解释经文"冬，十有一月，壬辰，公薨"时就说道：

> 何以不书葬？隐之也。何隐尔？弑也。弑则何以不书葬？《春秋》君弑贼不讨，不书葬，以为无臣子也。子沈子曰："君弑，臣不讨贼，非臣也。子不复仇，非子也。葬，生者之事也。《春秋》君弑贼不讨，

---

[1] （清）永瑢等：《四库全书总目》卷二十六《春秋公羊传注疏》提要，中华书局1965年版，第210—211页。

不书葬，以为不系乎臣子也。"公薨何以不地？不忍言也。隐何以无正月？隐将让乎桓，故不有其正月也。①

这里出现了"子沈子曰"，说明他也是《公羊传》这部书的传承者、完善者之一，或者说是《公羊传》的作者之一。又如：

> 戊辰，公即位。癸亥，公之丧至自乾侯，则曷为以戊辰之日然后即位？正棺于两楹之间，然后即位。子沈子曰："定君乎国，然后即位。"即位不日，此何以日？录乎内也。②
>
> 十有二月，甲寅，公会齐侯盟于扈。桓之盟不日，此何以日？危之也。何危尔？我贰也。鲁子曰："我贰者，非彼然，我然也。"③
>
> 齐人伐山戎。此齐侯也，其称人何？贬。曷为贬？子司马子曰："盖以操之为已蹙矣。"此盖战也，何以不言战？《春秋》敌者言战，桓公之与戎狄，驱之尔。④

据不完全统计，《公羊传》中出现了鲁子有六处、子沈子有三处、子公羊子与高子有两处、子司马子、子女子、子北宫子各有一处，总共十余处。这些是标明作者姓氏的，还有很多没有标明的。这都说明传承《公羊传》并非公羊氏一家，还有很多家，对此正如何休在其《解诂》中解释《春秋公羊传注疏·庄公三年》"鲁子曰"：

> 传所以记鲁子者，欲言孔氏之门徒受《春秋》非唯子夏，故有他师矣。其隐十一年传记"子沈子"者，欲明子夏传非独公羊氏矣，故辄记

---

① （汉）公羊寿传，（汉）何休解诂，（唐）徐彦疏：《春秋公羊传注疏·隐公十一年》，李学勤主编：《十三经注疏》标点本，北京大学出版社1999年版，第64—65页。

② （汉）公羊寿传，（汉）何休解诂，（唐）徐彦疏：《春秋公羊传注疏·定公元年》，李学勤主编：《十三经注疏》标点本，北京大学出版社1999年版，第549—550页。

③ （汉）公羊寿传，（汉）何休解诂，（唐）徐彦疏：《春秋公羊传注疏·庄公二十三年》，李学勤主编：《十三经注疏》标点本，北京大学出版社1999年版，第166页。

④ （汉）公羊寿传，（汉）何休解诂，（唐）徐彦疏：《春秋公羊传注疏·庄公三十年》，李学勤主编：《十三经注疏》标点本，北京大学出版社1999年版，第182页。

其人以广义也。①

何休认为传承《春秋》的并非只有子夏，还有其他经师。而传承《公羊传》也并非只有公羊氏，还有子沈子等其他人。总之，《公羊传》的传承正是经由子夏及公羊氏家族，还有其他众多《公羊》学者共同完成了该书的传承与完善，最终在汉代成为定本。

自孔子至汉代，《公羊传》主要是经由公羊氏家族内部口耳相传，直到汉景帝时期，子夏的后传弟子公羊寿及其弟子齐人胡毋子都才将《公羊传》书写在了简帛上。这都表明《公羊传》并非一人一时完成，而是公羊家族集体的传承，还吸纳了他人的思想成果，最终形成了《公羊传》一书。此外，由于《公羊传》主要在齐地传承，其汲取了齐学的很多思想。正如黄开国认为，《公羊传》及《公羊》学乃是齐学的集中体现：

> 《公羊传》绝非公羊氏一家之学，而是整个齐学的成果结晶，是战国儒家齐学学者的共同成果，它的准确命名应当如"齐《诗》""齐《论语》"一样，称之为"齐《春秋》"。此外，孟子、荀子等人的思想也对《公羊传》的形成有较大影响，《公羊传》还吸收某些鲁学学者的观念。绝不能因《公羊传》之名，便将其著作权仅归于公羊氏名下，否则，就会出现三五百年中仅公羊氏家传其学等无根之谈。②

黄开国的观点指出了《公羊传》成书的基本逻辑，即公羊氏家族虽然有一定的贡献，但这并不是说明这部书乃其家族所传承，而是经过了很多代、很多齐地的学者的集体努力，最后形成了《公羊传》定本。

二、《公羊》学简史

《春秋》之学需要从孔子之前的夏、商、周三代谈起，孔子编《春秋》开创了一个新的时代，"春秋三传"则发扬了孔子《春秋》学的精神。汉代

---

① （汉）公羊寿传，（汉）何休解诂，（唐）徐彦疏：《春秋公羊传注疏·庄公三年》，李学勤主编：《十三经注疏》标点本，北京大学出版社 1999 年版，第 120 页。
② 黄开国：《公羊学发展史》，人民出版社 2013 年版，第 2 页。

之后，《春秋》学受到关注，尤其是董仲舒对《春秋公羊传》的解释，奠定了《春秋》重要的地位。此后，《春秋》学成为中国经学史重要的组成部分。

（一）先秦两汉

1. 先秦

《公羊》学自先秦时期开始发展、演变，经历了众多学者的长期积淀，最终在汉代形成比较系统的思想体系，如荀子、孟子、韩非子等都可称是《公羊》学家。根据司马迁《史记·十二诸侯年表》记载：

> 及如荀卿、孟子、公孙固、韩非之徒，各往往捃摭《春秋》之文以著书，不可胜纪。汉相张苍历谱五德，上大夫董仲舒推《春秋》义，颇著文焉。①

战国时期的荀子、孟子、韩非子都曾研习《春秋》，并借助《春秋》阐发自己的思想。刘师培曾撰有《公羊孟子相通考》《公羊荀子相通考》，以说明孟子、荀子与《公羊传》有一定的关联。孟子是学术史上第一位对《春秋》发表评论和阐述自己观点的学者，他曾说道：

> 孟子曰："王者之迹熄而《诗》亡，《诗》亡然后《春秋》作。晋之《乘》，楚之《梼杌》，鲁之《春秋》，一也。'其事则齐桓、晋文，其文则史。'孔子曰：'其义则丘窃取之矣。'"②
>
> 世衰道微，邪说暴行有作，臣弑其君者有之，子弑其父者有之，孔子惧，作《春秋》。《春秋》，天子之事也。是故孔子曰："知我者其惟《春秋》乎！罪我者其惟《春秋》乎！"③
>
> 昔者禹抑洪水而天下平，周公兼夷狄、驱猛兽而百姓宁，孔子成《春秋》而乱臣贼子惧。《诗》云："戎狄是膺，荆舒是惩，则莫我敢承。"无父无君，是周公所膺也。我亦欲正人心，息邪说，距诐行，放

---

① （汉）司马迁：《史记》卷十四《十二诸侯年表》，中华书局1963年版，第510页。
② （汉）赵岐注，（宋）孙奭疏：《孟子注疏·离娄章句下》，李学勤主编：《十三经注疏》标点本，北京大学出版社1999年版，第226页。
③ （汉）赵岐注，（宋）孙奭疏：《孟子注疏·滕文公章句下》，李学勤主编：《十三经注疏》标点本，北京大学出版社1999年版，第178页。

淫辞，以承三圣者，岂好辩哉？予不得已也。能言距杨、墨者，圣人之徒也。①

　　孟子对于《春秋》的评价，其思想旨趣与《公羊传》可谓一脉相承、息息相通。引文中的第一段说明孟子对《春秋》大义的肯定，而《公羊传》就《春秋》大义进行了解读；第二段说明孟子对《春秋》惩恶扬善功能的肯定，而《公羊传》就其价值判断作了解读与阐发，从而推动《春秋》的发展；第三段孟子强调《春秋》的本旨在于稳定社会政治秩序，而这与《公羊传》的旨趣相同。总之，孟子对《春秋》的肯定，实际也确立了《公羊传》的编纂思想与思想旨趣。《孟子》与《公羊传》中颇有相通之处，如都极力宣扬"大一统"、王道仁政的思想。《孟子·梁惠王上》记载：

　　　　孟子见梁襄王。出，语人曰："望之不似人君，就之而不见所畏焉。卒然问曰：'天下恶乎定？'吾对曰：'定于一。''孰能一之？'对曰：'不嗜杀人者能一之。''孰能与之？'对曰：'天下莫不与也。王知夫苗乎？七八月之间旱，则苗槁矣。天油然作云，沛然下雨，则苗浡然兴之矣。其如是，孰能御之？今夫天下之人牧，未有不嗜杀人者也。如有不嗜杀人者，则天下之民皆引领而望之矣。诚如是也，民归之，由水之就下，沛然谁能御之？'"②

　　孟子认为只有推行以民为本、仁政德治才能得到民众的支持，进而实现天下统一，这就是孟子"大一统"的思想。这与《公羊传》的大一统思想颇为近似，说明孟子与《公羊》学有一定的内在关联性。正如有的学者所言："即使孟子没有成为《公羊传》传授谱系中的人，但至少后来的春秋《公羊》学是吸收了孟子的这些观念的。"③

　　荀子是子夏、孟子之后对《公羊》学颇有贡献的学者。清人汪中在其《荀

① （汉）赵岐注，（宋）孙奭疏：《孟子注疏·滕文公章句下》，李学勤主编：《十三经注疏》标点本，北京大学出版社1999年版，第178—179页。
② （汉）赵岐注，（宋）孙奭疏：《孟子注疏·梁惠王章句上》，李学勤主编：《十三经注疏》标点本，北京大学出版社1999年版，第17页。
③ 黄开国：《公羊学发展史》，人民出版社2013年版，第56页。

卿子通论》中就肯定了这一点，认为"《春秋》贤穆公，善胥命"，则为《公羊春秋》之学①。赵伯雄在其《春秋学史》中也肯定地说"《荀子》一书中确有《春秋公羊》之义"②。荀子与《公羊传》在思想有相通之处，正如杨向奎在分析刘师培《公羊荀子相通考》后认为：

> 　　他（刘师培）的《公羊荀子相通考》还是有见解的。因为，照我看来，《荀子》和《公羊》本属于一派，所以，思想体系有相通之处。他的文章开头说："昔汪容甫先生作《荀卿子通论》，谓《荀子·大略篇》言，贤穆公、善胥命，以证卿为公羊春秋学；又惠定宇《七经古义》亦引《荀子》周公东征、西征之文以证《公羊》之说，则《荀子》一书多《公羊》大义，彰彰明矣。"他自己又补充了一些事例来说明这一问题，比如《公羊》讥世卿，而《荀子》亦有许多类似思想，如"尚贤使能，则等位不遗"；又如《公羊》倡大一统，荀子也倡大一统，如《王制》"四海之内若一家"，这些都是正确的说法，有力的证明。我向来认为，《公羊》和荀子属于一个学派，他们是儒家，而接近法家。③

　　杨向奎在刘师培、汪中、惠栋等人的基础上作了进一步的分析，认为《荀子》《公羊传》在思想上有相通之处，如"尚贤使能"与倡导大一统等；不仅如此，两者在注重礼制、托古改制方面更是颇为一致。这都说明两者有相通之处，荀子在《公羊传》的成书及《公羊》学的形成过程中，扮演着至关重要的角色。

　　总之，《公羊》学在其形成过程中，先秦时期奠定了它基本的思想体系。汉儒公羊寿及胡毋子都是结合时代的需要，对以往传承的《公羊传》文本作了全面系统地编辑与整理，从而形成我们今天看到的文本。

2. 两汉时期的《公羊》学

　　汉代《公羊》学最初以胡毋子都和董仲舒最为有名，其中胡毋子都，是汉景帝时期的博士，曾经协助公羊寿著《公羊传》，其本人没有著作流传下

---

①　（清）汪中：《荀卿子通论》，见（清）王先谦：《荀子集解·考证下》，中华书局1988年版，第22页。

②　赵伯雄：《春秋学史》，山东教育出版社2004年版，第88页。

③　杨向奎：《译史斋学术文集》，上海人民出版社1983年版，第87页。

来。《公羊传》从最初的公羊高到公羊寿成书、传承、定本的过程中，夹杂了大量齐学的内容与思想。

董仲舒与公羊寿一样，也是汉景帝时期的博士。相传他刻苦研读《公羊传》，三年都曾不到自家后花园散步，著有《春秋繁露》《春秋决事》等书。董仲舒在《公羊》学史上具有里程碑的地位，正如有的学者所说，"《公羊》学是在董仲舒时形成的，可以说，董仲舒确立了《公羊》学的学术思想体系"①。

董仲舒借助《公羊传》来阐发"大一统""天人感应""阴阳灾异""三纲五常""礼法并用""三统""三正"等思想，对中国传统的社会政治、思想文化产生了深远影响，当时很多学者以天人感应为立足点，用阴阳五行学说研究儒家经典。董仲舒思想迎合了汉武帝加强中央集权、巩固王权的需要，《公羊》学在汉武帝时大行于世。董仲舒以天人感应理论为基础，宣扬君权神授，推崇皇权，他说："明此通天地、阴阳、

董仲舒像

董仲舒（前 179—前 104 年），西汉哲学家，今文经学大师。广川（今河北景县西南）人。专治《春秋公羊传》。曾任博士、江都相和胶西王相。汉武帝举贤良文学之士，他对策提出"天人三策"，主张"诸不在六艺之科，孔子之术者，皆绝其道，勿使并进"。为武帝所采纳，开此后两千余年封建社会以儒学为正统的先声。其学以儒家宗法思想为中心，杂以阴阳五行说，把神权、君权、父权、夫权贯穿形成"天人感应"说，为君权神授制造理论。

四时、日月、星辰、山川、人伦，德牟天地者称皇帝，天佑而子之，号称天子。"②同时，他又以天人感应为基础提出了阴阳灾异、天谴理论来限制皇权。

---

① 宋艳萍：《公羊学与汉代社会》，学苑出版社 2010 年版，第 1 页。

② （清）苏舆撰，钟哲点校：《春秋繁露义证》卷七《三代改制质文》，中华书局 1992 年版，第 201 页。

天地之物有不常之变者，谓之异，小者谓之灾。灾常先至而异乃随之。灾者，天之谴也；异者，天之威也。谴之而不知，乃畏之以威。……凡灾异之本，尽生于国家之失。国家之失乃始萌芽，而天出灾害以谴告之；谴告之而不知变，乃见怪异以惊骇之；惊骇之尚不知畏恐，其殃咎乃至。以此见天意之仁而不欲陷人也。①

何休像

何休（129—182年），东汉经学家。字邵公。任城樊（今山东兖州西南）人。太傅陈蕃征他参政，蕃败，罹党锢。党禁解，辟司徒，拜议郎，迁谏议大夫。钻研今文诸经，历七年撰成《春秋公羊解诂》，为《公羊传》制定"义例"，说《公羊传》有三科九旨，系统阐发《春秋》中的"微言大义"，成为今文经学家议政的主要依据。另撰有《公羊墨守》《左氏膏肓》《穀梁废疾》等，已佚；清王谟《汉魏遗书钞》有辑本。

董仲舒认为尽管君权神授，但是作为皇帝如果不修身、修德，以民为本，上天就会降临小灾害警告他；如果还不听，上天就会降临更大的灾异，以表示上天愤怒了；如果皇帝还不知道悔改，上天就要改朝换代了。董仲舒的《公羊》学理论兼顾了皇权与民本两个方面，在中国古代社会政治、思想文化上的影响非常深远。

胡毋子都与董仲舒的弟子众多，尤以董仲舒的后传弟子影响最大。《史记》记载，董仲舒将《公羊》学传给弟子嬴公，嬴公又传给眭孟，眭孟再传给庄彭祖、颜安乐。到东汉，《公羊》学最主要的就是严（庄彭祖因避汉明帝刘庄的讳，改庄为严）、颜两家。之后，《公羊》学最知名的学者，便是董仲舒的四传弟子何休（字邵公）。何休精通《公羊》学，《后汉书》说他闭门不出，花了十七年时间写成了《春秋公羊经传解诂》。

---

① （清）苏舆撰，钟哲点校：《春秋繁露义证》卷八《必仁且智》，中华书局 1992 年版，第 259 页。

何休之所以如此倾心《公羊》学并为之作解诂，与东汉《春秋》今、古文之争有一定的关系。《公羊》学发展到东汉，一方面，人们多注重章句之学，但却陷入繁琐而不得要领的困境；另一方面，人们借助《公羊传》说谶纬迷信，以至于真正明经之人很少。在这种情况下，当时的古文经学家郑众、贾逵等人就认为《公羊传》已经是日落西山、没有价值可言。于是便批判《公羊》学，而推崇《左传》。何休吸收了胡毋子都、董仲舒、严彭祖、颜安乐、羊弼（其师）等人《公羊》学的精华，继续对《春秋》中的春秋笔法与微言大义进行研究，除了提出了"三科九旨"①之说外，还极力发挥大一统、君权神授、三纲五常等理论，著成名作《春秋公羊经传解诂》，重新树立了《公羊》学的地位。这部书是《公羊传》现存最早最精的注解本，清阮元主持刊刻的《十三经注疏》中《公羊传》即用此注本。

（二）魏晋南北朝隋唐

在魏晋时期，《左传》学开始得到重视，影响力日渐超过《公羊》学。这一时期出现了一批注解《左传》的名家及著述，仅三国时期就有王朗、王肃《春秋左氏传注》、嵇康《春秋左氏传音》、乐详《左氏乐氏问》、董遇《春秋左氏传章句》、糜信《左氏传说要》、张昭《左氏春秋传解》、李譔《左氏传指归》等多部著述，而有关《公羊传》注解的几乎没有。

到了南北朝时期，《公羊》相对于《左传》学而言，仍不被重视。《公羊》学处于衰弱的状态，却始终没有中断。

> 国子祭酒一人，国子博士二人，国子助教十人。《周易》《尚书》《毛诗》《礼记》《周官》《仪礼》《春秋左氏传》《公羊》《穀梁》各为一经，《论语》《孝经》为一经，合十经，助教分掌。国子，周旧名，周有师氏之职，即今国子祭酒也。晋初复置国子学，以教生徒，而隶属太学焉。晋初助教十五人，江左以来，损其员。自宋世若不置学，则助教唯置一人，而

---

① （汉）公羊寿传，（汉）何休解诂，（唐）徐彦疏：《春秋公羊传注疏·隐公卷一》："故何氏（休）作《文谥例》云'新周，故宋，以《春秋》当新王'，此一科三旨也；又云'所见异辞，所闻异辞，所传闻异辞'，此二科六旨也；又'内其国而外诸夏，内诸夏而外夷狄'，是三科九旨也。"李学勤主编：《十三经注疏》标点本，北京大学出版社1999年版，第5页。

祭酒、博士常置也。①

　　南朝宋延续了以往设置经学博士的传统，《公羊传》被列入其中，但并不重视"若不置学"。南朝齐也是如此，《南齐书·陆澄传》记载："时国学置郑王《易》，杜服《春秋》，何氏《公羊》，麋氏《榖梁》，郑玄《孝经》。"②可以看出，何休《公羊》学得到了朝廷的重视。南朝梁时，还有崔灵恩《公羊榖梁文句义》等著述。

　　北朝也如同南朝一般，虽《公羊》学没有《左传》学兴盛，但也受到了关注，并被立为官学。《北史·儒林传序》记载：

　　　　汉世，郑玄并为众经注解，服虔、何休，各有所说。玄《易》《诗》《书》《礼》《论语》《孝经》，虔《左氏春秋》，休《公羊传》，大行于河北。王肃《易》，亦间行焉。晋世，杜预注《左氏》，预玄孙坦，坦弟骥，于宋朝并为青州刺史，传其家业，故齐地多习之。③

　　在北魏时期，何休《公羊》学被立为官学，与服虔《左传》学，一并"大行于河北"。北齐时期儒者对《公羊》学也多不关注，"其《公羊》《榖梁》二传，儒者多不措怀"④。

　　总之，魏晋南北朝时期，《公羊》学处于非常衰微的状态，而《左传》则开始兴盛。在研究方法上，《公羊》学改变了两汉时期恪守门户的特点，转而有会通三传的倾向，这对后来中唐"啖赵学派"的《春秋》学而言，无疑有重要的启示意义。

　　唐代虽然重视《春秋》学，但是当时代表官方之学的孔颖达《五经正义》，选择了《左传》，而不是《公羊传》。这也说明唐代古文经学继续兴盛，而代表今文经学的《公羊传》依然式微。虽然《公羊传》没有被列入《五经正义》之中，但在唐代的明经科《公羊传》却被列入九经之一。由于唐代的明经科考试并不受到读书人的重视，且士子不需要参加所有的九经考试，而是根据

---

① （梁）沈约：《宋书》卷三十九《百官志上》，中华书局1974年版，第1228页。
② （梁）萧子显：《南齐书》卷三十九《陆澄传》，中华书局1972年版，第683页。
③ （唐）李延寿：《北史》卷八十一《儒林传序》，中华书局1972年版，第2708页。
④ （唐）李百药：《北齐书》卷四十四《儒林传序》，中华书局1972年版，第584页。

自己的兴趣选择若干经考试。

　　尽管如此，唐代徐彦对于《公羊传》的注疏成为《公羊》学史上的经典之作。徐彦，生平事迹不详①。他所撰的《公羊疏》是以何休《春秋公羊解诂》为疏解对象，同时对《公羊传》文进行注解。徐彦的《公羊传疏》颇有特色，首先是对何休《解诂》的内容作了疏通。例如，《公羊传》隐公十一年云："《春秋》君弑贼不讨，不书葬，以为无臣子也。"②何休《解诂》注解此云："道《春秋》通例，与文、武异。"对此注文，徐彦作了进一步疏通：

　　　　言文、武之时，周之盛德，既无诸侯相犯，宁有臣子弑君父者？是以古典无责臣子讨贼之义。《春秋》据乱而作，时则有之，因设其法，故言与文、武异。

从这个疏文可以看出，徐彦对何休《解诂》中提到的"文武无异"，作了细致的疏通，解释何休为何曰"文武无异"。更为重要的是，徐彦对何休《解诂》中所出现的注文多表明出处并进行核实。正如赵伯雄《春秋学史》所言：

　　　　何休作注，采撷文献资料甚多，或直引原文，或概述大义，但大多不言出处，而且往往与自撰的注文混而为一，徐《疏》细加辨别，一一为之指明。③

　　徐彦在疏解《公羊》经传的时候，往往援引"旧注""旧疏"，博采众长，考证疏通，并断以己意。徐彦《公羊传疏》中并非一味地信从何休《解诂》，对其不当之处也多有驳正。同样，他对于《公羊传》也并非一味袒护，而是

---

① 对于徐彦的生平年代，学者多有争议，一般将其视为唐代人，比如《崇文总目》《直斋书录解题》《四库全书总目》等。但也有一些学者将其视为北朝人，比如阮元、王鸣盛、皮锡瑞、赵伯雄等。

② （汉）公羊寿传，（汉）何休解诂，（唐）徐彦疏：《春秋公羊传注疏·隐公十一年》，李学勤主编：《十三经注疏》标点本，北京大学出版社1999年版，第65页。下何休注、徐彦疏出处同。

③ 赵伯雄：《春秋学史》，山东教育出版社2004年版，第338页。

兼采"三传"之长，择善而从。由于徐彦《公羊传疏》属于北学，而北朝经学延续了汉代经学，故多重视谶纬，并以谶纬解经。总之，徐彦《公羊传疏》是《公羊》学史上的经典之作，也是南北朝时期义疏之学兴起之后的典范之作。徐彦兼采诸家之长，为《公羊》经传作了疏通，为《公羊》学的传承、发展起到了重要的推动作用。

在唐代《公羊》学史上最受关注的当属"啖赵学派"的《春秋》学。尽管他们没有就《公羊传》进行深入而专精的注解，但却就《公羊》学的解读方式作了全新的思考与践行。其中最典型的就是会通"三传"，这样一来就打破了以往《左传》独尊的局面，使得"三传"在解读《春秋》的时候各自发挥自己的价值。加上"啖赵学派"在解释《春秋》时所用的观点多为《公羊传》《穀梁传》，由此推动了《公羊》学的发展，对此《四库全书总目·春秋类》总序说道：

> 说经家之有门户，自《春秋》三传始。然迨能并立于世。其间诸儒之论，中唐以前则《左氏》胜，啖助、赵匡以逮北宋，则《公羊》《穀梁》胜。[1]

"啖赵学派"的《公羊》学思想与方法，对于北宋中期的《公羊》学及《春秋》学产生了深远的影响。

（三）宋元明清

宋元明清时期属于中国经学发展的宋学阶段，经学上体现出了一定的共性，在《春秋》学尤其是《公羊》学方面也是如此。随着中唐时期"啖赵学派"舍传求经、会通"三传"解经模式的开启，此法被宋儒所继承发展，最终成为了宋代《春秋》学乃至《公羊》学的基本研究范式。另外，随着程朱理学被确立为官学，在理学范式指导下的胡安国《春秋传》，成为了宋代乃至元明清时期最为流行的经学范式。

1. 两宋时期

两宋时期，《春秋》学与《易》学、四书学同为显学，不过两宋《春秋》学深受"啖赵学派"的影响。对此正如清人江藩所言："至唐，赵匡、啖助、

---

① （清）永瑢等：《四库全书总目》卷二十六《春秋类·序》，中华书局1965年版，第210页。

陆淳始废传谈经，而三传束之高阁，《春秋》之一大厄也。有宋诸儒之说《春秋》，皆啖赵之子孙而已。"①这种唐宋之间的传承，与《春秋》学更加注重思想义理有直接的关系，而随着程朱理学作为《春秋》学的指导思想，理学化的《公羊》学成了宋代乃至元明清时期的基本范式。

两宋的《春秋》学著述非常多，《宋史·艺文志》著录有240部之多，但专以《公羊》学为题的却屈指可数。宋代《公羊》学的研究多是被作为三传之一，或者以语录、专题的形式出现。例如，刘敞《春秋传》便是"三传"兼采，其中涉及《公羊传》，故《四库全书总目》就评价这部书说道："其褒贬义例，多取诸《公羊》《穀梁》"，"其经文杂用三传，不主一家"。②孙觉《春秋经解》、陈傅良《春秋后传》、王应麟《春秋三传会传》等皆是如此。

> 宋代关于《公羊传》的著述，相对宋儒著述的数量而言，其比例远远逊于前代，几乎可以说是没有一部像样的专书，即使言三传涉及《公羊传》，也很少以《公羊传》为主。而像陈傅良那样的著作，能发明《公羊》的"书"与"不书"诸义例，确属凤毛麟角，难能可贵了。③

在宋代《春秋》学虽然属于显学，但是《公羊》学研究者却寥寥，甚至"没有一部像样的专书"。这与宋代理学的盛行，程朱等理学家所倡导的心性理命成为了学术的核心思想，"理"或"天理"成为了《春秋》学的核心范畴，故而《公羊》学包括《穀梁》学所宣扬的"礼"自然被人所忽略。换言之，《公羊》学失去了汉唐之际具有主导地位的价值体系，而被程朱理学所宣扬的核心范畴所取代，由此一来作为程朱理学化经学体系的胡安国《春秋传》自然取代了"春秋三传"而盛行于中国近世的思想文化界。

2.元明

元明时期四书学成为经学的核心部分，而代之以五经学，《公羊》学也被胡安国《春秋》学所取代。在元代，《春秋》诸家，多注重疏通、解释胡

---

①　江藩：《汉学师承记》，生活·读书·新知三联书店1998年版，第173页。

②　（清）永瑢等：《四库全书总目》卷二十六《春秋传》提要，中华书局1965年版，第215页。

③　黄开国：《公羊学发展史》，人民出版社2013年版，第443页。

安国《春秋传》，强调以理解经。与宋代诸儒阐发《春秋》大义不同的是，元代诸家诸派研习《春秋》，注重多有考据、考辨，并非一味地墨守胡安国《春秋传》与朱熹《春秋》学，而是希望在汉宋《春秋》学保持平衡，如俞皋《春秋集传释义大成》、吴澄《春秋纂言》、程端学《春秋本义》《春秋或问》《春秋三传辨疑》、李廉《春秋诸传会通》、郑玉《春秋经传阙疑》、赵汸《春秋属辞》、汪克宽《春秋胡传附录纂疏》等。

元代的《公羊》学与宋代颇为相似，几乎没有一部探究《公羊》学的著述，学者研究《公羊》学多注重会通三传，如程端学《春秋三传辨疑》、赵汸《春秋属辞》、郑玉《春秋经传阙疑》等皆是。明代也是如此，《明史·艺文志》所著录的明人《春秋》学著述有130多部，仍没有一部以《公羊》学为题的著述。

总之，元明时期的经学基本上延续了宋代，故在经学及《春秋》学上更是如此。《公羊》学所宣扬的礼学开始让位于四书学、《易》学所蕴含的理学，故在学术研究上处于边缘化的状态，进而鲜有著述产生。

3. 清代

清代《公羊》学的发展迎来了全新的时代，并在清代中后期出现了一大批的名家名作，但有清一代程朱理学作为官学依然具有主导的地位。这在某种意义上来说，也继续影响着《公羊》学的传承与发展。

关于清代《公羊》学的传习情况，可以参考清人刘师培《经学教科书》所作的梳理与总结。

顺、康之交，说《春秋》者，仍仿宋儒空言之例。如方苞（《春秋通论》）、俞汝言（《春秋平义》《四传纠正》）之书是也。毛奇龄作《春秋传》，又作《春秋简书刊误》《春秋属辞比事记》，以经文为纲，然穿凿无家法。惠士奇作《春秋说》，以典礼说《春秋》，其书亦杂糅"三传"。顾栋高《春秋大事表》博大精深，惜体例未严……治《公羊》者，以孔广森《公羊通义》为嚆矢，会通礼制，不墨守何氏之言。凌曙作《公羊礼说》《公羊礼疏》《公羊问答》，亦以《礼》为纲。（并注董子《繁露》。）弟子陈立广其义，作《公羊正义》。（并疏《白虎通》。）及庄存与作《春秋正辞》，宣究《公羊》大义，其甥刘逢禄复作《公羊何氏释例》《何氏解诂笺》，并排斥《左传》《穀梁》。而宋翔凤、魏源、龚自珍、王闿运成以《公羊》义说群经，是为《公羊》之学。①

清代中前期《公羊》学发展基本上延续了宋元明时期的解经范式，注重会通"三传"。清代中期开始，孔广森、庄存与、刘逢禄等人开始发掘《公羊》学思想，结合时代的需要，发明新说，开启了《公羊》学的新时代，一改以往《公羊》学寂寥的状态。当然，孔广森、庄存与、刘逢禄等人只是对以往《公羊》学的继承，鲜有在理论上有所创新。

无论是庄存与的重大义，还是刘逢禄的重微言，都只是对春秋《公羊》学已有理论的说明，而无实质的创新，更没有与社会现实的结合。②

孔广森《公羊春秋经传通义》，现藏中国国家图书馆

孔广森（1752—1786年），清经学家、音韵学家、数学家。字众仲，一字㧑约，号轩。山东曲阜人。戴震弟子。乾隆进士，官翰林院检讨。撰《春秋公羊通义》，不专主今文经学，采集汉晋以来注释《春秋》之书，兼取《左传》《穀梁传》，凡是经义"通于公羊"的，都予著录。又善文学，工骈文，有《仪郑堂骈俪文》。另有《大戴礼记补注》《经学卮言》及《少广正负术》内外篇等。

清代《公羊》学真正实现理论上的突破则开始于宋翔凤、魏源、龚自珍、

① （清）刘师培著，陈居渊注：《经学教科书》，上海古籍出版社 2006 年版，第 129—130 页。
② 黄开国：《公羊学发展史》，人民出版社 2013 年版，第 448 页。

王闿运《公羊笺》，
现藏中国国家图书馆

王闿运（1833—1916 年），清末民初学者、文学家。初名开运，字王秋、壬父，号湘绮，湖南湘潭人。咸丰举人，同治初为两江总督曾国藩幕客。民国初任清史馆馆长。治经主今文公羊学，通群经。工诗与骈文，皆宗六朝，主盟湖湘文坛，与邓辅纶齐名，世称"王邓"。著有经子笺注，及《湘军志》《湘绮楼日记》《湘绮楼诗文集》。编有《八代诗选》《八代文粹》。门人辑其著作为《湘绮楼全书》。

王闿运、廖平、康有为等，他们基于清朝中期所出现的思想文化、社会政治危机，开始跳出程朱理学的束缚，从传统的《公羊》学理论中汲取社会文化变革的思想资源，由此推动了中国近代思想文化乃至社会政治的变革。

《穀梁传》

一、《穀梁传》的成书

《穀梁传》相传也是子夏所传，子夏弟子穀梁赤（也叫穀梁俶）据子夏之学，为孔子《春秋》作传，即《穀梁传》。经后儒口耳相传，被汉儒用隶书书写在了简帛上，故属于今文经学。对于《穀梁传》的成书与流传，班固《汉书·儒林传》和唐人杨士勋《春秋穀梁传疏》都有记载：

> 穀梁子名俶，字元始，鲁人，一名赤。受经于子夏，为经作传，故曰《穀梁传》。传孙卿，孙卿传鲁人申公，申公传博士江翁。其后鲁人荣广大善《穀梁》，又传蔡千秋，汉宣帝好《穀梁》，擢千秋为郎，由是《穀梁》之传大行于世。[1]

根据班固和杨士勋的解释，《穀梁传》最初由子夏传给了鲁人穀梁赤，穀梁赤为孔子《春秋》作传，创作而成。穀梁赤传荀子，荀子传鲁人申公。申公即申培，既是汉代《鲁诗》的传承者，也是汉代最早研习《穀梁传》的学者。申培将《穀梁传》传给瑕丘江翁。司马迁《史记》记载，"瑕丘江生为《穀梁春秋》"[2]，即是由汉武帝时的江翁以隶书书写在简帛上，是为汉代今文《穀梁传》。《穀梁传》传承经过诸多学者，书中有载的是尸子、沈子、公子启、蘧伯玉、孔子等名，传承过程中出现了不同时代、不同学者的传述之语。这说明《穀梁传》的传承发展也是众人努力的结果。

汉武帝曾经让传承《穀梁传》的江翁与《公羊传》大师董仲舒辩。江翁口才不好，而董仲舒能文善辩，于是《公羊传》占了上风，加上宰相公孙弘

---

① （晋）范宁集解，（唐）杨士勋疏：《春秋穀梁传注疏·序》，李学勤主编：《十三经注疏》标点本，北京大学出版社 1999 年版，第 3 页。

② （汉）司马迁：《史记》卷一百二十一《儒林列传》，中华书局 1963 年版，第 3129 页。

等人的支持，《公羊》学被立为官学，大兴于世。虽然江翁口才不好，但其弟子荣广却能言善辩，后来在与《公羊》学大师眭固辩论大获全胜，于是很多人师从其学习《穀梁传》，荣广又传蔡千秋。汉宣帝喜欢《穀梁传》，提拔蔡千秋为郎中，传播《穀梁传》。这一时期朝廷中的高官重臣如韦贤、夏侯胜、萧望之、刘向等都倾向于《穀梁传》，因此《穀梁》学从汉宣帝之后开始兴盛起来。

穀梁赤像

穀梁赤，亦作喜、嘉、俶、真。旧题《春秋穀梁传》的作者。战国时鲁人。相传是子夏的弟子，治《春秋》。最初只有口说流传，西汉才写成《穀梁传》。

《穀梁传》尽管和《公羊传》在汉代均被立为官学，但《穀梁传》的兴盛程度远远不如《公羊传》，究其原因，清人唐晏《两汉三国学案》认为：

> 以今考之，《穀梁》出于鲁儒，其说最为有本，惜汉代无大儒为发明之。又其立学官也晚，遂不及《公羊》之盛。《公羊》，齐说也，未必为孔门之正传。世徒以汉武好之，而又得公孙弘、董仲舒之力，而其《传》遂远，此二《传》之异也。①

《穀梁传》应当在汉景帝时写定，时间上略晚于《公羊传》；在立为官学的时间上，《穀梁传》也晚于《公羊传》。由于《穀梁传》缺少像公孙弘、董仲舒等大儒的研究、宣扬，所以影响力在汉代不及《公羊传》。《公羊传》又侧重天人关系、大一统与尊王攘夷等重大问题，现实政治趋向性非常强；而《穀梁传》尽管也有强调等级礼仪、宣扬宗法伦理，但在覆盖面与气象上远不及《公羊传》。在行文风格上，《穀梁传》比较质朴，多注重经义本身，阐发较少，内容也相对简约，文字只有《公羊传》的二分之一。

---

① （清）唐晏：《两汉三国学案》卷八《春秋》，中华书局1986年版，第401页。

二、《穀梁》学简史

（一）两汉

《春秋》学发端于汉代，而"春秋三传"发展状况则不尽相同。《公羊传》率先在汉景帝时被立为博士。《穀梁》学自汉武帝开始在发展上整体不如《公羊》学。对此《汉书·儒林传》有详细的记载：

> 瑕丘江公，受《穀梁春秋》及《诗》于鲁申公，传子至孙为博士。武帝时，江公与董仲舒并。仲舒通《五经》，能持论，善属文。江公讷于口，上使与仲舒议，不如仲舒。而丞相公孙弘本为《公羊》学，比辑其议，卒用董生。于是上因尊《公羊》家，诏太子受《公羊春秋》，由是《公羊》大兴。太子既通，复私问《穀梁》而善之。其后浸微，唯鲁荣广王孙、皓星公二人受焉。①

从上可以看出，汉武帝时，瑕丘江公作为《穀梁传》的传承者，在与宗《公羊传》的董仲舒辩论而处于下风，加之丞相公孙弘支持，由此《公羊传》为君臣尊崇，"由是《公羊》大兴"。《穀梁传》则不被重视，只有鲁地的荣广王孙、皓星公两人研习之。

西汉宣帝时，强调礼仪道德、宗法伦理的《穀梁传》开始受到统治阶层的重视。甘露三年(前51年) 召开的石渠阁会议上，"公""穀"两派展开辩论，《穀梁》学派占据上风。《穀梁传》之所以被重视，在于其对于宗法伦理的重视。

> 尽管《穀梁》学总的来说敌不过《公羊》学，但由于它在宣扬儒家的宗法伦理思想上，重视礼治，提倡礼教，较之《公羊》学直截强调拨乱反正，对于强化大一统的中央集权统治要温和一些，在社会稳定之时，更适应统治者的需要。所以西汉宣帝倍加青睐，使《穀梁》学大盛，在一段时间内取代了《公羊》学的正统地位。②

---

① （汉）班固撰，（唐）颜师古注：《汉书》卷八十八《儒林传》，中华书局 1964 年版，第 3617 页。

② 谢金良：《穀梁传开讲》，华东师范大学出版社 2011 年版，第 7 页。

《穀梁传》相对于《公羊传》，更加注重家庭伦理，符合汉宣帝时的政治需要，很快得到最高统治者的认可。此后《穀梁传》被立为官学，设立专经博士。但是，《穀梁传》的发展仍不及《公羊传》。西汉时期，除了汉宣帝，《穀梁传》得到重视之外，其他时期都非常衰微。

东汉，精通《穀梁》学者寥寥无几。这与东汉初年汉光武帝重设今文十四经博士中没有《穀梁传》有直接的关系，对此《后汉书·儒林传序》记载：

刘向像

刘向（约前77—前6年），西汉经学家、目录学家、文学家。本名更生，字子政。沛（今江苏沛县）人。汉皇族楚元王（刘交）四世孙。治《春秋穀梁传》，亦好《左氏传》。曾任谏大夫、宗正等。用阴阳灾异附会时政，屡次上书劾奏宦官、外戚专权。成帝时，任光禄大夫，终中垒校尉。曾校阅群书，撰成《别录》，为中国目录学之祖。又编有《楚辞》。

　　昔王莽、更始之际，天下散乱，礼乐分崩，典文残落。及光武中兴，爱好经术，未及下车，而先访儒雅，采求阙文，补缀漏逸。先是四方学士多怀协图书，遁逃林薮。自是莫不抱负坟策，云会京师，范升、陈元、郑兴、杜林、卫宏、刘昆、桓荣之徒，继踵而集。于是立《五经》博士，各以家法教授，《易》有施、孟、梁丘、京氏，《尚书》欧阳、大小夏侯，《诗》齐、鲁、韩，《礼》大小戴，《春秋》严、颜，凡十四博士，太常差次总领焉。[1]

汉光武帝虽然重振经学，立五经博士十四家之多，但是《穀梁传》却不在其中。原因在于汉光武帝喜好谶纬，而《穀梁传》博士及其先师皆不通此

---

[1]　（南朝宋）范晔撰，（唐）李贤等注：《后汉书》卷七十九上《儒林传序》，中华书局1965年版，第2545页。

道，以至于《公羊》学继续占上风。加之《公羊》学派学者对《穀梁》学的持续打压。由于朝廷不重视《穀梁传》，直接导致了《穀梁》学在东汉前期的发展受到了致命的影响。

汉章帝为了推动今、古文经学家的合流，整合诸家，才诏令各家经师选拔弟子学习古文经学，才使《穀梁传》《左传》《毛诗》等都得到了关注。《后汉书·儒林传序》称：

> 建初中，大会诸儒于白虎观，考详同异，连月乃罢。肃宗亲临称制，如石渠故事，顾命史臣，著为通义。又诏高才生受《古文尚书》《毛诗》《穀梁》《左氏春秋》，虽不立学官，然皆擢高第为讲郎，给事近署，所以网罗遗逸，博存众家。①

自汉章帝皇权开始受到了世家豪族的威胁，以谶纬为特征的今文经学是以服务于王权为宗旨的，而今、古文之间的争论势必对王权的巩固产生消解作用。随着皇权受到来自豪强地主的挑战，汉章帝希望通过白虎观会议，重新整合今、古文经学，实则是整合今、古文经学两股力量，以思想上统一强化王权专制下的集权统治。于是今、古文经学都得到了重视。白虎观会议没有从根本上解决今、古文之争，但却让学者们意识到兼采两家之长才是经学发展的必由之路。

汉章帝之后，《穀梁传》得到了一些学者的关注，但远不及《公羊传》发达。加上《左传》的兴起与《公羊》学派的打压，也消解其传承与发展。由于《穀梁传》不在学官，故汉灵帝"熹平石经"也没有刊刻《穀梁传》。

（二）魏晋南北朝隋唐

魏晋南北朝隋唐时期，《穀梁》学的研究进入新的阶段，产生了后世影响深远的重要著述，如东晋范宁《春秋穀梁传集解》、唐代杨士勋《春秋穀梁传注疏》等著述，以及中唐"啖赵学派"及其系列著述等。

范宁（339—401年），东晋人，曾做过临淮太守、豫章太守等职。为《后汉书》作者范晔的祖父。范宁推崇儒学，反对何晏、王弼等人的玄学，曾说：

---

① （南朝宋）范晔撰，（唐）李贤等注：《后汉书》卷七十九上《儒林传序》，中华书局1965年版，第2546页。

"时以浮虚相扇，儒雅日替，宁以为其源始于王弼、何晏，二人之罪深于桀纣。"① 与此同时，范宁认为注解《穀梁传》的虽有十多家，但都很肤浅，于是撰《春秋穀梁传集解》十二卷。这部书是今存最早的《穀梁传》注解，清代阮元将其收入《十三经注疏》。

《穀梁传》虽为"春秋三传"之一，但自两汉开始影响力就远不及《左传》《公羊传》。汉魏时期，虽然注解《穀梁传》的也有多家，但没有产生像何休的《公羊解诂》、服虔与杜预的《左传》注本。晋元帝建立东晋之初，设立了《周易》《尚书》《毛诗》《周礼》《礼记》《左传》《论语》《孝经》各经的博士，没有设立《穀梁传》的博士，就是因为"《穀梁》肤浅，不足置博士"②。也正因如此，范宁认真研习《穀梁传》，并在《集解·序》中讲：

范宁像

范宁（339—401年）东晋经学家。字武子。南阳顺阳（今河南淅川东南）人。任临淮太守、豫章太守。反对何晏、王弼等的玄学，推崇儒学，撰《春秋穀梁传集解》，是今存最早的《穀梁传》注解，收入《十三经注疏》中。

> 《左氏》则有服、杜之注，《公羊》则有何、严之训。释《穀梁传》者虽近十家，皆肤浅末学，不经师匠。③

范宁在家学传统的影响下，苦心孤诣，经过多年最终撰写完成了《春秋穀梁传集解》。

《春秋穀梁传集解》注解特色：一方面范宁兼采《左传》《公羊传》来解释《穀梁传》。范宁虽然专心注解《穀梁传》，但并没有打压《左传》《公羊传》。

---

① （唐）房玄龄：《晋书》卷七十五《范宁传》，中华书局1974年版，第1984页。
② （唐）房玄龄：《晋书》卷七十五《荀崧传》，中华书局1974年版，第1978页。
③ （晋）范宁集解，（唐）杨士勋疏：《春秋穀梁传注疏·序》，李学勤主编：《十三经注疏》标点本，北京大学出版社1999年版，第12页。

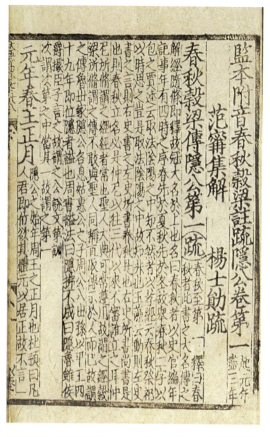

范宁集解，陆德明音义，杨士勋疏：《春秋穀梁传注疏》
书影

他采取的是"择善而从"的态度，在《序》中就作了说明：

> 凡传以通经为主，经以必当为理。夫至当无二，而三传殊说，庸得不弃其所滞，择善而从乎？既不俱当，则固容俱失。若至言幽绝，则善靡从，庸得不并舍以求宗，据理以通经乎？《左氏》艳而富，其失也巫；《穀梁》清而婉，其失也短；《公羊》辩而裁，其失也俗。若能富而不巫，清而不短，裁而不俗，则深于其道者也。①

范宁认为如果兼采"春秋三传"之长，就能够深刻领悟《春秋》之大义。另一方面，范宁也兼采汉魏以来的诸家解释，广泛吸收汉儒的成果。因此，范宁《春秋穀梁传集解》保存了汉魏时期大量的注解成果，为了解汉魏《穀梁》学提供了丰富的史料。

南北朝时期，《左传》学流行，而《穀梁》学基本上处于废置的状态，以至到了隋代，《穀梁》学彻底衰微，《隋书·经籍志》记载："至隋，杜氏盛行，服义及《公羊》《穀梁》浸微，今殆无师说。"②

唐代，经学进入新的统一时代。但朝廷对于"春秋三传"依然推崇《左

① （晋）范宁集解，（唐）杨士勋疏：《春秋穀梁传注疏·序》，李学勤主编：《十三经注疏》标点本，北京大学出版社 1999 年版，第 10、11 页。
② （唐）魏徵等：《隋书》卷三十二《经籍志》，中华书局 1973 年版，第 933 页。

传》，并有孔颖达主持编纂的、以杜预《春秋左传集解》为基础的《春秋左传注疏》（也称《春秋左传正义》），该书颁行天下，成为科举考试必读书目。《穀梁》学方面，主要体现为杨士勋以范宁《春秋穀梁传集解》为基础所作的《春秋穀梁传注疏》，这部书简洁、顺畅、非常精审。

杨士勋，生卒年事迹不详。孔颖达在其《春秋左传正义·序》中曾提到他，"虽课率庸鄙，仍不敢自专，谨与朝请大夫国子博士臣谷那律、故四门博士臣杨士勋、四门博士臣朱长才等，对共参定"①。杨士勋是四门博士。四门博士是北魏开始设立的学官名，隋代隶属于国子监，唐代隶属于太学，负责管教七品以上侯伯子男的子弟以及有才干的庶人子弟。杨士勋是唐太宗贞观时期的四门博士，参与编纂过《春秋左传正义》，是唐代初年知名的《春秋》学者。

《穀梁传疏》共12卷，《新唐书·艺文志》《郡斋读书志》《直斋书录解题》《宋史·艺文志》等都有著录。杨士勋在范宁《穀梁注》的基础上，兼采郑玄、何休、糜信、徐邈、杜预等的观点，并广征博引《左传》《公羊传》"三礼"《史记》《国语》等文献而成。因为杨士勋一人所作，故没有《左传正义》丰富，但也颇有可观之处，四库馆臣评价：

> 其书不及颖达书之赅洽。然诸儒言《左传》者多，言《公》《穀》者少，既乏凭借之资，又《左传》成于众手，此书出于一人，复鲜佐助之力。详略殊观，固其宜也。②

安史之乱后，中唐学者们开始反思包括《五经正义》在内的经学体系，并就《春秋》学提出了一系列新的思想与方法，其中代表性的人物是啖助、赵匡、陆淳等人，史称"啖赵学派"。对《穀梁》学而言，影响最大的便是被作为"三传"之一，融入《春秋》的解释与思想建构之中。亦即在"会通三传"观念的影响下，《穀梁》学成为了《春秋》学的重要组成部分，由此出现了冯伉《三传异同》、刘轲《三传指要》、韦表微《春秋三传总例》、陈

---

① （晋）杜预注，（唐）孔颖达疏：《春秋左传正义·序》，李学勤主编：《十三经注疏》标点本，北京大学出版社1999年版，第4页。
② （清）永瑢等：《四库全书总目》卷二十六《春秋穀梁传注疏》提要，中华书局1965年版，第211页。

岳《春秋折衷论》等一批著述。这种"会通三传"的发展模式,直接影响到了两宋乃至后来的元明清。

（三）宋元明清

两宋时期,内忧外患不断,《春秋》学成为了显学,此时的《春秋》学基本上是对中唐"啖赵学派"思想与方法的继承。《穀梁》学也由此得到继续传承与发展。出现了一批会通三传的著述,如刘敞《春秋权衡》、叶梦得《春秋谳》、胡安国《春秋传》、陈傅良《春秋后传》等。

《穀梁》学在宋代相较其他诸经发展并不显眼,这与理学的兴起有直接的关系。随着程朱理学成为颇有影响力的学说,四书学开始取代五经学,成为经学的主导,而本来式微的《穀梁》学更是被边缘化。即使出现了以理学为指导思想的胡安国《春秋传》,《穀梁》学也是其中部分思想的来源而已,对此正如晁公武《郡斋读书志》所言:

> 其传《春秋》事,按《左氏》义,取《公》《穀》之精者,采孟子、庄周、董仲舒、王通、邵尧夫、程明道、张横渠、程正叔之说以润色之。①

在胡安国之后的诸儒及著述,如杨时《春秋说》、张九成《春秋讲义》、吕祖谦《东莱博议》、魏了翁《春秋要义》等,它们在《春秋》学的传承与发展上,与胡安国《春秋传》颇有一致之处,都注重从理学的角度出发来注解《春秋》。

元明时期,胡安国《春秋传》被作为科举考试必考书目,出现了铉翁《春秋详说》、俞皋《春秋集传释义大成》、程端学《春秋三传辨疑》、李廉《春秋诸传会通》、汪克宽《春秋胡传附录纂疏》、童品《春秋经传辨疑》、熊过《春秋明志录》、杨于庭《春秋质疑》等著述,都是羽翼胡安国《春秋传》而作。明成祖时期编撰的《五经大全》,其中《春秋大全》基本上沿袭元人汪克宽《春秋胡传附录纂疏》。元明时期,《春秋》学的发展基本上墨守宋代仪轨,很少有发明,成为《春秋》学史上的衰微时期。

---

① （宋）晁公武撰,孙猛校:《郡斋读书志校证》卷三《胡氏春秋传》解题,上海古籍出版社 1990 年版,第 119 页。

清代《穀梁》学可分为两个阶段，第一阶段是清代中前期，主要出现了一批注重考证的学者及著述，如顾炎武、王夫之、黄宗羲、毛奇龄、惠栋、王引之、焦循等。他们不仅考证《春秋》及《穀梁传》中的名物、典制、地理、礼法等内容，还就其中的错谬进行考辨，如俞汝言《春秋四传纠正》除了纠正《穀梁传》中的错谬，对胡安国《春秋传》的错讹之处也多有考辨纠正。清中前期，还出现了一批专门以《穀梁》学为题的著述，如张尚瑗《穀梁折诸》、惠栋《穀梁古义》、齐召南《春秋穀梁传注疏考证》等。可以说，清代中前期学者们基于考证的方法，不仅进一步注解、丰富完善了《穀梁》学，而且极大地推动了《春秋》学的传承与发展。但在理论上创见、发明甚少。

在清代后期，《穀梁》学的传承与发展出现了新的繁盛景象①。如柳兴恩《穀梁大义述》、钟文烝《春秋穀梁经传补注》、廖平《春秋穀梁传条例》《春秋穀梁传条指》、孙诒让《穀梁传注疏校记》等。清代后期，《穀梁》学随着今文经学及《公羊》学的兴盛而发展，并迎来了发展的鼎盛时期，正如文廷海所总结：道、咸以后，在今文经学复兴和"汉学"适度活跃的大背景下，春秋穀梁学迎来了大发展，其学者之众，治学路数之多，著述数量之大，以及学术成果水平及其价值之高，可谓前所未有。②

---

① 文廷海：《清代春秋穀梁学研究》，巴蜀书社 2006 年版，第 140—380 页。
② 文廷海：《清代春秋穀梁学研究》，巴蜀书社 2006 年版，第 157 页。

《杏坛讲学图》，（明）吴彬绘，现藏曲阜孔子博物馆

《论语》

孔子是中国伟大的思想家、教育家、政治家，儒家学派的创始人。《论语》作为孔子思想的重要载体，是研究孔子思想与六经最重要的入门书籍，正如汉人赵岐在其《孟子题辞解》中所说：《论语》者，五经之馆辖，六艺之喉衿也。①

《论语》是研习五经的关键与入门。汉代，儒家学说被确立为官方学说之后，《论语》作为孔子学说的重要载体，受到朝野上下的广泛重视。宋代宰相赵普曾有"半部《论语》治天下"的典故。可以说，《论语》对中国两千多年的思想文化、人伦道德、社会政治、教育学术等多个方面都产生了深远的影响。康有为曾说：盖千年来，自学子束发诵读，至于天下推施奉行，皆奉《论语》为孔教大宗正统，以代六经②。

《论语》不仅在国内影响深远，在国外也广为传播，被西方人称为中国的《圣经》。

一、《论语》的成书及传承

《论语》是由孔子后传弟子们编撰，共20篇，492章，约一万五千字。有学者将前十篇称为"上论"，后十篇称为"下论"。

（一）《论语》的成书

《论语》的名称，最早见于《礼记·坊记》：

> 子曰："君子弛其亲之过，而敬其美。"《论语》曰："三年无改于父

---

① （汉）赵岐注，（宋）孙奭疏：《孟子注疏·孟子注疏题辞解》，李学勤主编：《十三经注疏》标点本，北京大学出版社1999年版，第8页。
② （清）康有为：《〈论语注〉序》，蒋贵麟主编：《康南海先生遗著汇刊》第22册，宏业书局1987年版，第29页。

之道，可谓孝矣。"①

成书于战国的《礼记》引用《论语》，说明至晚在战国时期，《论语》已经编撰成书。

"论语"之名，自古以来就有很多种解释，主要集中在"论"的理解上，有"论理"说、"追论"说、"多义"说、"言理"说、"讨论"说、"选择"说等多种解释②。在中国古代影响较大的是东汉班固《汉书·艺文志》：

> 《论语》者，孔子应答弟子时人及弟子相与言而接闻于夫子之语也。当时弟子各有所记。夫子既卒，门人相与辑而论纂，故谓之《论语》。③

班固将"论"解释为"论纂"，即加以选择编撰之意。"语"就是问答之语。此观点比较客观公允，在后世影响比较大。一般学者都采用这个说法。

就字义解释，"论语"的"论"应是班固所说的"论纂"，即选择编辑之意。"语"则并不仅仅是语录，而是上古以来流行的一种体裁，《国语·楚语上》中记载楚国大夫申叔谈论如何教导太子时就说道："教之语，使明其德，而知先王之务用明德于民也。"④《国语》最著名的注释家韦昭就解释说："语，治国之善语。""语"这种史书体例是有关治国理政的语录。"语"的体裁，是上古时期古圣贤王有关治国理政的语录。《论语》自然就是有关以孔子为核心的有关治国理政的语录集。

对于《论语》的编纂者，历代学者也是众说纷纭。今有学者对之进行研究，作了归纳总结⑤。一般学者都主张《论语》是孔子弟子及再传弟子编纂

---

① （汉）孔安国传，（唐）孔颖达疏：《礼记正义》卷五十一《坊记》，李学勤主编：《十三经注疏》标点本，北京大学出版社 1999 年版，第 1408 页。

② 唐明贵：《〈论语〉学的形成、发展与中衰：汉魏六朝隋唐〈论语〉学研究》，中国社会科学出版社 2005 年版，第 23 页。

③ （汉）班固撰，（唐）颜师古注：《汉书》卷三十《艺文志》，中华书局 1964 年版，第 1717 页。

④ （战国）左丘明撰，（三国）韦昭注：《国语》卷十七《楚语上》，上海古籍出版社 2015 年版，第 355 页。

⑤ 唐明贵：《〈论语〉学的形成、发展与中衰：汉魏六朝隋唐〈论语〉学研究》，中国社会科学出版社 2005 年版，第 29 页。

柳宗元像

而成，但究竟具体是指谁？汉唐认为是子夏等人编纂了《论语》。如朱彝尊《经义考》著录了《怱纬》，引《论语崇爵谶》中的一句，即"子夏六十四人共撰仲尼微言"①；唐陆德明《经典释文》曾援引郑玄所云，也认为《论语》为仲弓、子游、子夏等人所撰。

自唐代的柳宗元开始，提出了新的说法，认为是曾子弟子编纂了《论语》。理由是：第一，孔子弟子中曾子最小，比孔子小 46 岁，孔子去世时才 26 岁，最有可能最后编纂《论语》。第二，《论语》记载了曾子临终前与鲁国孟敬子的谈话，而此时孔子的其他弟子大都已经去世。《论语》中所记载的这条最晚的语录，应当由曾子的弟子记录整理。第三，《论语》记录孔子言行最多，其次便是曾子。说明他最受重视，故曾子弟子编纂可能性较大。第四，《论语》所记载的孔门弟子的言行记录，只有曾子被称呼为"子"，其他都直呼其名或称字。"子"是尊称，曾子弟子出于尊敬曾子称其为"子"。综合四条理由，柳宗元推断认为"卒成其书者，曾氏之徒也"②。今人杨伯峻基于此，经过考证认为《论语》成书在公元前 400 年左右，相当于战国早期。

宋代的理学奠基人程颐受柳宗元的启示，提出了《论语》乃是曾子、有子的弟子所编撰。因为在《论语》中，除了曾子称子，有子也被称为子③。后来，朱熹肯定了程颐的观点，也认为《论语》是曾子、有子所编。随着程朱理学成为官方学说，《论语》是曾子弟子所编纂的观点得到进一步强化。

---

① （清）朱彝尊：《经义考》卷二百六十七《论语崇爵谶》按语，上海古籍出版社 2010 年版，第 4789 页。

② （唐）柳宗元：《论语辨》，周绍良主编：《全唐文新编》第 3 部第 2 册，吉林文史出版社 2000 年版，第 6658 页。

③ （宋）程颢、程颐：《程氏外书》卷六："《论语》，曾子、有子弟子论撰。所以知者，唯曾子、有子不名。（伊川）。"《二程集》，中华书局 1981 年版，第 378 页。

时至今日很多学者认同这一说法。总的来说，孔子去世后，其日常生活中的谈话和思想，被弟子们记录下来，后被曾子等人汇集，并最终由曾子的弟子进行最后的整理和编纂，而成《论语》一书。

有子像

有子(前518—?)，春秋末鲁国人。有氏，名若。孔子晚年学生。提出"礼之用，和为贵""孝弟也者其为仁之本与""因不失其亲，亦可宗也"（《论语·学而》）等主张。孔子死后，孔门弟子因他"状似孔子"，一度对他特别尊重。

（二）今古文《论语》

《论语》成书之后，一直流行于学者之间，并形成了多个版本。经过秦始皇焚书，流传到汉代主要有三个版本。一是《鲁论语》二十篇；二是《齐论语》二十二篇，两者内容相近，但多《问王》《知道》二篇；三是《古论语》二十一篇，是在孔子家墙壁中被发现的用古文字所写。《古论语》没有《齐论语》多出的《问王》《知道》二篇，但将第二十篇《尧曰》中"子张问"一段分了出来，形成了单独的一篇《子张》。《论语》第十九篇就是《子张》，于是就有了两篇《子张》。在汉代传承《论语》主要是《齐论语》《鲁论语》《古论语》三家。其中，《齐论语》《鲁论语》属于今文《论语》。

关于三家《论语》在西汉的传承情况，唐陆德明《经典释文》有记载：

汉兴，传者则有三家。鲁《论语》者，鲁人所传，即今所行篇次是也。常山都尉龚奋长信、少府夏侯胜、丞相韦贤及子玄成、鲁扶卿、太子少傅夏侯建、前将军萧望之并传之，各自名家。齐《论语》者，齐人所传，别有《问王》《知道》二篇，凡二十二篇。其二十篇中，章句颇多于鲁《论》。昌邑中尉王吉、少府宋畸、琅邪王卿、御史大夫贡禹、尚书令五鹿充宗、胶东庸生并传之，唯王阳名家。古《论语》者，出自孔氏壁中，凡二十一篇，有两《子张》，篇次不与齐、鲁《论》同，孔安国为传，后汉马融亦注之。安昌侯张禹受鲁《论》于夏侯建，又从庸生、王吉受齐《论》，择善而从，号曰张侯《论》，最后而行于汉世。①

由此可以看出，《鲁论语》是鲁人所传，在汉代传承人有：常山都尉龚奋、少府夏侯胜、丞相韦贤及其子韦玄成、鲁扶卿、太子少傅夏侯建、前将军萧望之等人。《齐论语》是齐人所传，传承者有：昌邑中尉王吉（按：《汉书·艺文志》颜师古注作"王阳"）、少府宋畸、琅琊王卿、御史大夫贡禹、尚书令五鹿充宗、胶东庸生，其中王阳一支最为有名。鲁、齐两家《论语》属于西汉初年流行的今文《论语》。

《古论语》是汉武帝时期出自孔壁之中②，属于孔氏家族的传抄本，有孔安国、马融二家为它作注，后魏何晏《论语集解》又以其为底本，进行注解③。有学者研究认为，在年代上而言，"《齐论》《鲁论》的出现要晚于《古论》"④。《古论语》不仅在卷次与《齐论语》《鲁论语》不同，在文字上，也有 400 多字不同。

西汉末年，安昌侯张禹先从夏侯胜处学习《鲁论语》，后又从胶东庸生与王吉学习《齐论语》，他以《鲁论语》为主，兼采《齐论语》，去掉《问王》《知道》两篇，确定了一个新版本，全书共二十篇，号称《张侯论》。《张侯论》标志着今、文两家《论语》的合流，这是孔子之后、不同《论语》传本的第

---

① （唐）陆德明：《经典释文》卷一《注解传述人》，上海古籍出版社 1985 年版，第 59—61 页。

② （汉）班固撰，（唐）颜师古注：《汉书》卷三十《艺文志》云："武帝末，鲁共王坏孔子宅，欲以广其宫，而得《古文尚书》及《礼记》《论语》《孝经》凡数十篇，皆古字也。"中华书局 1964 年版，第 1706 页。

③ 何晏《论语集解·序》中也说道："鲁共王时，尝欲以孔子宅为宫，坏，得《古文论语》。《齐论》有《问王》《知道》，多于《鲁论》二篇。《古论》亦无此二篇，分《尧曰》下章'子张问'以为一篇，有两《子张》，凡二十一篇，篇次不与齐、鲁《论》同。安昌侯张禹本受《鲁论》，兼讲齐说，善者从之，号曰《张侯论》，为世所贵。包氏、周氏章句出焉，《古论》惟博士孔安国为之训解，而世不传。至顺帝时，南郡太守马融亦为之训说。汉末，大司农郑玄就《鲁论》篇章考之《齐》《古》，为之注。近故司空陈群、太常王肃、博士周生烈皆为《义说》。前世传授师说，虽有异同，不为训解，中间为之训解，至于今多矣，所见不同，互有得失。今集诸家之善，记其姓名，有不安者颇为改易，名曰《论语集解》。"（（魏）何晏注，（宋）邢昺疏：《论语注疏·论语序》，李学勤主编：《十三经注疏》标点本，北京大学出版社 1999 年版，第 4—6 页。）

④ 唐明贵：《〈论语〉学的形成、发展与中衰：汉魏六朝隋唐〈论语〉学研究》，中国社会科学出版社 2005 年版，第 60 页。

一次整合。张禹精通《论语》，是汉成帝的老师，所以《张侯论》面世即受到时人的吹捧，影响很大，社会上流传着"欲为《论》，念张文"①。东汉灵帝所刻的"熹平石经"，用的就是《张侯论》。这是中国古代最为流行的版本，今天所用的《论语》，就是在《张侯论》基础上形成的。

东汉末年，郑玄以《鲁论语》为底本②，参考了《齐论语》《古论语》（一说，郑玄以《张侯论》为基础，参考了其他《论语》版本）。郑玄融合今、古文《论语》，又整合出新的《论语》版本，并加以注解，形成《论语注》。

宋以后，郑玄《论语注》亡佚。在今存的郑玄《论语注》敦煌残卷（伯希和二五一○号），存有《述而》《泰伯》《子罕》《乡党》四篇。王国维根据伯希和的材料进行考证，认为郑玄注解《论语》，"篇章虽仍《鲁》旧，而字句全从《古文》"：

> 郑氏所据本固为自《鲁论》出之《张侯论》，及以《古论》校之，则篇章虽仍《鲁》旧，而字句全从《古》文。《释文》虽云郑以《齐》《古》正读凡五十事，然其所引廿四事及此本所存三事，皆以《古》正《鲁》，无以《齐》正《鲁》者。知郑但以《古》校《鲁》，未以《齐》校《鲁》也。又郑于礼经，或从古文改今文，或以今文改古文，而正《论语》读五十事中，所存二十七事，皆以《古》改《鲁》，无以《鲁》改《古》者。故郑玄注《论语》，以其篇章言，则为《鲁论》；以其字句言，实同孔本。虽郑氏容别有以《齐》校《鲁》之本，然此本及陆氏《释文》所见者，故明明以《古》校《鲁》之本，非以《齐》《古》校《鲁》之本也。后汉以后，《张侯论》盛行，而《齐》《鲁》皆微，石经所刊《鲁论》，虽不知为谁氏之本，而其校记，但列盍、毛、包、周异同，不复云《齐》。盍、毛虽无考，然包、周则固张氏之学也。疑当时《齐论》已罕传习，

① （汉）班固撰，（唐）颜师古注：《汉书》卷八十一《张禹传》，中华书局1964年版，第3352页。

② 曹魏何晏《论语集解·序》就记载说："汉末，大司农郑玄就《鲁论》篇章考之《齐》《古》，为之注。"（（魏）何晏注，（宋）邢昺疏：《论语注疏·论语序》，北京大学出版社1999年版，第5页。）南朝梁皇侃《论语义疏·序》也说："建安中，大司农北海郑玄，字康成，又就《鲁论》篇章，考《齐》验《古》，为之注解。"

王国维照

何氏，考之《齐》《古》，之说，或因《古论》而牵连及之也。①

王国维经过考证认为，郑玄《论语注》所用的底本主要是以《鲁论语》，并采用《古论语》来校勘《鲁论语》，也吸收了《张侯论》的成果，但几乎没有用到《齐论语》，原因可能是《齐论语》在东汉末年已很少传承，且张禹之前已经以《齐论语》校勘《鲁论语》，如果再用《齐论语》校勘《鲁论语》就显得没有必要。总的来说，郑玄整合各家而产生的《论语》新版本，在篇章数量上与《鲁论语》一样，文章内容字句上则全部依据《古论语》。经过郑玄的努力，今、古文《论语》最终实现了合流。

郑玄的《论语注》面世后，很流行。后来何晏作《论语集解》采纳了郑玄的一些成果。在南北朝时期，北朝周、齐将郑玄《论语》学立为官学，在南朝的梁、陈，则是将何晏、郑玄并立为官学。隋代，南学取代北学，何晏、郑玄依旧被并立为官学。唐代，崇尚玄学的何晏《论语集解》受到重视，而郑玄《论语注》只是盛行于民间，并最终趋于衰微。北宋所撰的《新唐书·艺文志》还著录有"《论语》郑玄《注》十卷"②，但在宋以后，郑玄《论语注》散佚了。

二、《论语》学简史

《论语》在战国初期，完成了原本的编纂。此后，在学者中间流传，但它还没有被称为"经"，只是辅助理解经典的"传"或"记"。

① 王国维：《书论语郑氏注残卷后》，《王国维遗书》第一册，上海书店 1983 年版，第 182 页。
② （宋）欧阳修：《新唐书》卷五十七《艺文志》，中华书局 1975 年版，第 1443 页。

（一）汉唐

在汉代，《论语》与《孝经》都属于启蒙读物，受到朝野的重视。汉文帝时，将《论语》《孝经》《孟子》《尔雅》一起立为博士①。从汉初便有诸多学者为之作章句、注解，如孔安国对《论语》的注解，后世称之为《论语孔氏训解》，是已知最早的《论语》注解本。此书早已经亡佚，只在何晏《论语集解》等文献中，还能见到孔安国的部分注解。郑玄作为东汉末年的经学大师，超越门派、古今的偏见，兼采各家所长，对《论语》进行重新注解，从而形成了《论语注》。随着郑玄《论语注》的流行，其他《论语》注解本逐渐衰微不传。遗憾的是，郑玄《论语注》在唐五代亡佚，只在敦煌和日本发现了一些唐写本的残卷，约保存有十之六七的内容。

魏晋南北朝时期，《论语》注解数量繁多，据朱彝尊《经义考》注解看，有八十多部。但真正对后世影响较大的主要是魏何晏《论语集解》与皇侃《论语义疏》。就何晏《论语集解》而言，根据唐代陆德明《经典释文·序录》中所说："魏吏部尚书何晏集孔安国、包咸、周氏、马融、郑玄、陈群、王肃、周生烈之说，并下己意，为《集解》。正始中上之，盛行于世，今以为主。"② 这是现存最早的《论语》注释本，保存了大量汉魏时期的古人注释，是研究汉魏时期《论语》学的重要文献。何晏之后，东晋江熙也曾作《论语集解》，汇集了魏晋时期十三家注解《论语》的成果。

何晏《论语集解》成书之后，立为官学。至南朝梁，皇侃以何晏、江熙两人的《论语集解》为基础，兼采魏晋南北朝时人注解，作《论语义疏》，书成之后流行于世。"著录于隋唐《志》，引证于陆氏《释文》，被引于五代邱光庭之《兼明书》，载于宋晁公武之《郡斋读书志》、尤袤之《遂初堂书目》。南宋之初，中国当尚有存者，陈氏《书录解题》漏之。乾淳以后，学者一无征引，其后不久遂亡"③。皇侃《论语义疏》在唐代，流传到了日本，盛行一时。皇侃《论语义疏》宋以后在中原就失传。清代，浙江余姚人江鹏从日本

---

① （汉）赵岐注，（宋）孙奭疏：《孟子注疏·孟子注疏题辞解》："孝文皇帝欲广游学之路，《论语》《孝经》《孟子》《尔雅》皆置博士。"李学勤主编：《十三经注疏》标点本，北京大学出版社1999年版，第9页。

② （唐）陆德明：《经典释文》卷一《注解传述人》，上海古籍出版社1985年版，第61页。

③ ［日］内藤虎次郎等著：《先秦经籍考》（中），江侠庵编译，上海文艺出版社1990年版，第70页。

将皇侃《论语义疏》带回国内，乾隆时鲍廷博著录于《知不足斋丛书》之中，并收入《四库全书》，从而为学者所熟知。

唐代，《论语》不太受重视，注解不多，所谓"隋唐以降，《论语》之学式微"[①]。唐初，陆德明《论语音义》非常重要，书中虽然只是《经典释文》的一部分，且未对《论语》进行系统的注解，但其保存了汉唐之际丰富的旧注释与异文。另外，陆德明在《经典释文·序录》中对唐代以前《论语》学的发展情况作了系统梳理。除了唐初陆德明《经典释文》之外，对后来影响比较大的是中唐韩愈、李翱两人合撰的《论语笔解》。这部书对汉魏之际的《论语》注释作了大量考证，并指出很多错谬之处。他们还根据自己的理解对《论语》作了新的解释，这种阐发《论语》思想的经学方法，相较以往注重注释、训诂而言，无疑是一种创新。从研究方法上而言，《论语笔解》可以说是《论语》学史上汉学转向宋学过程中的重要著述。

（二）宋元明

到了宋代，《论语》开始受到朝野上下的重视。其中影响较大的，如宋真宗时邢昺吸收了皇侃《论语义疏》的很多内容，为何晏《论语集解》作新的义疏，即《论语注疏》（也称《论语正义》）。这部书除了进一步解释《论语》与《论语集解》中的名物、典制之外，还以此为基础进行思想发挥，成为宋代经学由注疏之学转向义理之学的代表作。正如四库馆臣所评价：

> 今观其书，大抵剪皇氏之枝蔓而稍传以义理。汉学、宋学兹其转关。是疏出而皇《疏》微，迨伊、洛之说出而是疏又微。其书于章句训诂名物之际详矣[②]。

北宋中后期，经学义理之学非常兴盛，并转向对性理之学的探讨，作为宋代理学的奠基人二程，用理学来解读《论语》，开创了之后以理解经的先河。随着二程洛学的兴盛，以理解读《论语》成为学术的新特征。程门弟子如谢良佐、杨时、尹焞、游酢等都有《论语》著述行于世。

---

① （清）刘师培著，陈居渊注：《经学教科书》，上海古籍出版社 2006 年版，第 79 页。
② （清）永瑢等：《四库全书总目》卷三十五《论语正义》提要，中华书局 1965 年版，第291 页。

到了南宋，朱熹兼采汉唐诸儒如孔安国、马融、何晏、陆德明、邢昺等的注解，又吸收了宋代理学家如程颐、程颢、张载、王雱、晁说之、吕大临、谢良佐、杨时、胡寅、吕祖谦等的《论语》学成果，耗40余年心血，最终写成了《论语集注》一书。这部书既重文字训诂，又注重思想义理，可以说是宋代以前《论语》学的集大成之作。南宋末年，朱熹《论语集注》并立为官学。

元明时期，《论语》学多是羽翼朱熹《论语集注》而为。

（三）清代

清代《论语》学较以往来说，不论是在数量上，还是在研究内容、方法上都有了很大的不同。清代《论语》仍多以四书学的形式出现。对于清代《论语》学的传承与发展及重要著述，刘师培《经学教科书》有所总结：

杨时像

杨时（1053—1135年），北宋学者。字中立。南剑州将乐（今属福建）人。熙宁进士。曾任右谏议大夫、工部侍郎，官至龙图阁直学士。晚年隐居龟山，学者称龟山先生。先后学于程颢、程颐。与游酢、吕大临、谢良佐并称程（颢、颐）门四大弟子。又与罗从彦、李侗并称为"南剑三先生"。后东南学者奉为"程氏正宗"。朱熹之学和他有间接师承关系。著作有《二程粹言》《龟山集》。

国初之儒，治《论语》者，咸宗朱注，空言义理。及刘台拱（作《论语骈枝》）、方观旭（作《论语偶记》）、钱坫（作《论语后录》）、包慎言（作《论语温故录》）始宗汉注治《论语》。而刘宝楠《论语正义》以何晏《集解》为主，集众说之大成。后刘逢禄（作《论语述何》）、宋翔凤（作《论语发微》）、戴望（作《论语注》）咸以《公羊》述《论语》，别成一家言，而焦循《论语通释》析理尤精。江永《乡党图考》，亦究心名物制度。继起之书，有黄式三《论语后案》，力持汉宋之平，时有善言。

近儒虽多宗汉学，然以《学》《庸》《论》《孟》为四书，仍多沿宋儒之号。毛奇龄作《四书改错》，排斥朱注不遗余力。而阎若璩《四书

刘宝楠像

刘宝楠（1791—1855年），字楚桢，号念楼。江苏宝应（今扬州）人。道光二十年（1840年）进士，历任文安、元氏、三河、宝坻等县知县。曾撰有《论语正义》《释谷》《殉扬录》《宝应图经》等多部著作。

释地）、翟灏《四书考异》、凌曙《四书典故核》考证亦精，皆宗汉注而排斥宋注者也。[1]

刘师培总结清代的《论语》学的研究也大体分为三个阶段，即清代初年学者受到学术界风气的影响，普遍宗主朱学，代表性的著述如有毛奇龄《四书改错》、阎若璩《四书释地》等。也有一部分学者推崇阳明学。清代乾嘉之学，学者们多以考据为主，代表性的著述如刘宝楠《论语正义》等；到了清代道咸以降，学者们虽然注重思想义理，但是也基本上以考据为主，代表性的著述如有黄式三《论语后案》等。大体上，清代《论语》学有以下几类著述。

1. 注解类《论语》学著作

代表性著述是清代刘宝楠撰《论语正义》二十四卷，经其子刘恭冕补修完整。之所以作这部书，是因刘宝楠认为汉唐学者过于拘泥于章句训诂，而宋元明的学者又太过注重思想义理，所以要兼采汉、宋两派优长，重新注解《论语》。于是，刘宝楠便依焦循作《孟子正义》之法，作《论语正义》。但刘宝楠因病停止写作，后由其子刘恭冕（1821—1880年）继续写定。故为刘宝楠父子二人所共著。这部书的特点在于，汇集了汉人旧说，详细考证字词、名物与典章制度，还吸收了宋代以来的很多思想义理，打破汉、宋门户之见，既有详细的考证，又有新的思想发挥，由此成为清代最完善的《论语》注解本。刘宝楠《论语正义》兼采众长，择善而从，成一家之言，堪称中国古代《论语》学史上的集大成

---

① （清）刘师培著，陈居渊注：《经学教科书》，上海古籍出版社2006年版，第138页。

之作。

2.考辨类《论语》学著作

其中考证性代表作如冯登府《论语异文考证》、阮元《论语校勘记》、叶德辉《日本天文本论语校勘记》等。辨析类的代表作，如丁晏《论语孔注证伪》认为孔安国《古文论语注》是王肃的伪作；崔适《论语足征记》经过考证认为《古论语》是刘歆伪造，只不过是假托孔安国。除此之外，还有乾嘉之际袁枚、赵翼、崔述等人对《论语》真实性的考证。

3.辑佚类《论语》学著作

这类著述非常多，如惠栋、王谟、孔广林、宋翔凤、马国翰、黄奭、王仁俊等人都曾做过有关《论语》的辑佚工作，主要是针对郑玄《论语注》。这其中又以马国翰的成就最大。

《听琴图页》，（明）仇英绘

《孝经》

孝道是中国古代社会最重要的道德规范，也是政治教化的根本立足点。《孝经》中讲："夫孝，德之本也，教之所由生也"；"人之行，莫大于孝。"中国古人认为"百善孝为先"。传统政治强调以孝治天下，孝道渗透到了社会各个层面，人伦道德、社会政治、思想文化、法律法规、民风民俗无不涵盖。重视孝道是中华民族精神最突出的体现，是一切礼仪道德的开始，如《左传》文公二年中所说："孝，礼之始也。"①

《孝经》是宣扬"孝道"最重要的经典依据，一直传承不衰。《孝经》是十三经中最短的一部，共有 1800 字左右。尽管内容短小，却是仁学思想的浓缩与精华，是孔子晚年理念最突出的体现。传统社会《孝经》备受朝野上下、士民百姓的重视，成为中国古代最流行的经典之一。

一、《孝经》的成书及传承

《孝经》在十三经中最为特殊，直接被称为"经"，不同于《诗经》《易经》《书经》等称谓都是后世形成的。这和《孝经》的内容与思想有直接的关系。

> 夫孝，天之经，地之义，民之行也。举大者言，故曰《孝经》。②

"孝经"之名，最早见于《吕氏春秋·察微》：

> 《孝经》曰："高而不危，所以长守贵也；满而不溢，所以长守富也。

---

① （晋）杜预注，（唐）孔颖达疏：《春秋左传正义·文公二年》，李学勤主编：《十三经注疏》标点本，北京大学出版社 1999 年版，第 498 页。

② （汉）班固撰，（唐）颜师古注：《汉书》卷三十《艺文志》，中华书局 1964 年版，第 1719 页。

富贵不离其身，然后能保其社稷而和其人民。"①

《吕氏春秋》成书于公元前 241 年，因此《孝经》成书于先秦是毫无疑问的事实。《孝经》的作者、成书时代、文字异同、版本流传等情况，一直以来争论不休，成为《孝经》学史上的一件公案。

（一）《孝经》的成书

最早记载《孝经》作者的是司马迁《史记》。《史记·仲尼弟子列传》中说："孔子以为（曾子）能通孝道，故授之业。作《孝经》。"② 这句话可以有两种理解：第一种是孔子作《孝经》，即孔子认为曾子最精通孝道，所以传授给孝的思想，并自己作《孝经》。第二种是曾子作《孝经》，即孔子授给曾子孝的思想，后来曾子根据孔子的思想作《孝经》。据班固《汉书》记载，认为是孔子作《孝经》。在经学观点上，司马迁、班固前后非常一致，如《周易》《诗经》《尚书》《周礼》《仪礼》等作者探讨上，都保持一致，由此我们判断司马迁、班固对于《孝经》作者的认识也应该是一致的。

班固《汉书》认为孔子作《孝经》。《汉书·艺文志》载："《孝经》者，孔子为曾子陈孝道也。"③ 班固又在《白虎通义·五经》中说："（孔子）已作《春秋》，复作《孝经》何？"④ 东汉末年的郑玄也认为孔子作《孝经》，在其《六艺论》中说："孔子以六艺题目不同，指意殊别，恐道离散，后世莫知根源，故作《孝经》以总会之。"⑤ 北宋邢昺也认为孔子作《孝经》，"夫《孝经》者，孔子之所述作也。"⑥ 还有西晋陈寿、隋刘炫、唐陆德明、南宋真德秀、元陈继儒、明黄道周、吕维祺、王伟、清阮元等，都认为《孝经》是孔子所作。孔子作《孝经》是最主流的观点。

---

① （汉）高诱注，（清）毕沅校：《吕氏春秋》卷十六《察微》，上海古籍出版社 2014 年版，第 366 页。

② （汉）司马迁：《史记》卷六十七《仲尼弟子列传》，中华书局 1963 年版，第 2205 页。

③ （汉）班固撰，（唐）颜师古注：《汉书》卷三十《艺文志》，中华书局 1964 年版，第 1719 页。

④ （清）陈立撰，吴则虞校点：《白虎通疏证》卷九《五经》，中华书局 1994 年版，第 446 页。

⑤ （唐）李隆基注，（宋）邢昺疏：《孝经注疏·序》引郑玄《六艺论》，李学勤主编：《十三经注疏》标点本，北京大学出版社 1999 年版，第 6 页。

⑥ （唐）李隆基注，（宋）邢昺疏：《孝经注疏·序》，李学勤主编：《十三经注疏》标点本，北京大学出版社 1999 年版，第 3 页。

曾子像

曾子（前505—前436年）春秋末鲁国南武城（今山东平邑南）人。名参，字子舆。孔子学生。以孝著称。提出"吾日三省吾身"（《论语·学而》）的修养方法。认为"忠恕"是孔子"一以贯之"的思想。提出"慎终（慎重地办理父母的丧事），追远（虔诚地追念祖先），民德归厚""犯而不校（计较）"等主张。《大戴礼记》记载有他的言行，相传《大学》为他所著。后被尊为"宗圣"。

大部分人认为孔子作《孝经》之外，还有其他观点，影响比较大的有两种：一是曾子作《孝经》，二是曾子门人作《孝经》。孔安国《古文孝经序》就说："故夫子告其（曾子）谊，于是曾子喟然知孝之为大也，遂集而录之，名曰《孝经》，与五经并行于世。"① 民国马宗霍《中国经学史》也认可此说。

曾子门人作《孝经》的说法在宋代以后影响非常大。宋人胡寅认为："《孝经》非曾子所自为也。曾子问孝于仲尼，退而与门弟子言之，门弟子类而成书。"② 宋人晁公武《郡斋读书志》也持此说。朱熹《孝经刊误》在解读第一章"开宗明义"时讲：

此一节，夫子、曾子问答之言，而曾氏门人之所记也……顾自汉以来，诸儒传诵，

莫觉其非；至或以为孔子之所自著，则又可笑之尤者。③

朱熹对孔子作《孝经》给予了明确的否定，认为《孝经》是曾子弟子所作。元代董鼎、明代项霖也都主张此说。近人梁启超在《古书真伪及其年代》

---

① （汉）孔安国：《古文孝经序》，载汪受宽译注：《孝经译注》附录，上海古籍出版社2016年版，第104页。

② （宋）王应麟：《困学纪闻》卷七《孝经》引胡寅说，上海古籍出版社2015年版，第178页。

③ （宋）朱熹：《孝经刊误》，中华书局1991年版，第1—2页。

中也认为《孝经》是曾子门人所作。

除了以上三种说法之外，还有很多观点，如宋代冯椅认为《孝经》为子思所作。又如宋代司马光、清代毛奇龄、《四库全书》、近人张舜徽等则认为《孝经》是孔子门人或后传七十弟子所作，不专曾子一人。还有元代熊禾、徐贯，明代归有光、朱鸿等人认为是齐鲁儒生所作。还有近人王正己《孝经今考》认为，《孝经》的思想接近孟子，有可能是孟子弟子所作。

尽管有各种说法，但大都没有确凿的证据来论证自己的观点，以否定孔子作《孝经》之说。如有的学者否定孔子作《孝经》，就说既然是孔子作《孝经》，但为什么在《孝经》中称曾参为曾子。孔子对弟子尊称为"子"，不符合当时的称谓习惯。其实这种观点缺乏基本的常识，即先秦文献在流传过程中，不断地被后人修订、整理。加之儒家学派成为官方显学，将孔子及其弟子的名或字，改为子，如仲尼改为孔子、曾参改为曾子、孟轲改为孟子、荀卿改为荀子等，都合乎情理，不能因此否定孔子作《孝经》。正如仅凭《文言》《系辞》之中有"子曰"，而否定孔子作《易传》的道理一样。总而言之，在没有出现更有力的证据之前，本书认为孔子作《孝经》。但需要明确《孝经》的形成应有原本和定本两个阶段，其过程类似《左传》。孔子作原本《孝经》，并在去世前传授给曾子，曾子在去世前又传授给弟子。在传承过程中，《孝经》经过了不断地修订、编辑，最终形成今天看到的定本《孝经》。尽管有后学弟子的修正，但并没有改变孔子原本《孝经》的整体框架及其孝道的基本体系。

孔子将《孝经》传授曾子与其对孝道深刻的理解与体验有直接的关系。《史记》说曾子"能通孝道"。其本人是中国古代孝子的典范，孝行闻于四方。曾子将孝看成是修身养性、成就仁人的根本，通过实践孝道作为实现自己的人生价值的基础与起点，最终成为孔子所说的仁人。

曾子不仅一生孝顺父母，更是孔子晚年最得意的弟子。自颜回去世后，讲究孝道的曾子成为孔子传道的最佳人选。孔子晚年对仁学进一步思考、反省，并从形而上的角度对仁学、孝道作了系统的阐释，将仁学具体化为孝道，相比较而言，孝道比仁学更加容易理解和实践。曾子是众弟子中年龄最小的，孔子希望曾子将自己的思想传承下去。正是以上原因，孔子将《孝经》传授给曾子，希望他能将"以孝治天下"的理念传承下去，服务于后世社会政治。

（二）今古文《孝经》及流变

今、古文经学的产生与发展是汉代经学的基本特征。对于《孝经》也不例外，虽未出现《左传》《周礼》《尚书》那样较严重的今、古文之争。但今、古文《孝经》也在中国古代有较大影响，引发了多次争论。

1. 今古文《孝经》的出现

汉代所说的今文《孝经》，是秦人颜芝所藏。汉初其子颜贞献给朝廷，共十八章。

> 遭秦焚书，为河间人颜芝所藏。汉初，芝子贞出之，凡十八章，而长孙氏、博士江翁、少府后仓、谏议大夫翼奉、安昌侯张禹，皆名其学。①

此《孝经》被朝廷用今文隶书书写记录。之后，长孙氏（长孙顺）、江翁、后仓、翼奋、张禹等研习，成为当时《孝经》学专家。这就是汉代的今文《孝经》。

古文《孝经》根据孔安国《古文孝经序》和《汉书·艺文志》的记载，至少有两个版本：一个版本是汉武帝初年，河间王所献古文《孝经》十八章，曾被当时的博士官传授学习。另一个版本是汉武帝末年，鲁恭王刘馀拆迁孔子家旧宅，从墙壁中发现了一个石函，石函中有竹简，上面有用蝌蚪文书写古文《孝经》二十二章，为鲁国三老孔子惠所收藏。西汉昭帝时，孔子惠将其献给朝廷。朝廷用隶书誊写多份，其中一份交给孔子惠，一份交给侍中霍光，并藏于宫廷图书馆中。

后来，孔安国获得了朝廷所藏的古文《孝经》，并为其作注。孔安国所用的古文《孝经》即孔壁版本。孔安国所注古文《孝经》在后代影响很大。

> 又有《古文孝经》，与《古文尚书》同出，而长孙有《闺门》一章，其余经文，大较相似，篇简缺解。又有衍出三章，并前合为二十二章，孔安国为之传。②

---

① （唐）魏徵等：《隋书》卷三十二《经籍志》，中华书局 1973 年版，第 935 页。
② （唐）魏徵等：《隋书》卷三十二《经籍志》，中华书局 1973 年版，第 935 页。

此外，汉成帝时期，刘向奉命整理宫廷藏书，发现了古文《孝经》，于是就采用颜芝所传的今文《孝经》与孔安国所传古文《孝经》进行互相对比、校勘，吸收两家优长，整理形成十八章的《孝经》新文本。

> 至刘向典校经籍，以颜本比古文，除其繁惑，以十八章为定。①

刘向整理形成新的《孝经》文本，既不同于颜芝的今文《孝经》本，也不同于孔安国的古文《孝经》本，而是兼采今古文之长的《孝经》新文本。

刘向《孝经》新文本之后，郑众、马融、郑玄等大儒都为其作注释。随着郑玄《孝经》注本的大行其道，刘向所确立的《孝经》新文本成为汉代以后最流行的文本，即今天通行的文本。

今古文《孝经》之间的区别主要体现在两个方面：第一，今古文在篇章数量上不同，古文比今文多出四章。古文《孝经》有二十二章，而今文《孝经》只有十八章。《汉书·艺文志》记载："《孝经古孔氏》一篇。二十二章。"②颜师古《汉书注》作了解释。

> 刘向云古文字也。《庶人章》分为二也，《曾子敢问章》为三，又多一章，凡二十二章。③

根据颜师古的解释，多出的四章分别是：《庶人章》被一分为二，多出一章；《曾子敢问章》一分为三，又多出两章；还有唐陆德明《经典释文》中所提到的《闺门》一章④。因此，古文今文其实只多《闺门》一章。另外三章，只是分解之后所得，今古文都有，属于重复内容。

第二，今古文在文字方面有差异。颜师古注《汉书·艺文志》云："桓

---

① （唐）魏徵等：《隋书》卷三十二《经籍志》，中华书局 1973 年版，第 935 页。
② （汉）班固撰，（唐）颜师古注：《汉书》卷三十《艺文志》，中华书局 1964 年版，第 1718 页。
③ （汉）班固撰，（唐）颜师古注：《汉书》卷三十《艺文志》，中华书局 1964 年版，第 1719 页。
④ （唐）陆德明：《经典释文》卷一《注解传述人》云："又有古文出于孔氏壁中，别有《闺门》一章，自余分析十八章，总为二十二章。孔安国作传。刘向校书，定为十八。后汉马融亦作《古文孝经传》，而世不传。"上海古籍出版社 1985 年版，第 58 页。

谭《新论》云《古孝经》千八百七十二字，今异者四百余字。"① 即今古文两个版本有四百个字不同。尽管今古文字数有很大的差异，但两者在思想体系上基本是一致的，没有根本性的差异。宋代黄震经过校勘后认为：

> 古文、今文特所传，微有不同。如首章，今文云："仲尼居，曾子侍。"古文则云："仲尼闲居，曾子侍坐。"今文云："子曰：先王有至德要道。"古文则云："子曰：参先王有至德要道。"今文云："夫孝，德之本也，教之所由生也。"古文则云："夫孝，德之本，教之所由生。"文之或增或减，不过如此，于大义固无不同。至于分章之多寡，今文《三才章》"其政不严而治"与"先王见教之可以化民"通为一章，古文则分为二章。今文《圣治章第九》"其所因者本也"与"父子之道天性"通为一章，古文亦分为二章。"不爱其亲而爱他人者"，古文又分为一章。章句之分合，率不过如此，于大义亦无不同。古文又云"闺门之内具礼矣乎？严父严兄，妻子臣妾，犹百姓徒役也。"此二十二字，今文全无之，而古文自为一章，与前之分章者三，共增为二十二，所异者又不过如此，非今文与古文各为一书也。②

黄震认为今古文的确有差异，包括个别字句上的差异，文字多或者少；还有如分章分段的问题，但思想表达不受影响。戴震认为今、古文在字数多少、内容文字以及分章分段上有不同，但并不影响《孝经》的整体意思，其思想体系上基本一致。尽管今古文《孝经》在版本上有很多不同，但并不影响对孝道思想的阐释。这是宋代儒生的观点，宋儒更关注的是经书中所蕴含的思想义理，而很少关注文字训诂、版本校勘之类的。相较宋代儒者，《孝经》今古文的差异还是引起了汉代儒生的重视，对于汉儒或汉学家们而言，文章字词、章句训诂是其经学所关注的重点。

2. 今古文《孝经》的流变

汉代以后，今古文《孝经》的流传情况，《隋书·经籍志》记载：

---

① （汉）班固撰，（唐）颜师古注：《汉书》卷三十《艺文志》，中华书局1964年版，第1719页。

② （宋）黄震：《黄氏日抄》卷一《读孝经》，影印文渊阁《四库全书》本，台湾商务印书馆1986年版，第2页。

孔安国为之传。至刘向典校经籍，以颜本比古文，除其繁惑，以十八章为定。郑众、马融并为之注。又有郑氏注，相传或云郑玄，其立义与玄所注余书不同，故疑之。梁代，安国及郑氏二家并立国学，而安国之本亡于梁乱。陈及周、齐，唯传郑氏。至隋，秘书监王劭于京师访得《孔传》，送至河间刘炫。炫因序其得丧，述其议疏，讲于人间，渐闻朝廷，后遂著令，与郑氏并立。儒者喧喧，皆云炫自作之，非孔旧本，而秘府又先无其书。又云魏氏迁洛，未达华语，孝文帝命侯伏侯可悉陵，以夷言译《孝经》之旨，教于国人，谓之《国语孝经》。今取以附此篇之末。①

汉代《孝经》主要是颜芝所传的今文《孝经》，并立为官学。西汉末年，刘向根据宫廷藏书整理出来了《孝经》新文本，后来又有郑众、马融、郑玄等人作注。（《隋书·经籍志》怀疑郑玄没有为《孝经》作注。）

魏晋时期，官学主要是郑玄注本。南北朝时，南朝宋、齐、陈以及北朝的北齐、北周都将郑玄注本立为官学，只有梁武帝将孔安国古文《孝经》与郑玄今文《孝经》同时立为官学。梁朝灭亡时，皇家图书馆被战火焚毁，孔安国的古文《孝经》从此失传。

隋代，秘书监王劭又重新从民间获得孔安国所传的古文《孝经》，并经刘炫校订，以此

郑众像

郑众（？—83年），东汉经学家。字仲师。开封（今属河南）人。曾任给事中，因官至大司农，旧称"郑司农"，以别于宦官郑众。传其父郑兴《左传》之学，兼通《易》《诗》，明三统历。世称郑兴父子为"先郑"，称郑玄为"后郑"。受诏作《春秋删》。著作已佚。清马国翰《玉函山房辑佚书》辑有《周礼郑司农（众）解诂》六卷、《郑众春秋牒例章句》一卷。

---

① （唐）魏徵等：《隋书》卷三十二《经籍志》，中华书局1973年版，第935页。

为基础作《孝经述议》五卷，用于民间讲学宣扬孝道，在当时影响非常大，受到了朝廷的关注。以至于在隋代，朝廷将刘炫所传授的孔安国古文《孝经》与郑玄今文《孝经》注本同时立为官学。当时就有人怀疑刘炫所用的不是孔安国旧本，而是其伪造的。但古文《孝经》很难判断刘炫所传是不是孔安国旧本。

在唐代，就郑玄今文《孝经》注本与孔安国古文《孝经》两者的真伪问题，引发争论。于是，开元七年（719年），唐玄宗命群臣专门就今古文《孝经》的真伪、优劣进行辩论。左庶子刘知幾主张用孔安国古文《孝经》，在其《孝经注议》认为，一直流行的郑玄今文《孝经》注本不是郑玄所作，郑玄并没有注释过《孝经》[1]。而国子祭酒司马贞则认为孔安国古文《孝经》是近儒的伪作，主张用郑玄今文《孝经》注本。"荀昶集注之时，尚有孔《传》[2]，中朝遂亡其本。近儒欲崇古学，妄作此《传》，假称孔氏，辄穿凿改更，又伪作《闺门》一章……古文既亡，后人妄开此等数章，以应二十二章之数。非但经文不真，抑亦传习浅伪。"[3]唐玄宗听从了司马贞等人的建议，用郑玄今文《孝经》，不过也保存了孔安国古文《孝经》。"其河、郑二家，可令仍旧行用，王、孔所注，传习者稀，宜存继绝之典"[4]。开元十年(722年)，唐玄宗以郑玄今文《孝经》注本为基础，参考了孔安国古文《孝经》以及韦昭、王肃、虞翻、刘劭、刘炫、陆澄等六家《孝经》学，为《孝经》作注，撰成了《御制孝经注》一书，并于天宝二年(743年) 颁行天下。随后，唐玄宗《孝经》注本成为中国古代流传最广的文本，取代了之前流行的郑玄今文《孝经》注本。唐以后，今古文《孝经》之间的争论并没有停止。

在宋元时期，今古文交相得到朝廷和学者的重视。先是宋真宗时邢昺为唐玄宗《孝经》注本作疏，即《孝经注疏》（也叫《孝经正义》）。后《孝经注疏》被列入《十三经注疏》本，成为后代《孝经》最为通行的传本。在北宋中后期，王安石也用今文《孝经》作《孝经解》。但同时代的司马光却认为，古文《孝

---

[1] （宋）王溥：《唐会要》卷七十七《论经义》引《孝经注议》，中华书局 1955 年版，第 1406—1408 页。

[2] 传闻孔安国曾经撰有《古文尚书传》《古论语训注》《古文孝经传》，后被学者多怀疑是伪书。

[3] （宋）王溥：《唐会要》卷七十七《论经义》，中华书局 1955 年版，第 1408—1409 页。

[4] （宋）王溥：《唐会要》卷七十七《论经义》，中华书局 1955 年版，第 1409 页。

经》和古文《尚书》都出自孔子家的墙壁中，但为什么只是相信古文《尚书》而却怀疑古文《孝经》，于是作《古文孝经指解》。很多学者赞同司马光的观点。到了南宋，朱熹以古文《孝经》为底本，参考今文《孝经》，并将古文前七章、今文前六章合为经一章，其余部分并为传十四章，即将《孝经》分为经、传两部分，并作《孝经刊误》一书。朱熹删改《孝经》在历史上影响深远。元代吴澄也仿效朱熹删改《孝经》，但他以今文《孝经》为底本，将《孝经》分为经、传两部分。还有董鼎《孝经大义》、明江元祚《孝经汇注》、清周春《中文孝经》等，也都删改、注解《孝经》。

在明清两代，更认同今文《孝经》，而怀疑孔安国古文《孝经》是伪书，如明人吕维祺在其《孝经或问》中就说：

> 今文历汉唐至今累世通行，而古文经梁乱其书已亡佚无存。隋时所称得古文《孝经》者，非安国本也，或张霸、刘炫之徒增减今文以自异耳。学者好是古非今，多客古文于今文，其实非也。故《孝经》以今文为正。

吕维祺认为《孝经》应当以今文为正统。清代，朝野上下都注重今文《孝经》，顺治帝《御治孝经》、康熙帝《钦定孝经衍义》、雍正帝《御纂孝经集注》等，所用底本都是今文《孝经》。严可均、洪颐煊等人还辑有郑玄今文《孝经》。唐代之后，今文《孝经》成为流传的主要版本。今天通行的是今文《孝经》十八章。

二、《孝经》学简史

《孝经》作为孝道最重要的经典载体，受到了历代的高度重视，上至帝王、下到百姓都将《孝经》看成是修身养性、为人处世的法典。众多的学者则根据各自时代的需要与思想文化的特点，对《孝经》作了注解。曾有多位皇帝亲自为《孝经》作注，如梁武帝《孝经义疏》、梁简文帝《孝经疏》、后魏孝明帝《孝经义》、唐玄宗《孝经注》、清顺治皇帝《孝经注》、雍正皇帝《孝经集注》等，都对《孝经》所作不同的理解与诠释，从而为孝道的发展与推广推波助澜。《孝经》也成为十三经中被历代皇帝注解最多的经典。《孝经》还传入东南亚各国，对东亚、东南亚的中华文化圈产生了深远的影响，海外也根据自身需要作了颇有特色的解读与注解。

（一）先秦

先秦时期，在孔子之前虽没有《孝经》，但是孝的观念却是非常盛行。《尚书·尧典》曰："克谐以孝。"从虞舜开始，上古三代都非常注重孝道、孝行，强调以孝治天下。

在春秋时期，孝道、孝行依旧得到广泛重视。在《孝经》学史上，孔子对《孝经》和孝道的创作与阐发有承上启下的重要意义。

首先，孔子编撰《孝经》，将上古以来的孝道提炼和升华。《孝经》是中国古代孝道的经典之作，是《孝经》学产生的文献依据。可以说，没有孔子就没有《孝经》，孝道的宣扬就要受到某种程度的影响。

其次，在孝道的阐发上，较以往更加广泛深刻。一方面孔子扩大了孝的对象，不仅要孝顺父母、长辈，还要尊敬忠于君主、上级。另一方面扩大了孝的内涵，即孝不仅是要虔诚赡养父母，还要移孝于忠，遵守礼法规定，安心做好本职工作，进而建功立业，维护王权。《论语·学而篇》所说："事父母，能竭其力；事君，能致其身。"[1]

最后，孔子将孝看成是仁的根本，即弟子有子所说的"孝弟也者，其为仁之本与"[2]。既然，孝是仁的根本，那么孝道便是仁学的根本。孝道既然是仁学的根本，那么作为仁学一部分的孝道，就具有了仁学的本质特征。

孔子孝道的特征，一方面要虔诚地孝顺父母，孔子在回答弟子子游时说："今之孝者，是谓能养。至于犬马，皆有能养；不敬，何以别乎？"[3]可以看出，孔子所说的孝，不仅仅表现在形式上，更为主要的是要有一种虔诚、恭敬的心态。另一方面孔子孝道强调遵守礼法。孔子说："生，事之以礼；死，葬之以礼，祭之以礼。"[4]即父母在世要按照礼仪侍奉他们；父母去世要根据礼仪安葬；祭祀的时候，也要根据礼仪。孔子孝道强调礼制，强调了尽孝的社会性。

孔子之后，儒家学派的很多弟子也都对《孝经》、孝道作了深入的研究。曾子便是其中的一位，根据《汉书·艺文志》的记载，曾有《曾子》十八篇

---

[1]（春秋）孔丘撰，杨伯峻、杨逢彬注译：《论语·学而》，岳麓书社 2000 年版，第 3 页。

[2]（春秋）孔丘撰，杨伯峻、杨逢彬注译：《论语·学而》，岳麓书社 2000 年版，第 1 页。

[3]（春秋）孔丘撰，杨伯峻、杨逢彬注译：《论语·为政》，岳麓书社 2000 年版，第 10 页。

[4]（春秋）孔丘撰，杨伯峻、杨逢彬注译：《论语·为政》，岳麓书社 2000 年版，第 9 页。

传世，但后来此书失传。清人朱彝尊在其《经义考》中认为，孔子门人子夏的弟子魏文侯曾作过《孝经传》，其乃后来今文《孝经》的前身①。而宋代朱熹则认为《大学》乃是曾子所作，这对后世影响很大。《孝经》尽管不是曾子所作，但《大戴礼记》中，《曾子本孝》《曾子立孝》《曾子大孝》《曾子事父母》等篇章，被认为是曾子所作，可以看成是其对《孝经》及孝道的理解与诠释。

首先在曾子看来，孝是天地之间永恒的真理，《礼记·祭义》中说：

> 曾子曰："夫孝，置之而塞乎天地，溥之而横乎四海，施诸后世而无朝夕。推而放诸东海而准，推而放诸西海而准，推而放诸南海而准，推而放诸北海而准。《诗》云：'自西自东，自南自北，无思不服。'此之谓也。"②

孝道是人类永恒的行为法则，是天地之间的根本法则，是放诸四海而皆准的真理。可见，曾子将孝道提升到了至高的地位，这无疑是对孔子孝道的进一步肯定与弘扬。

其次，曾子对孔子孝顺父母的思想进一步细化，他认为孝顺父母首先要保全自己的身体，如《吕氏春秋·孝行》中记载：

> 曾子曰："父母生之，子弗敢杀；父母置之，子弗敢废；父母全之，子弗敢阙。故舟而不游，道而不径，能全支体，以守宗庙，可谓孝矣。"③

这是曾子对《孝经》中"身体发肤，受之父母，不敢毁伤"的发展。曾子认为，父母生下了自己的身体，自己不能毁坏它，只有保全了自己的身体，才

---

① （清）朱彝尊：《经义考》卷一《御注孝经》："卫文侯所受，颜芝所藏，唐石台所勒，此《今文孝经》也"。上海古籍出版社 2010 年版，第 3 页。

② （汉）孔安国传，（唐）孔颖达疏：《礼记正义》卷四十八《祭义》，李学勤主编：《十三经注疏》标点本，北京大学出版社 1999 年版，第 1333 页。

③ （汉）高诱注，（清）毕沅校：《吕氏春秋》卷十四《孝行》，上海古籍出版社 2014 年版，第 270 页。

能更好地孝顺父母，才能够祭祀祖先，传承血脉。

最后，曾子也将孝道推广到政治领域，认为任何人都应该以孝顺父母的心态去遵守礼法、去做好自己的本职工作、去侍奉自己的君主、上级。《吕氏春秋·孝行》记载：

> 居处不庄，非孝也；事君不忠，非孝也；莅官不敬，非孝也；朋友不笃，非孝也；战阵不勇，非孝也。五行不遂，灾及乎亲，敢不敬乎？《商书》曰："刑三百，罪莫重于不孝。"①

曾子将孝道进一步推广，不仅仅指孝顺父母，更要遵守道德规范，即侍奉君主要忠心、做官要尽职尽责、和朋友交往要诚信、征战要英勇作战、遵守家庭伦理等，否则就是不孝。不孝是所有罪过中最大的。由此可见，曾子和孔子的孝道一脉相承，相比孔子而言，曾子的孝道更加具体而深入。

战国时期的孟子，在孔子、曾子的基础上对《孝经》、孝道作了进一步的解释。首先将孝悌看成是仁义的根本。

> 仁之实，事亲是也；义之实，从兄是也；智之实，知斯二者弗去是也；礼之实，节文斯二者是也；乐之实，乐斯二者。乐则生矣，生则恶可已也。恶可已，则不知足之蹈之，手之舞之。②

孟子将孔子的仁义具体化为了孝悌，智、礼、乐都是服务于孝悌的。孟子宣扬人性善，人性善的内涵就是仁义礼智，都是人与生俱来的本性。既然孝悌就是仁义的根本，孟子希望扩展这种善性，小可以孝顺父母、大可以实现仁政。正如他所说："苟能充之，足以保四海；苟不充之，不足以事父母。"③孟子甚至将孝悌看成是治国安邦、实现仁政与王道理想最重要的手段。他说：

---

① （汉）高诱注，（清）毕沅校：《吕氏春秋》卷十四《孝行》，上海古籍出版社 2014 年版，第 269—270 页。
② （汉）赵岐注，（宋）孙奭疏：《孟子注疏·离娄章句上》，李学勤主编：《十三经注疏》标点本，北京大学出版社 1999 年版，第 210 页。
③ （汉）赵岐注，（宋）孙奭疏：《孟子注疏·公孙丑章句上》，李学勤主编：《十三经注疏》标点本，北京大学出版社 1999 年版，第 94 页。

"老吾老，以及人之老；幼吾幼，以及人之幼：天下可运于掌。"①"人人亲其亲，长其长，而天下平"②"入则孝，出则悌，守先王之道"③"尧舜之道，孝悌而已矣"④。总而言之，孟子从人性的高度论证了孝是与生俱来的本性，具有绝对合理性，极力强调孝悌是实现王道政治最基本的手段。

荀子在孔子、曾子、孟子的基础上，更加强调孝的社会政治作用。在荀子看来，君主是百姓的父母，君主统治自己的臣民，如同家长管教孩子。所以臣民侍奉君主与子女侍奉父母，实质上是一样的。荀子甚至认为，君主的恩德要大于父母的恩德，忠于天子、君主比孝顺父母更加重要。荀子作为战国时期儒家学派最有影响的学者，他的理论强化了孝道、孝行的政治性，对于汉代以后孝道、孝行由伦理性转向社会性，起到重要的推动作用。

孔子之后，曾子、孟子、荀子等大儒之外，很多儒家学者也对孝道作了自己的理解与诠释，进一步丰富了孝道思想的内容。如《礼记》作为战国时期儒家学派的论文集，其中《曲礼》《内则》等篇目对孝道、孝行作了更加深入的诠释与补充。

先秦时期，不只儒家强调孝道，道家、墨家、法家、纵横家等各家各派都注重孝道。《老子》第十九章中说"绝仁弃义，民复孝慈"，说明道家虽然反对仁义道德，但却提倡孝道。墨家也说"孝，利亲也。"⑤"君子莫若欲为惠君、忠臣、慈父、孝子、友兄、悌弟，当若兼之不可不行也。此圣王之道，而万民之大利也。"⑥法家也认为孝治非常重要："臣事君，子事父，妻

---

① （汉）赵岐注，（宋）孙奭疏：《孟子注疏·梁惠王章句上》，李学勤主编：《十三经注疏》标点本，北京大学出版社 1999 年版，第 21 页。

② （汉）赵岐注，（宋）孙奭疏：《孟子注疏·离娄章句上》，李学勤主编：《十三经注疏》标点本，北京大学出版社 1999 年版，第 200 页。

③ （汉）赵岐注，（宋）孙奭疏：《孟子注疏·滕文公章句下》，李学勤主编：《十三经注疏》标点本，北京大学出版社 1999 年版，第 166 页。

④ （汉）赵岐注，（宋）孙奭疏：《孟子注疏·告子章句下》，李学勤主编：《十三经注疏》标点本，北京大学出版社 1999 年版，第 322 页。

⑤ （战国）墨翟撰，张永祥、肖霞译注：《墨子译注·经上》，上海古籍出版社 2016 年版，第 331 页。

⑥ （战国）墨翟撰，张永祥、肖霞译注：《墨子译注·兼爱下》，上海古籍出版社 2016 年版，第 149 页。

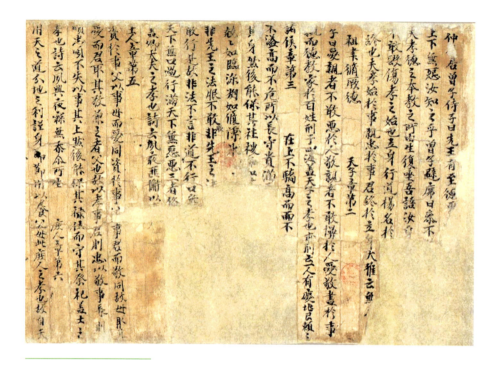

法藏唐代《孝经》郑注残片

事夫，三者顺则天下治，三者逆则天下乱。"①纵横家的代表苏秦也曾经对楚王说："仁人之于民也，爱之以心，事之以善言。孝子之于亲也，爱之以心，事之以财。忠臣之于君也，必进贤人以辅之。"②公元前249年，吕不韦任秦国丞相，开始召集学者编纂《吕氏春秋》，《孝经·诸侯章》被引用③，这说明《孝经》在此前已成书且被广泛传播。总的来说，秦统一前，孝道已经是非常流行的观念，孝治也被看成是治国的一种基本政治理念，这对汉以后《孝经》、孝道、孝治的发展与推广具有重要的铺垫作用。

---

① （清）王先慎集解，姜俊俊校点：《韩非子·忠孝篇》，上海古籍出版社2015年版，第466页。

② （汉）刘向集录，（宋）姚宏、鲍彪注：《战国策》卷十六《楚三》，上海古籍出版社2015年版，第315页。

③ （汉）高诱注，（清）毕沅校：《吕氏春秋》卷十六《察微》："《孝经》曰：'高而不危，所以长守贵也；满而不溢，所以长守富也。富贵不离其身，然后能保其社稷而和其民人。'"上海古籍出版社2015年版，第366页。

先秦《孝经》、孝道的产生、发展与演进的历史，可以看出儒家的孝道继承了上古三代孝的观念，并在此基础上作了进一步的发挥，强化了孝道在修身齐家、治国安邦方面的价值和意义。随着儒家学说在汉代成为官方学说，孝道对中国古代的思想观念产生了深远的影响。

（二）汉唐

汉唐时期是以孝治天下最为重要的时期，此时《孝经》学及其孝道得到了朝野上下的一致重视。汉代皇帝的谥号都冠以"孝"字，如孝文帝、孝武帝等，这在中国古代比较少见。汉代皇帝身体力行践行"孝"的理念，如汉文帝的母亲薄太后经常有病，他"衣不解带"亲自服侍吃喝汤药。

汉代《孝经》和《论语》都被确定为必读书目，并与《周易》《尚书》《诗经》《仪礼》《春秋》，合称为七经。汉文帝时，设立《论语》《孝经》《尔雅》《孟子》博士官。汉武帝后，博士官仅限于五经，其余诸经不立博士，《论》《孝》《尔》《孟》博士都被罢黜。但《论语》《孝经》依旧是读书人的必读书目，研习五经中的任何一经都必须学习《论语》《孝经》。汉宣帝时，在郡县乡，设立学校，专门设置《孝经》教师一名。汉昭帝时，诏令贤良文学，专门讲习《孝经》。汉平帝时，诏告天下，凡以《五经》《论语》《孝经》《尔雅》教授者，"在所为驾一封轺传，遣诣京师，至者数千人"[①]。总而言之，汉代《孝经》是为学为官的最基本的读物，只有熟读《孝经》，才可研究学习五经。如东汉崔寔的《四民月令》中提到：每到冬天十一月，各家各户都要送幼童入学，学习的内容就是从《孝经》《论语》开始。在当时的学校教育层面来看，无论是官学还是私学，《孝经》都是必修科目。可以说，《孝经》是汉代最流行的经典。

在《孝经》的研究思想与方法上，汉武帝时期，董仲舒用阴阳五行学说解读《孝经》，认为孝是上天的规定，符合天道，孝敬父母、尊敬君上是天经地义的，以此来宣扬孝道的神圣性[②]。两汉之际，谶纬之学盛行，出现了很多有关《孝经》的纬书，如《孝经援神契》《孝经河图》《孝经纬》等，将《孝经》谶纬化，孝道由此进一步神圣化。认为孝是宇宙的本源，贯通阴阳五行，

---

① （汉）班固撰，（唐）颜师古注：《汉书》卷十二《平帝纪》，中华书局1964年版，第359页。

② 见（清）苏舆撰，钟哲点校：《春秋繁露义证》卷十《五行对》，中华书局1992年版，第314—317页。

能够感通神灵与万物，人如果不孝，就会受到上天的惩罚，就有灾难降临。

汉代，孔安国、刘向、郑玄对《孝经》的整理与研究，在《孝经》学史上有深远的影响。其中尤其是郑玄对《孝经》的注解对后世影响最大，是中国古代最流行的《孝经》注解本。郑玄以刘向整理本为基础，吸收西汉以来今古文《孝经》学的成就，为《孝经注》。郑玄对孝道也作了探讨，肯定了孝道是天经地义的真理。

> 夫孝者，盖三才之经纬，五行之纲纪。若无孝，则三才不成，五行僭序。是以在天则曰至德，在地则曰愍德，施之于人则曰孝德。故下文言，夫孝者，天之经，地之义，人之行，三德同体而异名，盖孝之殊途。经者，不易之称，故曰《孝经》。[①]

郑玄认为孝道是贯通天、地、人的常理，其存在合理且必要，对规范人的道德行为、治国安邦都有重要的价值和意义。

魏晋研究《孝经》的学者非常多，如王肃、刘劭、何晏、袁宏、韦昭、皇侃、熊安生、刘炫等，他们通过注解《孝经》来宣扬孝道。比较重要的如王肃，曾经作《孝经解》，此书后来亡佚。王肃作为曹魏时期重要的经学家，遍注群经，人称其学为"王学"，与郑学并立于世，其学东晋之后基本衰微。

南北朝时期，玄学、佛学盛行，对儒家的孝道也提出了自己的看法，如玄学家们追求本性自然，希望行孝要真实，不要拘泥于形式。佛教剃发出家，显然和儒家孝道背道而驰，但是他们却宣扬行善、注重孝悌，这对后世将孝悌与因果报应的结合产生了影响。南朝统治者对《孝经》非常尊崇，刘宋武帝、文帝都亲自讲授《孝经》，梁武帝天监年间亲自撰写《孝经义疏》，让师傅为年仅三岁的昭明太子讲授。陈文帝、宣帝、后主等各朝都为太子讲授《孝经》。在北朝，北魏在统一中原之后，道武帝于即位初年就命崔浩讲解《孝经》。孝文帝改革，更是反复强调以孝治天下，并让学者将《孝经》翻译为鲜卑语，"教于国人，谓之《国语孝经》"[②]。后嗣的帝王也都亲自讲授

---

① （汉）郑玄：《敦煌本孝经序》，载汪受宽译注：《孝经译注》附录，中华书局 2017 年版，第 106 页。

② （唐）魏徵等：《隋书》卷三十二《经籍志》，中华书局 1973 年版，第 935 页。

唐玄宗《御制孝经注》书影

《孝经》，并立为官学。

隋唐时期，唐高宗于仪凤三年（678 年），诏令以《道德经》与《孝经》为上经，"贡举皆须兼通"①。科举考试规定，《孝经》是任何学者都需学习的必读书目。《新唐书》记载：

> 凡《礼记》《春秋左氏传》为大经，《诗》《周礼》《仪礼》为中经，《易》《尚书》《春秋公羊传》《穀梁传》为小经。通二经者，大经、小经各一，若中经二。通三经者，大经、中经、小经各一。通五经者，大经皆通，余经各一，《孝经》《论语》皆兼通之。②

天宝年间，朝廷诏令："自今已后，宜令天下家藏《孝经》一本，精勤

① （宋）王溥：《唐会要》卷七十五《明经》，中华书局 1955 年版，第 1373 页。
② （宋）欧阳修：《新唐书》卷四十四《选举志》，中华书局 1975 年版，第 1160 页。

教习，学校之中，倍加传授，州县官长，明申劝课焉。"[1] 即每家都要有一本《孝经》，由当地长官负责传授百姓学习。由此可见，唐朝表彰《孝经》也是不遗余力。唐代对外交流频繁，《孝经》也随之传布到东亚、东南亚各国，尤以日本、朝鲜、安南等地为重。直到今日，孝道在这些国家依旧非常的兴盛。

唐玄宗《御制孝经注》影响深远。唐玄宗曾以郑玄注本为基础，亲自作注，即《御制孝经注》。这部书的特点在于，跳出门户之见，采众说之长，主讲大义，非常简明，改变了过去注重章句训诂、繁琐考据的做法。书成后颁行天下，是迄今流传最广的一部《孝经》注本。

（三）宋元明清

在宋元明清时期，受到理学、心学的影响，对《孝经》、孝道的探讨更加深入。学术上，注重从天理、人心的角度出发，对孝道存在的合理性进行了深入论证，并产生了一系列的《孝经》学著述。

宋代注重以孝治天下，宋真宗命邢昺编撰《孝经注疏》。邢昺为唐玄宗《御制孝经注》作疏，而《孝经注》的底本是郑玄今文《孝经》。此书最大特点是援引很多家的注解，对原来《孝经注》作进一步的解释，从而实现对《孝经注》进一步解读。北宋中期，司马光肯定了孔安国所传的古文《孝经》，并以此为基础作《古文孝经指解》，改变了汉代以来注重郑玄今文《孝经注》的风气，对宋代及其之后古文《孝经》的发展有重要的推动作用。如范祖禹《古文孝经说》、洪兴祖《古文孝经序赞》、季信州《古文孝经指解详说》、朱熹《孝经刊误》等，都受到了司马光《古文孝经指解》的影响。以至于四库馆臣评价

司马光像

① （宋）王溥：《唐会要》卷三十五《经籍》，中华书局 1955 年版，第 645 页。

《古文孝经指解》时说:"注《孝经》者,驳今文而遵古文,自此书始。"①

随着北宋中期理学的产生,形成了以理为核心的思想体系。在理本论的思想体系之中,孝被看成是天理的重要体现,遵守孝道是对天理的遵守,这对《孝经》、孝道的宣扬无疑具有重要的推动作用。作为南宋理学集大成者朱熹,受到司马光《古文孝经指解》的影响,在融通今古文基础上,作《孝经刊误》。由于朱熹理学被后世确立为官方学说,《孝经刊误》也成为南宋以后《孝经》学最流行的文本。朱熹《孝经刊误》的特点在于:第一,否定了汉代以来孔子作《孝经》的观点,认为《孝经》只不过是曾子门人所作。第二,将今古文《孝经》作了重新整合,将《孝经》前六章(开宗明义章、天子章、诸侯章、卿大夫章、士章、庶人章)作为经文,其余部分作为解释经文的传文。第三,根据自己的理解,删订《孝经》,如删掉其认为多余且不通的《三才章》中69个字。第四,以理解读《孝经》,即用理学思想解读孝道,改变了汉唐以来用天人感应思想体系理解孝道的解释范式。

元代对儒家孝道本不重视,但经过丘处机、耶律楚材等人的宣扬,朝廷也开始注重用儒家文化来统治中原,推崇孝道。元世祖就规定"凡读书必先《孝经》"②。元武宗时,诏令朝臣将《孝经》翻译为蒙古文,并下诏云:"此乃孔子之微言,自王公达于庶民,皆当由是而行。其命中书省刻板模印,诸王而下皆赐之。"③元代著名的《孝经》学著作,有董鼎《孝经大义》,主要对朱熹《孝经刊误》作注解。吴澄《孝经定本》,修订了朱熹《孝经刊误》,并为《孝经》作注解。元代最有影响的是郭居敬编录了《二十四孝》,在民间广为流传。

在明代,《孝经》依旧得到尊崇。比较重要的著作有,黄道周《孝经集传》、潘府《孝经正误》、罗汝芳《孝经宗旨》、姚舜牧《孝经疑问》、朱鸿《孝经目录》、吕维祺《孝经大全》等。元明的《孝经》学基本上延续了宋元的研究理路而鲜有创见。

清代是《孝经》学发展非常繁盛的时代,不论是著述数量,还是思想方法上,都较以往有了巨大的进步。关于清代学者研习《孝经》的情况,刘师

---

① (清)永瑢等:《四库全书总目》卷三十二《古文孝经指解》提要,中华书局1965年版,第264页。

② (明)宋濂:《元史》卷八十一《选举志一》,中华书局1976年版,第2029页。

③ (明)宋濂:《元史》卷二十二《武宗本纪一》,中华书局1976年版,第486页。

培《经学教科书》对之作了系统的概括：

> 近儒治《孝经》者，始于毛奇龄。奇龄作《孝经问》，排朱子、吴澄之说，然以空理相驳诘，颇乖著书之体。自阮福作《孝经义疏》，定郑注为小同所著，而近人皮锡瑞复作《孝经郑注疏》，以伸郑注之义。若丁晏《孝经征文》，征引繁博，且力攻《孔传》为伪书。汪宗沂《孝经辑传》复攻郑注为不经，而姚际恒作《古今伪书考》，直列《孝经》于伪书，定为张禹同时人所作，殆疏于考证者也。[①]

清朝，顺治、雍正都亲作《孝经》注解，并颁行全国。咸丰时，各省科考都要加试《孝经》。清代有关《孝经》学的著述非常的多，著名的有毛奇龄《孝经问》、冉觐祖《孝经详说》、曹元弼《孝经学》、丁晏《孝经征文》《孝经述注》、曹廷栋《孝经通释》、李光地《孝经全注》、皮锡瑞《孝经郑注疏》等。整体而言，清代《孝经》学更加注重经典考证考据，改变了之前研究以思想义理为主的特征。

---

① （清）刘师培著，陈居渊注：《经学教科书》，上海古籍出版社 2006 年版，第 140 页。

《尔雅》

《尔雅》在十三经之中是比较特殊的一部，它是古人阅读儒家六经、通晓上古方言、辨别上古名物的语言工具书，或者说是综合性辞书。《尔雅》大致相当于现在的字典、词典类工具书。语言学家王力在《汉语史稿》中说："中国最古的字典是《尔雅》。"①《尔雅》全书只有一万三千多字，但内容却很丰富，始终是古代读书人的必备书，在晚唐文宗时期被升格为经书。

关于"尔雅"之名，关系到《尔雅》的性质问题。对此，汉代刘熙《释名·释典艺》解释说：

> 尔雅，尔，昵也；昵，近也。雅，义也；义，正也。五方之言不同，皆以近正为主也。②

曹魏时期，张晏在《汉书·艺文志》音注中也说："尔，近也；雅，正也。"结合这两种说法，"尔"是近、接近的意思，"雅"是正，即规范的、标准的。什么算是规范的、标准的呢？关于"雅"字在《论语·述而》也有出现，"子所雅言，《诗》《书》、执礼，皆雅言也"③。西汉孔安国解释"雅言"："雅言，正言也。"雅言是古代的官方语言，即标准语、规范语，是指各时代的官方语言。相传孔子在给学生讲《诗经》《尚书》和具体执行礼仪的时候，用的是关中方言，而不是山东方言，因为关中是周代首都丰、镐的所在地。"尔雅"之意，就是语言、语意的转换，即将古代字词、语言转化为标准语言、规范语言或官方语言。

近人语言学家、经学家黄侃对"尔雅"的解释有助于对"尔雅"的理解。他在《尔雅略说·论尔雅名义》中讲：

---

① 王力：《汉语史稿》，中华书局1980年版，第5页。
② （汉）刘熙：《释名》卷六《释典艺》，中华书局1985年版。
③ （春秋）孔丘撰，杨伯峻、杨逢彬注译：《论语·述而》，岳麓书社2000年版，第62页。

雅之训正，谊属后起，其实即夏之借字。《荀子·荣辱篇》："越人安越，楚人安楚，君子安雅。"《儒效篇》则云："居楚而楚，居越而越，居夏而夏。"二文大同，独雅、夏错见，明雅即夏之假借也。明乎此者，一可知《尔雅》为诸夏之公言，二可知《尔雅》皆经典之常语，三可知《尔雅》为训诂之正义。①

根据黄侃的解释，"尔雅"的"雅"解释为"正"是后世学者的意思，其本意是"夏"的假借字或通假字。"尔雅"即"尔夏"。"夏"在古代是诸夏、华夏的意思，是古代汉民族的自称。"尔夏"就是将其他各族的语言转化为华夏族的语言，这就是"尔雅"的意思。黄侃进而解释《尔雅》有三个内涵，一是《尔雅》所说的都是中原民族的通用语言或官方语言；二是《尔雅》内容都是古代经典的常用语；三是《尔雅》是对古代字词、语言等各种注解的统一解释，即是古代字词注解的集大成之作。

《尔雅》的目的，是通过训诂的形式，用当时的标准语言或官方语言来解释上古经典，尤其是六经中的字词、语言，以便学习儒家六经与古代文化。《尔雅》的性质，不像《周易》《尚书》《礼记》《孝经》等经典拥有丰富的哲理，而是一部语言工具书，服务于学习研究儒家六经与古代文化。今天看来，《尔雅》内容非常广泛丰富，是一部有关上古语言文字、社会文化、自然科学的综合性辞书。

一、《尔雅》的成书

最早记载《尔雅》的是《汉书·艺文志》："《尔雅》三卷二十篇"②，但没有明确指出作者和时代。于是汉代以后很多学者都提出了自己的看法，比较流行的观点有以下三种。

1.周公所作，后人增补说

这个说法最早提出是曹魏时期的张揖，其在《上广雅表》中曾说：

---

① 黄侃：《黄侃论学杂著》，上海古籍出版社 1980 年版，第 362 页。

② （汉）班固撰，（唐）颜师古注：《汉书》卷三十《艺文志》，中华书局 1964 年版，第 1718 页。

臣闻昔在周公，缵述唐虞，宗翼文武，克定四海。勤相成王，践阼理政，日昃不食，坐而待旦。德化宣流，越裳来贡，嘉禾贯桑。六年制礼，以导天下。著《尔雅》一篇，以释其义……今俗所传三篇《尔雅》，或言仲尼所增，或言子夏所益，或言叔孙通所补，或言沛郡梁文所考，皆解家所说，经师口传，既无正验圣人所言，是故疑不能明也。[①]

张揖认为周公在平定各地叛乱、稳定了社会政治之后，制礼作乐，宣扬教化，以巩固统治。为了让天下人明白礼乐的内涵，于是作《尔雅》以解释礼乐制度的深意。后来，孔子、子夏、叔孙通、梁文等都进行过增修、补订的工作，使《尔雅》由原来的一篇演化为三篇，这就是后世所看到的《尔雅》三卷、二十篇。

张揖的观点在中国古代影响非常大，唐陆德明《经典释文·序录》对此还作了进一步的补充：

《释诂》一篇，盖周公所作。《释言》以下或言仲尼所增，子夏所足，叔孙通所益，梁文所补，张揖论之详矣。[②]

陆德明在张揖的基础上，认为《周公》只作《尔雅》的第一篇《释诂》，其余十八篇都是由孔子、子夏、叔孙通、梁文等增补的。东晋郭璞、宋陆佃、明黄以周、清邵晋涵、王念孙、钱大昕、孙星衍、江藩、俞樾、夏味堂等都赞成张揖的观点。张揖的说法在中国古代非常流行。

实际上，《尔雅》为周公所作的可能性非常小。第一，必要性的问题。周公制礼作乐，马上作《尔雅》来解释礼乐制度显得不合理，何况《尔雅》所说的内容并不是礼乐制度，有很多与礼仪无关的鸟兽草木、山水丘陵之类的内容。第二，如果是周公作《尔雅》，对儒家而言必定是大事，如孔子作《春秋》、删订《诗》《书》，会被儒家学者们记载并宣扬，特别是推崇周公的古文经学家，但郑玄等古文经学的代表人物并不认同，反而提出了《尔雅》

---

①　（三国魏）张揖：《广雅进表》，载（清）朱彝尊：《经义考》卷二百八十《广雅》引，中华书局1998年版，第5055页。

②　（唐）陆德明：《经典释文》卷一《注解传述人》，上海古籍出版社1985年版，第68页。

是孔子门人所作的观点。一定程度上说明这只是张揖的推测。第三，张揖提出周公作《尔雅》，否定了郑玄"孔子门人所作"的观点，主要是由张揖所处的政治学术环境决定的。一方面，张揖所生活的曹魏注重礼制，张揖提出周公制礼作乐，并作《尔雅》，以迎合统治者的需要，同时也为了抬高《尔雅》的地位。另一方面，张揖之时，王肃之学被立为官学，王学与郑学对立，作为与王肃同朝为官的张揖，提出《尔雅》为周公所作，自然可以避免因认同郑玄的观点而带来的政治风险。第四，后代很多学者都认同张揖的观点，证据大都来自《上广雅表》与《西京杂记》，而没有其他有力的证据，表明周公作《尔雅》很大程度上是以讹传讹。今人窦秀艳《中国雅学史》对此作了分析，值得参考。① 第五，中国古代认同周公作《尔雅》的一般是古文经学家，在他们看来不只是《尔雅》是周公所作，六经也都是周公所作，孔子只是整理、传述而已。故使周公作《尔雅》观点在古代大行其道。

2.孔子门人所作说

这个说法的最早提出人是汉末郑玄②，其在《驳五经异义》中说："《尔雅》者，孔子门人所作，以释《六艺》之文，盖不误也。"③ 郑玄认为孔子门人为了解释六经，故作《尔雅》。后来南朝梁刘勰、唐贾公彦、宋高承等均认同此说。

3.秦汉儒生编纂说

这个说法的最早提出者是欧阳修，在其《诗本义》中说：

> 《尔雅》非圣人之书，不能无失。考其文理，乃是秦汉之间学《诗》者纂集、说《诗》博士解诂之言尔。④

欧阳修否定汉唐流行的周公或孔子弟子作《尔雅》的观点。根据《尔雅》的文章风格、思想内涵认为《尔雅》不似圣人所作，而是秦汉的儒生为解读《诗

---

① 窦秀艳：《中国雅学史》，齐鲁书社2004年版，第17页。
② 一说是西汉扬雄最早提出。（汉）刘歆撰，（晋）葛洪集，向新阳、刘克任校注：《西京杂记校注》，《西京杂记》卷三《辩〈尔雅〉》："余（刘歆）尝以问扬子云，子云曰：'孔子门徒游、夏之俦所记，以解释六艺者也。'"上海古籍出版社1991年版，第128页。
③ （汉）郑玄：《驳五经异义》，丛书集成初编本，商务印书馆1936年版，第2—3页。
④ （宋）欧阳修：《诗本义》卷十《文王》，《欧阳修全集》，中国书店1991年版，第999页。

经》而编纂，以方便研读群经。之后，宋叶梦得、郑樵、清姚际恒、崔述、四库馆臣等都认同这个说法。此说法的提出与宋中期"疑经惑古"的学风息息相关。这个观点同样缺乏有力的证据，宋以后的很多学者都不赞同，但近现代学术界却很流行。

除以上三种比较流行的观点之外，宋代以后普遍认为是秦汉人所做，且编纂者非一人。另外，还有很多说法，如有人认为是战国中期到汉初的儒生陆续编成的，有人说是战国末期齐鲁儒生所编，有人说是秦汉初年儒生所编，有人说是汉武帝时期的学者所编，有人甚至认为是西汉末年刘歆伪作，等等。直到现在依然没有统一的说法。

子夏像

子夏（前507—?），春秋末晋国温人，一说卫国人。卜氏，名商。孔子学生。为莒父宰。孔子死后，到魏国西河（济水、黄河间）讲学。主张国君要学习《春秋》，吸取历史教训，防止臣下篡夺。宣扬"死生有命，富贵在天"（《论语·颜渊》），提出"学而优则仕，仕而优则学"和"大德不逾闲，小德出人可也"（《论语·子张》）等观点。李克、吴起都是他的学生，魏文侯也尊以为师。相传《诗》《春秋》等儒家经典是由他传授下来的。

本书认为张揖观点有一定的合理性。《尔雅》内容，不只有西周早期的字词，也有西周晚期的字词，还有春秋战国时期的字词。这表明并不是一个人、一个时期内完成的，而是经历了很长时间、由很多人陆陆续续编纂而成的。《尔雅》的成书过程当与《诗经》《左传》《孝经》相似：应该有一个最初的创作者与最后的编订者，即整个成书过程分为原本和定本两个阶段。在原本和定本之间，经过若干年、若干人的修订、补充，最终成书。这种成书模式符合先秦古文献，特别是儒家经典的基本成书过程。就《尔雅》来说，原本应当是由周公所作或者是孔子弟子所作，然后经过了西周、春秋战国时期很多人（如孔子、子夏、叔孙通等）的增补、修订，最终在秦始皇时代完成了定本，汉代《尔雅》文本基本上就是秦博士叔孙通所传。

汉文帝将《尔雅》与《论语》《孝经》《孟子》一起立为传记博士。《尔雅》和《论语》《孟子》《孝经》一样都是儒家经典，并广泛流传。既然《尔雅》影响很大，所以就不可能是战国末期至秦汉之际仓促形成的，更不可能是汉代才形成的，必然经历了一个长时间的过程，以致广为流传。

其次，《尔雅》中的很多词语出自战国中期成书的《尸子》，故有学者认为《尔雅》在《尸子》之后成书，即战国中后期形成。这比较武断，《尔雅》原本在西周产生，经历了春秋、战国数百年的流传，过程中不断地被后世学者补充、修订，吸收战国中期《尸子》中的字词是正常的。《尔雅》不但吸收了《尸子》中的字词，还吸收了大量春秋战国时期文献中的字词，如《楚辞》《国语》《山海经》《管子》《穆天子传》《庄子》《列子》《吕氏春秋》等。对此《四库全书总目》有较详细的分析，可供参考。

最后，《尔雅》定本最有可能形成于秦始皇时代。秦统一后，统一货币、度量衡的同时，也针对"言语异声，文字异形"的情况，命令李斯、赵高、胡毋敬等统一语言文字。三人分别撰有《仓颉》《爰历》《博学》。秦代还做了整合东方六国文化的工作，主要是由秦博士完成的。秦博士整合东方六国文化的重要体现，便是整理并重新解释儒家经典，春秋战国以来儒家学说一直是显学。通过统一注解经典的形式来统一思想，与唐初作《五经定本》与《五经正义》如出一辙。秦博士整理并解释六经，秦博士伏生传《尚书》、张苍传《春秋》、叔孙通传《礼》等典型例子可以证明。

《尔雅》作为六经的基本工具书自然也是被整理的对象，秦博士对《尔雅》的整理与解释，应当吸收了当时流行的各种版本，并做了统一的修订、补充工作，最终完成了《尔雅》的定本工作。根据曹魏张揖的记载，秦博士叔孙通曾经修补《尔雅》。秦灭亡后，汉代所传的《尔雅》，在很大程度上就是叔孙通所传。

总而言之，《尔雅》原本产生于周公，此原本可能就是陆德明所说的《释诂》第一篇（《释诂》中所解释的词语，从"开始"讲到"终结"，基本是一个完整的部分。后人虽有增加、修补，但主要集中在后十八篇），后经春秋战国长时期、若干学者的增订、修补，在秦始皇时代得到统一的整理与修订，完成了最终定本，成为一部解释儒家六经的工具书。

二、《雅》学简史

中国古代的《雅》学源远流长，先秦是《雅》学的形成时期，汉唐是《雅》学的发展时期，宋元明是《雅》学的兴盛时期，清代是《雅》学的鼎盛时期。先秦有关《尔雅》的传世史料非常有限，因此《雅》学的真正开始发展是从汉代开始的。

（一）汉唐

汉唐之际是《雅》学的发展时期。汉朝建立之后，经过战国秦末战乱，大量文献散佚，而新发现的古籍，在文字、内容上又有很大的差别。为了更好地理解先秦古文献，以注解上古字词，《尔雅》受到重视。据东汉赵岐《孟子题辞解》记载：

> 汉兴，除秦虐禁，开延道德，孝文皇帝欲广游学之路，《论语》《孝经》《孟子》《尔雅》皆置博士。①

虽然汉代《尔雅》《孝经》立为博士不久就被废除，但仍是为学重要的启蒙读物。汉武帝置五经博士，虽无《尔雅》《孝经》，但明确规定"取学通行修，博识多艺，晓古文《尔雅》，能属文章，为高第"②。随着经学的兴盛，《尔雅》受到朝野的重视，尤为古文经学家推尊。《尔雅》汇集了大量先秦文献中的语词，并对之训解，是汉代学者解读经典的重要工具书。如近代黄侃也说：

> 太史公受《书》孔安国，故其引《尚书》而以训故代之，莫不同于《尔雅》。……史公所易诂训，无不本于《尔雅》，是知通《书》者，亦鲜能废《雅》也。自余三家之《诗》，欧阳、大小夏侯之《书》，刘、贾、许颖之《左传》，杜、郑、马、郑之《礼》，所用训诂，大抵同于《尔雅》，或乃引《尔雅》明文。至于杨子云纂集《方言》，实与《尔雅》同旨。③

---

① （汉）赵岐注，（宋）孙奭疏：《孟子注疏·孟子注疏题辞解》，李学勤主编：《十三经注疏》标点本，北京大学出版社 1999 年版，第 9 页。

② （汉）卫宏：《汉官旧仪·补遗》，中华书局 1985 年版，第 23 页。

③ 黄侃：《尔雅略说》，《皇侃论学杂著》，上海古籍出版社 1980 年版，第 367 页。

汉代有犍为文学（为舍人）、刘歆、梵光、李巡等人为《尔雅》作注。汉代的目录学著作如汉代刘歆《七略》与班固《汉书·艺文志》也都列入《孝经》类，与《孝经》《论语》同为研读五经的最基本的读物。晚清民国的叶德辉说："《尔雅》《孝经》同为释经总汇之书，故列入《孝经家》。"①

三国魏晋南北朝时期，是《雅》学逐渐完善的时期。注解《尔雅》的有曹魏张揖《广雅》、孙炎《尔雅注》、东晋郭璞《尔雅注》、南朝梁沈旋《尔雅集注》、南朝梁顾野王《尔雅注》、南朝陈施乾《尔雅音》、南朝陈谢峤《尔雅音》等。其中影响最大的是张揖与郭璞两人。

张揖《广雅》是在《尔雅》基础上的增补之作，增加新字、新词、新的事物名目、种类，广泛收集先秦两汉时期的经传注疏、诗赋、医书等著述中的字词。《广雅》成为《尔雅》之后重要《雅》学的著述，张揖提出周公作《尔雅》的观点更是在中国古代影响深远。

东晋郭璞自幼学习《尔雅》，发现前代注解《尔雅》的阙漏很多，于是就广泛收集了汉、魏、西晋时期的《尔雅》注疏，为《尔雅》重新作注：即《尔雅注》，这是汉魏之后《尔雅》注解的集大成之作，也很有特点，一是广泛搜集了先秦以来的各种文献，其中包括晋代的出土文献《穆天子传》《竹书纪年》，以及汉、晋时期的《尔雅》旧注、方言民谣等，对《尔雅》中的字词进行考证。二是利用当时常用语言来解释《尔雅》。如《释言》："畯，农夫也。"郭注说："今之啬夫是也。"② 又如《释言》："增，益也。"郭注说："今江东通言增。"③ 郭璞之作对于了解两晋汉语与方言也有一定的帮助。

隋唐五代是《雅》学的兴盛时期。《尔雅》在唐代被升格为儒家经典。南宋晁公武《郡斋读书志》记载："唐太和中，复刻十二经，立石国学。"《新唐书·百官志》记载："国子学博士五人，正五品上。掌教三品以上及国公子孙、从二品以上曾孙为生者。五分其经以为业：《周礼》《仪礼》《礼记》《毛诗》《春秋左氏传》各六十人，暇则习隶书、《国语》《说文》《字林》《三仓》

① （清）王先谦：《汉书补注》引叶德辉，中华书局1983年版。
② （晋）郭璞注，（宋）邢昺疏：《尔雅义疏》卷三《释言》，李学勤主编：《十三经注疏》标点本，北京大学出版社1999年版，第66页。
③ （晋）郭璞注，（宋）邢昺疏：《尔雅义疏》卷三《释言》，李学勤主编：《十三经注疏》标点本，北京大学出版社1999年版，第67页。

《尔雅》。"① 随着中西文化交流，在唐代《尔雅》被传入朝鲜和日本，并深受重视。隋唐五代时期，注解《尔雅》比较知名的有陆德明《尔雅音义》、曹宪《尔雅音义》、毋昭裔《尔雅音略》等。

陆德明历南朝陈、隋、唐三朝，是著名的经学家和训诂学家。他鉴于当时注解《尔雅》的著作擅自改动《尔雅》字音、字形，且缺乏统一的解释，于是他广泛收集了汉魏六朝以来各家的注解成就，在郭璞《尔雅注》的基础上，撰写了《尔雅音义》。这部书的特点在于兼收并蓄，汇集了各家各派的注音和解释，保留了汉唐有关《尔雅》读音和注解的资料。另外，陆德明《经典释文序录》中对《尔雅》的价值、作者、注解情况作了梳理，成为研究汉唐《尔雅》学的珍贵经学史资料。

（二）宋元明

宋元明时期，是《雅》学发展的兴盛时期，其中宋代《雅》学非常发达，元明基本沿袭宋代少有创见。宋元明时期，《尔雅》依旧被作为科举考试的必读书目。《宋史·选举志》记载：

> 凡学究，《毛诗》对墨义五十条，《论语》十条，《尔雅》《孝经》共十条，《周易》《尚书》各二十五条。②

这一时期也产生了一系列注解研究之作，如宋代邢昺《尔雅义疏》、孙奭《尔雅释文》、宋咸《尔雅注》、王安石《字说》、陆佃《尔雅新义》《埤雅》、王雱《尔雅注》、罗愿《尔雅翼》、郑樵《尔雅注》、明代朱谋㙔《骈雅》、方以智《通雅》等。其中，元代的《尔雅》学成果有限，远不及宋代，有影响的著作唯有吾丘衍，对此刘师培《经学教科书》作了梳理：

> 宋儒治《尔雅》者，有邢昺《尔雅注》，以郭注为主，然简直固陋，未悉声音文字之源。罗愿作《尔雅翼》，陆佃作《尔雅新义》，亦穿凿破碎，喜采俗说。自是其后，治雅学者，旷然无闻。《尔雅》以外，治《说文》者，宋有徐铉、徐锴（有《说文系传》诸书），元有吾

---

① （宋）欧阳修：《新唐书》卷四十八《百官志》，中华书局 1975 年版，第 1266 页。
② （元）脱脱：《宋史》卷一百五十五《选举志》，中华书局 1977 年版，第 3605 页。

邱衍，亦浅率不足观。若夫宋陆佃作《埤雅》，于制度名物考证多疏。惟明朱谋㙔作《骈雅》、方以智作《通雅》，咸引证浩博。即宋郭忠恕《佩觿汗简》、明杨慎《字说》（见《升庵全集》中。）亦足助小学参考之用也。①

元代是一个低谷期，但《雅》学考据、考证有所传承与发展。实际上，元代在小学、经学考据学领域非常发达，较宋明为甚。在宋元明时期，邢昺《尔雅义疏》影响非常深远，今本《十三经注疏》中所收集的就是郭璞《尔雅注》与邢昺《尔雅义疏》，合称《尔雅注疏》。

《尔雅义疏》题名为邢昺编纂，参与编纂者还有杜镐、舒雅、李

郭璞注，邢昺疏《尔雅注疏》书影

维、李穆清、王焕、崔偓佺、刘士元等 8 人，邢昺实为总编纂。之所以作《尔雅义疏》，在邢昺看来一方面《尔雅》对于研究儒经很重要，另一方面郭璞《尔雅注》后，孙炎、高琏等人过于"浅近"。邢著广征博引、"疏不破注"。邢昺参考了大量文献与《尔雅》旧注，来解释经文、疏通郭璞注文。这保存了汉宋《雅》学旧注，为后世的研究提供了便利。注重"因声求义"，继承并发展了陆德明《尔雅音义》通过字词声音来探求其中的大义。这种解释方法对后代影响非常大，如后代邵晋涵《尔雅正义》、郝懿行《尔雅义疏》都注重"因声求义"。正如近人黄侃在《尔雅略说》中说："近儒知以声训《尔雅》，而其端实启于邢氏。"②

---

① （清）刘师培著，陈居渊注：《经学教科书》，上海古籍出版社 2006 年版，第 117 页。

② 黄侃：《尔雅略说》，《黄侃论学杂著》，上海古籍出版社 1980 年版，第 380 页。

王安石新学的《雅》学在当时也有很大的影响，其注重发挥《尔雅》中的思想义理，改变了汉唐以来《雅》学史上注重章句注疏的解经方法，开一代新风气。首先，王安石《字说》反对注疏，注重发掘字词中的思想义理，以服务变法改革。受到王安石影响，其弟子陆佃作《尔雅新义》《埤雅》，还有王安石之子王雱作《尔雅注》。其中，陆佃的影响较大，他师从王安石，精通《礼》学、《雅》学，撰有《礼记新义》《尔雅新义》《埤雅》《春秋后传》等经学著述。他精通《诗经》，曾对其中的草木鸟兽虫鱼进行解释。晚年，又以这些为基础，注解《尔雅》，并写成了《尔雅新义》。后又进一步撰写了《埤雅》。所谓"埤雅"，就是增广、辅助《尔雅》之意。这部书主要解释《尔雅》中的名物，对各种名物的形状、特性解释非常详细。不过，受到王安石《字说》的影响，也多有穿凿附会。这部书可以看成是王安石新学《雅》学的代表作。由于王安石《字说》、陆佃《尔雅新义》都曾经被立为官学，作为科举考试必读书目，故在当时学术思想界影响非常大。

元代的《尔雅》学成果有限，远不如宋代，对后代有一定影响的唯有吾丘衍（清初避孔丘讳，作吾丘衍）。吾丘衍（1272—1311 年），字子行，号竹房，又号竹素，亦称贞白，钱塘（今杭州）人。他酷爱古学，博通子史百家。善隶书，精小篆，治印与赵孟頫齐名。操行高洁，终生不仕不娶，隐居不仕，专事吟咏，与当时文人学士多有酬唱往来。设帐授文字、音韵、训诂等课以为生计。撰有《竹素山房诗集》《周秦刻石释音》《学古编》《晋史乘》和《闲居录》等。

明代，程朱理学被确立为官学，学术更加注重思想义理，而对于文字音韵训诂之学并不看重，以至于《尔雅》学被漠视。

若夫宋陆佃作《埤雅》，于制度名物考证多疏。惟明朱谋㙔作《骈雅》、方以智作《通雅》，咸引证浩博。即宋郭忠恕《佩觽》《汗简》、明杨慎《字说》（见《升庵全集》中。）亦足助小学参考之用也。[①]

明代的《雅》学仍不及宋代，但是相对于元代而言，却有新的创获。其中，朱谋㙔《骈雅》、方以智《通雅》是两部具有代表性的著述。朱谋㙔（？—

---

① （清）刘师培著，陈居渊注：《经学教科书》，上海古籍出版社 2006 年版，第 116 页。

1624 年）《骈雅》为万历年间所撰，全书共七卷，分为"释诂""释训""释名称""释宫"等十三类，体例完全仿照《尔雅》《广雅》。《骈雅》所收字词皆为双音词，是第一部专门研究双音词的雅学著述，全书广征博引，涉及经史子集诸部，解释清晰易懂，对此《四库全书总目》评价说它"征引注博，颇具条理"①。此书对清史梦兰《叠雅》、吴玉搢《别雅》、洪亮吉《比雅》等都有一定的影响。

方以智（1611—1671 年）《通雅》乃他年轻时作品，全书共五十二卷，共分为四十四类，在内容上较《尔雅》《广雅》等著述更为丰富，甚至收录了很多西学的词汇，这也是当时西方文化传入中国的体现。有学者评价其："在唐宋以来，雅书日趋专门化，《通雅》在内容方面大大突破前此群雅，是对诸雅的综合、补充，可以看作是一部群雅总汇，是此前雅书的集大成之作。《通雅》也是继《埤雅广要》之后，较早的自为之注并详加考证的雅书，成为开雅学风气之作。"②总之，方以智《通雅》注重考证、精详有据，既是明代考据学的经典之作，也对清代考据学的开启有重要的推动作用，如《四库全书总目》所评价的：

> （方）以智崛起崇祯中，考据精核，迥出其上。风气即开，国初顾炎武、阎若璩、朱彝尊等沿波而起，始一扫悬揣之空谈。虽其中千虑一失，或所不免；而穷源溯委，词必有证，在明代考据家中，可谓卓然独立矣。

（三）清代

清代是《尔雅》学鼎盛与总结的时期，被作为儒家经典之一，并为科举考试的重要书目之一。随着考据之学的兴起，《尔雅》作为古文字注解之书受到学者特别的重视，乾嘉时期的考据大家们都曾认真地研治过《尔雅》，并随之出现了一系列重要的《雅》学著述。如邵晋涵《尔雅正义》、郝懿行《尔雅义疏》、王念孙《广雅疏证》、戴震《方言疏证》等等。

邵晋涵，乾隆朝人，中进士第一，参与编撰《四库全书》。他之所以为

---

① （清）永瑢等：《四库全书总目》卷四十《骈雅》提要，中华书局 1965 年版，第 342 页。
② 窦秀艳：《中国雅学史》，齐鲁书社 2004 年版，第 170 页。

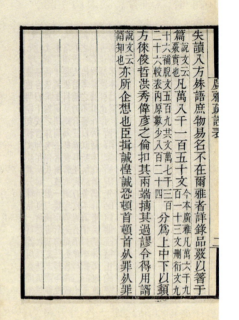

张揖撰，清王念孙疏证《广雅疏证》书影

《尔雅》作新的注疏，是认为邢昺的注解，只是兼采注解汇集一处，整体上过于"浅陋"。邵晋涵重新为郭璞《尔雅注》作疏。邵晋涵《尔雅正义》最大的特点在于，广泛收集了先秦两汉以来的古文献、《尔雅》刻本以及汉魏六朝以来各种《尔雅》注疏，仔细校勘并重新注解了郭璞《尔雅注》。这部书是继郭璞注、邢昺疏之后《雅》学的重要著作。

郝懿行，嘉庆朝人，擅长名物考证。他认为，汉魏之后《尔雅》的注疏非常多，但是良莠不齐，错谬疏漏很多，且邢昺《尔雅注疏》与邵晋涵《尔雅正义》也让他感到不满意。于是，郝懿行收集了大量的相关资料，首先对《尔雅》文本先进行校勘，继而征引大量文献包括汉魏五家《尔雅》注本、陆德明《尔雅音义》、邢昺《尔雅注疏》、郑樵《尔雅注》等，并大量引用碑文、方言、俗语等资料，对郭璞《尔雅注》作进一步注解，从而形成了《尔雅义疏》。这部书较以往注疏更加精审、翔实，成为《雅》学史上的经典之作。清人宋翔凤评价：

邵晋涵《尔雅正义》书影，现藏中国国家图书馆

　　《尔雅》二十篇，则训故之渊海，五经之梯航也。然至唐代但用郭景纯之注，而汉学不传。至宋邢氏作疏，但取唐人《五经正义》缀辑而成，遂滋阙漏。乾隆间，邵二云学士作《尔雅正义》，翟晴江进士作《尔雅补郭》，然后郭注未详未闻之说，皆可疏通证明，而犹未至于旁皇，周浃穷深极远也。迨嘉庆间，栖霞郝户部兰皋先生之《尔雅义疏》最后成书，其时南北学者知求于古字古音，于是通贯融会谐声、转注、假藉，引端竟委，触类旁通，豁然尽见。且荟萃古今一字之异，一义之偏，罔不搜罗。分别是非，必及根原，鲜逞胸臆。盖此书之大成，陵唐跞宋，追秦汉而明周孔者也。①

---

① （清）宋翔凤：《尔雅义疏序》，载（清）郝懿行：《尔雅义疏》，上海古籍出版社 1983 年版，第 7—8 页。

可以说，郝懿行《尔雅义疏》是中国古代《雅》学史上的集大成之作。宋翔凤之言，大体叙述了中国古代《雅》学史上的发展情况，介绍了重要《雅》学著作的情况，对学术史研究很有学术意义。

除了邵晋涵、郝懿行之外，还有很多清代学者对《尔雅》也做了相关的研究，如卢文弨、阮元对《尔雅》文本进行校勘；又如余萧客、臧庸、黄奭、马国翰做注解的辑佚工作。还有翟灏、程瑶田等也做了大量的注解工作。正是他们的共同努力，使得清代成为《雅》学发展史上的鼎盛时期。

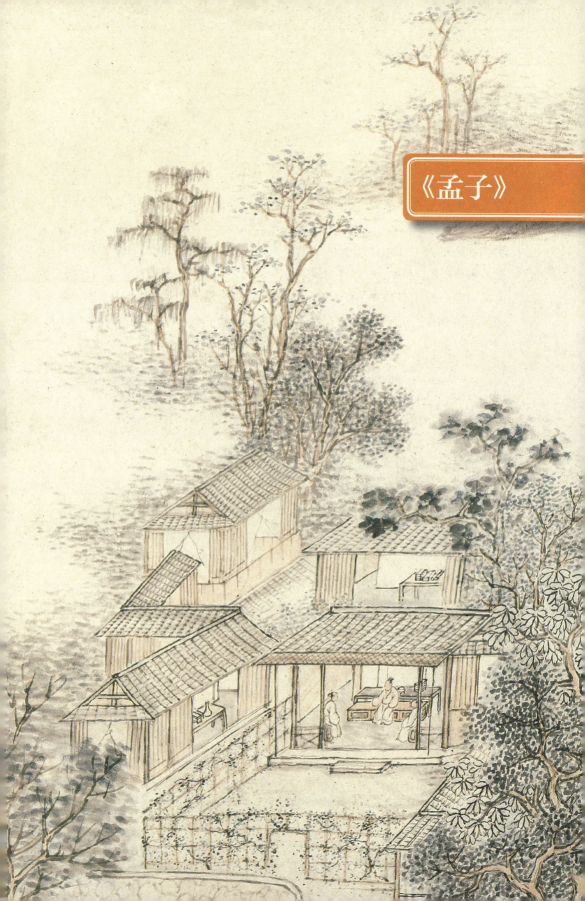

《孟子》

孟子，名轲，战国中期人，是孔子之后最有影响的儒家学派的代表人物，汉代赵岐尊之为"亚圣"。但在汉唐之际，孟子及其学说影响非常有限。宋代理学家为了建构新的儒学思想体系，孟子及其学说得到朝野上下的重视，宋神宗朝，《孟子》被立为儒家经典，成为十三经中最后被确立的经书。元文宗至顺元年（1330 年），孟子被封为"邹国亚圣公"，从此"亚圣"成为孟子的尊称。《孟子》一书是战国时期孟轲及其弟子与同时代学者的言谈记录。

一、《孟子》的成书

《孟子》的成书与其他儒家经典类似，历代以来存有很多争论，总结大体有三种影响比较大的观点。

1.孟子与其弟子万章、公孙丑等人共同编纂

持这种观点的是司马迁。《史记》记载孟子游说诸侯，但其思想学说没有见用，于是孟子"退而与万章之徒序《诗》《书》，述仲尼之意，作《孟子》七篇"①。晚年孟子和弟子万章等人，将其经历与言论编辑为七篇，以传自己的思想。

2.孟子自己独撰

持这个观点的有东汉赵岐《孟子章句》、宋朱熹《孟子集注》、元金履祥、明郝敬、清阎若璩等。赵岐《孟子题辞解》说："于是（孟子）退而论集所与高第弟子公孙丑、万章之徒难疑答问，又自撰其法度之言，著书七篇"②。清人阎若璩《孟子生卒年月考》，更是在赵岐、朱熹等人的基础上详加考订，并认为：

---

① （汉）司马迁：《史记》卷七十四《孟轲传》，中华书局 1963 年版，第 2343 页。
② （汉）赵岐注，（宋）孙奭疏：《孟子注疏·孟子注疏题辞解》，李学勤主编：《十三经注疏》标点本，北京大学出版社 1999 年版，第 6 页。

七篇为孟子自作，止韩昌黎故乱其说，亦莫妙于朱子曰："观七篇笔势，如熔铸而成，非缀辑可就。"余亦有一证：《论语》成于门人之手，故记圣人容貌甚悉；七篇成于己手，故但记言语或出处耳。[1]

孟子像

阎若璩赞同朱熹的观点，认为《孟子》的写作风格浑然一体，不像多人完成的，所以认为是孟子一人写成的。另外，阎若璩还将这部书与《论语》相对照，认为《论语》由众弟子共同完成，所以记载内容很丰富，尤其是对孔子的描述。但是《孟子》内容比较单一，只有孟子一人的言行举止，故《孟子》是由一人完成的。

3. 孟子门人弟子所编纂

主张此说的有唐韩愈、张籍，宋晁公武、苏辙和清崔述等人。如韩愈云：

> 孟轲之书，非轲自著，轲既殁，其徒万章公孙丑相与记轲所言焉耳。[2]

后来宋人晁公武补充：

> 按韩愈以此书为弟子所汇集，与岐之言不同。今考其书载孟子所见诸侯，皆称谥，如齐宣王、梁惠王、梁襄王、滕定公、滕文公、鲁平公是也。夫死然后有谥，轲无恙时所见诸侯，不应即称谥。且惠王元年至

---

① （清）阎若璩：《孟子生卒年月考》，《清经解》第一册，上海书店 1988 年版，第 122 页。
② （唐）韩愈撰，马其昶校注：《韩昌黎文集校注》卷二《答张籍书》，上海古籍出版社 1986 年版，第 132 页。

平公之卒，凡七十七年，轲始见惠王，目之曰叟，必已老矣，决不见平
公之卒也。后人追为之明矣，则岐之言非也。[①]

韩愈、晁公武认为《孟子》是孟子去世后编纂的，不是孟子自撰的。晁
公武认为，如果说是孟子自撰，孟子在编纂时，书中齐宣王、梁惠王、梁襄
王、滕定公、鲁平公均未去世，不可能用这些君主的谥号。故《孟子》不可
能是孟子生前编纂，而是由他的弟子们编纂而成的。

以上三种说法，都有一定的道理。本书认为，据先秦文献记载，《史记》
的说法似更为客观真实。至于《孟子》中，为什么齐宣王、梁惠王、梁襄王、
滕定公、鲁平公等谥号，正如前文所论《左传》《孝经》《尔雅》等书，它们
都非一次性成书，而是经过多人、多个时代的整理传承最终成为后世所看到
的文本。《孟子》和其他经典一样都经历了从原本到定本的阶段，即原本由
孟子和众弟子合撰，后传弟子传承孟学时对文字、内容作了修饰和整理，将
齐宣王、梁惠王等谥号掺入。经过秦汉，最终形成了定本。

二、《孟》学简史

孟子作为战国中期儒家学派的代表性人物，其学说经弟子们的传承和宣
扬，到了战国末期影响颇大，稍晚于孟子的荀子曾对思孟学派进行批判，这
反过来也说明思孟学派在当时有很大的影响。

秦始皇焚书坑儒，《孟子》受到波及，但作为诸子之作影响不大。尽管
秦代没有推行以仁政为核心的"王道"理念，但是孟子宣扬的大一统理念，
却被秦始皇所实现，这为后世儒家兴起奠定了重要的政治基础。

（一）汉唐

西汉文帝时，《孟子》开始受到朝廷的重视。赵岐说："汉兴，除秦虐禁，
开延道德，孝文皇帝欲广游学之路，《论语》《孝经》《孟子》《尔雅》皆置博士，
后罢传记博士，独立五经而已。"[②] 传、记隶属于经书，辅助解读经书，因此
《孟子》被立为博士，成为传记博士。传、记在儒家经典中介于诸子与经书

---

① （宋）晁公武撰，孙猛校：《郡斋读书志校证》卷十《赵岐孟子十四卷》提要，上海古
籍出版社 1990 年版，第 415 页。
② （汉）赵岐注，（宋）孙奭疏：《孟子注疏·孟子注疏题辞解》，李学勤主编：《十三经注
疏》标点本，北京大学出版社 1999 年版，第 9 页。

之间，地位较战国时期有所提高。但汉武帝"卓然罢黜百家，表章六经"①，《孟子》的博士地位被取消，回归诸子之位。

东汉时期，注解《孟子》有五家，即程曾《孟子章句》、郑玄《孟子注》、高诱《孟子章句》、刘熙《孟子注》和赵岐《孟子章句》（后世一般称为《孟子注》）。只有赵岐一家流传下来，其余都相继亡佚了。赵岐（108—201年），字邠卿，东汉末年京兆伊人。赵岐所作的《孟子注》是至今保存最早的《孟子》注解本，也是我们研究汉代《孟》学唯一可靠的文献。清阮元《十三经注疏校刊记序》曾评论《孟子章句》：

> 赵岐之学，以较马（融）、郑（玄）、许（慎）、服（虔）诸儒稍为固陋，然属书离辞，指事类情，于训诂无所戾，七篇之微言大义，藉是可推。②

赵岐《孟子章句》注解《孟子》，注重章句训诂，因赵岐距离孟子时代最近，在解释上更能接近孟子的原意。如《孟子·梁惠王上》中有："为长者折枝，语人曰：'我不能'，是不为也，非不能也。"③ 对于"折枝"一词，本意是按摩、挠痒，消除人的肢体疲劳的意思，所以赵岐《孟子章句》就解释为："折枝，案摩折手节解罢枝也。"④ 唐人陆善经《孟子注》解释为"折草木之枝"，明显是望文生义。此书对于孟子的思想很少进行深入解读，这是其不足之处。

魏晋南北朝，孟子及其著述《孟子》几乎为人所遗忘。据《隋书·经籍志》与《唐书·艺文志》记载，只有綦毋邃《孟子注》一部著述，此书后散佚。

唐代中前期《孟子》依旧没有得到学者的关注。中唐之后，如杨绾、韩愈、李翱、皮日休等人开始尊崇孟子。唐代宗宝应二年（763年），礼部侍

---

① （汉）班固撰，（唐）颜师古注：《汉书》卷六《武帝纪赞》，中华书局 1964 年版，第212 页。

② 南开大学古籍整理研究所选编：《清代经部序跋选·孟子注疏校勘记序》，天津古籍出版社 1991 年版，第 307 页。

③ （汉）赵岐注，（宋）孙奭疏：《孟子注疏·梁惠王章句上》，李学勤主编：《十三经注疏》标点本，北京大学出版社 1999 年版，第 20 页。

④ （汉）赵岐注，（宋）孙奭疏：《孟子注疏·梁惠王章句上》，李学勤主编：《十三经注疏》标点本，北京大学出版社 1999 年版，第 21 页。

郎杨绾上书朝廷，建议将《孟子》与《论语》《孝经》并立为"兼经"，成为明经科的一部分，虽未成功，但却开启了唐宋之际《孟子》升格为经的先声。韩愈对孟子地位的提升作出了突出的贡献。韩愈认为思孟学派是儒家学说传承中的正宗，孟子是孔子之后最重要的儒家传人。

> 尧以是传之舜，舜以是传之禹，禹以是传之汤，汤以是传之文武周公，文武周公传之孔子，孔子传之孟轲，轲之死，不得其传焉。荀与扬也，择焉而不精，语焉而不详。①

韩愈肯定了孟子的儒学正宗地位，贬抑汉唐儒者所尊奉的荀子。这无疑提升了孟子的地位，为孟子思想的宣传起到了重要的作用。后来宋代理学家受韩愈的影响，也将孟子视为孔子之后儒学的正宗嫡传，并借助人性论思想建构出新的儒学思想体系。随着韩愈的去世，孟子又渐渐为人所忽略。终唐一代，研究《孟子》的著述，见于文献著录的只有五部，即陆善经《孟子注》、张镒《孟子音义》、丁公著《孟子手音》、

韩愈像

韩愈（768—824 年），唐代文学家、哲学家。字退之。河南河阳（今河南孟州南）人。自谓郡望昌黎，世称韩昌黎。早孤，由兄嫂抚养，刻苦自学。贞元进士。任监察御史，以事贬为阳山令。赦还后，曾任国子博士、刑部侍郎等职。参与平定淮西之役。因谏阻宪宗迎佛骨，贬为潮州刺史。官至吏部侍郎。卒谥文，世称韩文公。政治上反对藩镇割据，思想上尊儒排佛。与柳宗元同为古文运动的倡导者，并称"韩柳"，被列为唐宋八大家之首。所作《原道》《原性》，强调自尧舜至孔孟一脉相传的道统，维护儒家的正统地位。诗与孟郊齐名，并称"韩孟"。有《昌黎先生集》。

---

① （唐）韩愈撰，马其昶校注：《韩昌黎文集校注》卷一《原道》，吉林出版集团有限责任公司 2005 年版，第 18 页。

刘轲《翼孟》、林慎思《续孟子》。这五部著述均已亡佚。

纵观汉唐时期《孟子》及其研究，与其他诸经书相比，《孟子》几乎没有得到广泛关注。对此董洪利先生曾作总结说：

> 总得看，从汉至唐的近千年间，《孟子》研究虽然也有一定的发展，但其治学宗旨和研究方法却没有什么新的突破。自从汉武帝把儒家学说推到独尊的地位，并把《易》《诗》《书》《礼》《春秋》定为经典以后，儒学的研究就成了经学研究。经学之外的儒学大师并没有受到应有的重视。因此《孟子》《荀子》等儒家著作研究者寥若晨星。东汉时代出现的几部《孟子》研究著作，也不过是经学的补充。其研究方法仍然是东汉古文经学家研治经书的方法，即以典章制度、历史事实的考释和语词章句的训诂为主，而对《孟子》书中丰富的哲学思想则很少进行深入的研究。魏晋时代玄学，在经学领域产生了一定的影响，如王弼注《易》即以老、庄之义解之。但这种影响并未及于《孟子》。隋唐时代的《孟子》研究，基本上是沿着东汉形成的训诂辞章之学的老路走过来的。因此，尽管中唐以后有韩愈等人的极力推崇，使孟子的政治、学术地位有了较大的提高，但对《孟子》思想内容的研究没有取得新的进展。①

汉唐之际孟学研究的低谷：第一，朝廷和学人对孟子及其学说并不重视。第二，《孟》学研究方法以训诂、考释为主，基本没有突破。第三，《孟子》的哲理未得到深入的阐发。第四，中唐韩愈等尊孟，虽使得孟子地位有所提升，但对《孟子》思想的研究没有新进展。总的来看，汉唐之际孟学发展寂寥，学人对《孟子》的研究无论在数量，还是质量上，都没有根本的变化，与其他经书的地位和重视程度不可同日而语。《隋书·经籍志》《旧唐书·经籍志》《新唐书·艺文志》《崇文总目》将《孟子》列入"子部"。《孟子》受到忽视，除与汉以后经学发展的式微有直接的关系外，也与《孟子》本身的思想内容，诸如"性善论""民本""仁政王道"等观点与时势不合有很大关系。

---

① 董洪利：《孟子研究》，江苏古籍出版社 1997 年版，第 192 页。

王安石像

（二）两宋

宋代是《孟子》的大发展时期，其地位被急剧提升，受到朝野上下的一致关注，最终从诸子升越为经书，成为十三经之一。这个变化过程，经学史研究专家周予同称之为"孟子升格运动"①。宋代《孟》学著作仅清人朱彝尊《经义考》记载的就达一百多部。

宋代，《孟子》一书升格为经书之前，宋初孙奭曾经奉朝廷之命，校订赵岐《孟子注》，同时作疏，即《孟子注疏》，后来也称为《孟子正义》。但后世学者认为是假托孙奭之名而作。尽管如此，阮元《十三经注疏》收入了赵岐《孟子注》与孙奭《孟子注疏》。

宋代中期孟子及其思想的被重视，与新儒学思想体系的重建有直接的关系。宋代新儒学的重建始于中唐韩愈、李翱，是为了应对佛老之学的挑战，将注重"性与天道"的孟子视为孔子的嫡传。韩愈、李翱虽然没有完成新儒学的建构，但为宋代学者建构新儒学提供了重要的思路。所以，从北宋一开始，如胡瑗、孙复、石介等人也都极力倡导孔孟学说，反对佛老之学。随着北宋中期诸多学者对孟子的提倡和宣扬，《孟子》越来越受到学者们的关注。

王安石作为北宋中后期最为重要的新儒学推动者，虽然没有建构出像周敦颐、张载、二程等那样的理学体系，但他在经学解释的思想和方法上，对理学家启发很大。王安石对孟子也非常尊崇，除借助孟子宣扬王道政治之外，他还将《孟子》列为科举考试的必读书目②，由此《孟子》跻身于经书的行列，《孟子》正式成为儒家经典之一。这对于孟子地位的升格起到了直接的推动作用。

---

① 朱维铮编：《周予同经学史论著选集》，上海人民出版社 1983 年版，第 289 页。

② （元）脱脱：《宋史》卷一百五十五《选举志》记载："于是改法：罢诗赋、帖经、墨义，士各占治《易》《诗》《书》《周礼》《礼记》一经，兼《论语》《孟子》。"中华书局 1977 年版，第 3618 页。

王安石以政治手段提升并保证了孟子的至高地位，而理学奠基人二程则是从学术思想的角度真正确立了孟子及其学说的正统地位。二程时代，思孟学开始成为学者普遍关注的学说，胡瑗、周敦颐、张载、士建中、司马光、王安石、苏轼等人都非常关注思孟学。但也有李觏、司马光、晁说之等人的诋孟思想。二程在时代思潮的影响下，为了建构自己的新儒学思想体系——理学，极力肯定子思、孟子在儒家学说史上的正统传道地位，并极力推尊和表彰思孟学说。首先，二程将孟子看成是孔子之后儒家学说的正宗嫡传。

孔子没，曾子之道日益广大。孔子没，传孔子之道者，曾子而已。曾子传之子思，子思传之孟子，孟子死，不得其传，至孟子而圣人之道益尊。①

圣人之学，若非子思、孟子，则几乎息矣。②

二程把孟子视为孔子之后传道的功臣，因为孟子发展了孔子的思想，包括仁义的思想、养气的观点，以及性善论等，由此二程提出儒家学说传承谱系：孔子——曾子——子思——孟子。此谱系是对韩愈道统观的重申，韩愈曾说："孟轲师子思，子思之学盖出曾子，自孔子没，群弟子莫不有书，独孟轲氏之传得其宗。"③ 韩愈还说"轲之死，不得其传焉"④，并自谦地说："韩愈之贤不及孟子，孟子不能救之于未亡之前，而韩愈乃欲全之于已坏之后。"⑤ 俨然有继任孔孟道学的意思。

二程虽然大体肯定了韩愈的道统谱系，但对韩愈颇有微辞⑥，并对道统

---

① （宋）程颢、程颐：《程氏遗书》卷二十五，《二程集》，中华书局 1981 年版，第 327 页。
② （宋）程颢、程颐：《程氏遗书》卷十七，《二程集》，中华书局 1981 年版，第 176 页。
③ （唐）韩愈撰，马其昶校注：《韩昌黎文集校注》卷四《送王秀才序》，吉林出版集团有限责任公司 2005 年版，第 261 页。
④ （唐）韩愈撰，马其昶校注：《韩昌黎文集校注》卷一《原道》，吉林出版集团有限责任公司 2005 年版，第 18 页。
⑤ （唐）韩愈撰，马其昶校注：《韩昌黎文集校注》卷三《与孟尚书书》，吉林出版集团有限责任公司 2005 年版，第 215 页。
⑥ （宋）程颢、程颐：《程氏遗书》卷六："杨子之学实，韩子之学华，华则涉道浅。"《二程集》，中华书局 1981 年版，第 88 页。（宋）程颢、程颐：《程氏遗书》卷十八："退之晚年为文，所得处甚多。学本是修德，有德然后有言，退之却倒学了。"《二程集》，中华书局 1981 年版，第 232 页。

谱系作了修正，将韩愈排除在儒学道统谱系之外，将自己直承孔孟道学，"以兴起斯文为己任"①，由此也表明推尊和发展思孟学的价值取向。二程之所以大力表彰孟子及其学说，其中主要原因在于看重孟子的心性学说。二程曾说，"论心术，无如孟子"②，"孟子所以独出诸儒者，以能明性也"③。二程希望以孟子的心性学说为基础建构自己的心性理论，以应对佛老心性之学的挑战。二程借助天理的理论，将性善视为宇宙的本体，这无疑为其心性学说提供了重要的基点。二程认为，所谓的天命、理、性、心，仅仅是从不同角度而言，而在本质上却都是一致的。

> 在天为命，在义为理，在人为性，主于身为心，其实一也。④
>
> 心则性也，在天为命，在人为性，所主为心，实一道也。通乎道，则何限量之有？必曰有限量，是性外有物乎？⑤
>
> 理也，性也，命也，三者未尝有异。穷理则尽性，尽性则知天命矣。天命犹天道也，以其用而言之则谓之命，命者造化之谓也。⑥
>
> 称性之善谓之道，道与性一也。以性之善如此，故谓之性善。性之本谓之命，性之自然者谓之天，自性之有形者谓之心，自性之有动者谓之情，凡此数者皆一也。圣人因事以制名，故不同若此。⑦

这样一来，儒家的心性学说就有了本体依据，性善成为和天理一样永恒和普遍的存在。这就将外在超越的天理与内在人性统一了起来。二程新人性理论，较先秦人性论思想有了思维水平上的突破，尤其是他以理论性，更对理学人性论的发展作出了创造性贡献。朱熹赞美此说：

---

① 《程氏文集》卷十一《明道先生行状》，第 638 页。程颢死后，程颐作墓表就说："周公没，圣人之道不行；孟轲死，圣人之学不传……先生（程颢）生千四百年之后，得不传之学于遗经，志将以斯道觉斯民。"（《程氏文集》卷十一《明道先生墓表》。）
② （宋）程颢、程颐：《程氏遗书》卷二上，《二程集》，中华书局 1981 年版，第 27 页。
③ （宋）程颢、程颐：《程氏遗书》卷十八，《二程集》，中华书局 1981 年版，第 203 页。
④ （宋）程颢、程颐：《程氏遗书》卷十八，《二程集》，中华书局 1981 年版，第 204 页。
⑤ （宋）程颢、程颐：《程氏粹言》卷二《心性篇》，《二程集》，中华书局 1981 年版，第 1252 页。
⑥ （宋）程颢、程颐：《程氏遗书》卷二十一下，《二程集》，中华书局 1981 年版，第 274 页。
⑦ （宋）程颢、程颐：《程氏遗书》卷二十五，《二程集》，中华书局 1981 年版，第 318 页。

伊川"性即理也",自孔孟后,无人见得到此。亦是从古无人敢如此道。① 如"性即理也"一语,直自孔子后,惟是伊川说得尽。这一句便是千万世说性之根基。②

此外,二程在人性论的基础上进一步发展了道德修养工夫与政治理念③,还将《孟子》与《论语》《大学》《中庸》作为理学诠释的核心著作加以表彰,即"四书"。二程借助对《孟子》以及四书的诠释,建构了新儒学思想体系,这在经学史、儒学史上具有承上启下的重要意义。

二程作为宋代理学的奠基人,在他们的推动下,南宋时期的儒者多研究《孟》学,并形成了丰硕的《孟》学注解之作,其中影响最大的莫过于朱熹《孟子集注》。《孟子集注》是朱熹《四书章句集注》中的一部分,是朱熹集一生心血而成,代表了宋代《孟子》研究的最高水平。后来《四书章句集注》成为科举考试的必读经典之作,此书对元明清影响非常深远,也反过来直接推动了近世以来《孟》学的发展与兴盛。

(三)元明清

元明时期的孟子研究,基本上继承了宋代的成绩,鲜有新的发明。大多注解《孟子》的著述,几乎都是继承或阐发朱熹等人的思想而已,很多研究《孟子》的著述也多是以四书学著述的形式呈现。对于元明时期四书学的传承及发展,清人刘师培在其《经学教科书》中作了总结:

元明以降,说《论语》者,咸以朱子为宗……元明以降,说《孟子》者,咸以朱子为宗……元明以来,说《学》《庸》者,多主朱子……自程朱以《学》《庸》《论》《孟》为四书,而蔡模作《集疏》、赵顺孙作《纂疏》、吴真子作《集成》、陈栎作《发明》、倪士毅作《辑释》、詹道传作《纂笺》。明代《大全》(胡广等选)。本之,宋学盛行而古说沦亡矣。(以

---

① (宋)黎靖德编,杨绳其、周娴君校点:《朱子语类》卷五十九《孟子九·告子上》,岳麓书社1997年版,第1239页。

② (宋)黎靖德编,杨绳其、周娴君校点:《朱子语类》卷九十三《孔孟周程张子》,岳麓书社1997年版,第2120页。

③ 参见姜海军:《二程的尊孟及其孟学思想》,《孔子研究》2008年第4期。

上用《四库全书提要》《经义考》《蛾术编》)①。

元明时期的四书多是以朱熹《四书章句集注》为典范，或进行疏解，或进行补注，或进行考辨，等等。在某种意义上，也是元明时期《孟》学发展的基本内容。元明清出现了很多具有代表性的《孟》学、四书学的著述，如金履祥《孟子集注考证》、许谦《读四书丛说》、张存中《四书通证》、袁俊翁《四书疑节》、胡广等《四书大全》、蔡清《四书蒙引》、陈士元《孟子杂记》、管志道《孟子订测》、郝敬《孟子说解》等。

总之，元明时期，孟子地位也得到了官方的进一步认同与重视，朝野上下对《孟》学颇为关注。更为重要的是，随着程朱理学成为官学，朱熹《四书章句集注》成为元明时期读书、为学的典范，直接影响了这一时期《孟》学的传承与发展。需要关注的是，在明代中期，王阳明基于心学对程朱《孟》学及四书学作了修正与完善，进一步推动了宋元以来《孟》学的传承与发展。

清代对于孟子及其思想的研究，主要是总结前人的成绩，注重疏解前人尤其是汉代人的注释。如焦循《孟子正义》、宋翔凤《孟子赵注补正》、桂文灿《孟子赵注考证》等都是对汉代赵岐《孟子章句》所作的疏解，其中尤其是焦循《孟子正义》兼顾考据、义理，是古代孟子研究史上的集大成之作。另一方面，清人的研究也涉及到了孟子及其思想多个方面，如考证孟子的生卒年，如阎若璩《孟子生卒年月考》、周广业《孟子四考》；还有牛运震《孟子论文》，对《孟子》一书的艺术成就进行有史以来最为全面而细致的分析；此外，戴震作《孟子字义疏证》一书，重新解释孟子思想，以批判程朱等理学家对孟子的诠释；等等。

《孟子字义疏证》全书共三卷，是戴震最看重的著作，其曾说："仆生平著述最大者，为《孟子字义疏证》一书。"②此书的特点在于，通过训诂、考证的方法，对"理""天道""性""才""道""仁义礼智""诚""权"等概念、范畴进行梳理、诠释，以此来批判宋儒的理学思想体系，所以梁启超在《清代学术概论》一书中评价这部书"《疏证》一书，字字精粹"。

《孟子字义疏证》全书的内容分为《序》与上、中、下三卷组成。《序》

---

① （清）刘师培著，陈居渊注：《经学教科书》，上海古籍出版社 2006 年版，第 113 页。

② （清）戴震：《孟子字义疏证》，中华书局 1982 年版，第 186 页。

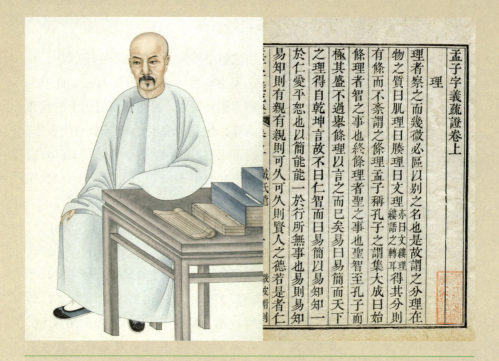

戴震像，现藏中国国家博物馆　　　　　　　　　　《孟子字义疏证》书影，现藏中国国家图书馆

戴震（1724—1777年），清代思想家。字东原。安徽休宁人。问学于婺源（今属江西）江永。以塾师为生。乾隆年间修《四库全书》，特召为纂修官。博闻强记，对天文、数学、历史、地理均有深刻研究。他批驳了理学家所谓"理在事先"等理论。所著《孟子字义疏证》认为："事物之理，必就事物剖析至微，而后理得。"认为"后儒以理杀人"，同"酷吏以法杀人"，并无本质区别，实是对封建统治者借口"理义""名教"残酷杀人的抗议。著作有《原善》《原象》《孟子字义疏证》《声韵考》《声类表》《方言疏证》等，后人编有《戴氏遗书》。

指出了这部书的写作目的与内容。卷上重点对"理"进行梳理、阐发，重新解释了"理"的内涵及相关思想，尤其对宋儒所强调的"存天理灭人欲"之说，戴震提出了"体民之情，遂人之欲"的主张。卷中包括对"天道""性"等宇宙论、本体论、心性论作了解释。卷下包括对"才""仁义礼智""诚""权"等作了注解。戴震《孟子字义疏证》成书之后，颇为世人好评，如焦循就曾说："循读东原戴氏之书，最心服其《孟子字义疏证》。"①

　　焦循《孟子正义》全书30卷，其有感于《孟子注疏》"体例之踳驳，征

---

① （清）焦循：《雕菰集》，刘建臻编：《焦循诗文集》，广陵书社 2009 年版，第 115 页。

焦循像，现藏中国国家博物馆

焦循（1763—1820年），清代哲学家、数学家、戏曲理论家。字理堂，一字里堂。江苏甘泉（今扬州）人。嘉庆举乡试，与阮元齐名。后应礼部试不第，托足疾不入城市者十余年。构一楼名"雕菰楼"，读书著述其中。博闻强记，于经史、历算、声韵、训诂之学都有研究。用数理解释《周易》，更由治《易》的方法通释诸经。指出汉学家的考据，"其弊也琐"。主张"通核"之学："通核者，主以全经，贯以百氏，协其文辞，揆以道理。"著作有《里堂学算记》《易章句》《易通释》《孟子正义》《剧说》等。

引之陋略乖舛，文义之冗蔓俚鄙"①，立志要重新为赵岐《孟子》作疏，此书兼顾考据和义理，是孟子研究史上的重要著作，也是乾嘉经学考据学的代表作。这部书在注解《孟子》方面颇有特色，如道光七年（1827年），黄承吉（1771—1842年）在《孟子正义·序》所言：

> 至《孟子正义》，无论邵武士人，即使孙氏（奭）手自疏明，恐亦无此殚洽。况古学渊微，至本朝而始发，如顾、毛、阎、万以来，数十家之说，穷幽极奥，岂孙氏所及见耶？盖学识所系，亦时代使然。近时邵二云太史著《尔雅正义》，过于邢《疏》远甚，然犹墨守郭义，未能厘补漏缺。此书一出，实可为义疏、正义之准则。后之作者因其例，以发明《礼》《传》诸经，当如百川趋海，汇为千古巨观！则里堂尤诸经之功臣。②

在黄承吉看来，焦循《孟子正义》兼采众长，推陈出新，不仅超越了孙奭《孟子注疏》，更是树立了乾嘉以来经学注疏之学的新典范。后来皮锡瑞《经学历史》对《孟子正义》颇为推崇。张之洞《书目答问》亦推荐《孟子正义》一书。

---

① （清）焦循：《孟子正义》卷三十《孟子篇叙》注，中华书局1987年版，第1050页。

② 黄承吉：《梦陔堂文集》卷五，又载赖贵三：《焦循年谱新编》，里仁书局1994年版，第443页。

参考文献

一、基础文献

1. （春秋）孔丘撰，杨伯峻、杨逢彬注译：《论语》，岳麓书社 2000 年版。

2. （战国）墨翟撰，张永祥、肖霞译注：《墨子译注》，上海古籍出版社 2016 年版。

3. （汉）班固撰，（唐）颜师古注：《汉书》，中华书局 1964 年版。

4. （汉）公羊寿传，（汉）何休解诂，（唐）徐彦疏：《春秋公羊传注疏》，李学勤主编：《十三经注疏》标点本，北京大学出版社 1999 年版。

5. （汉）桓谭：《新论》，上海人民出版社 1977 年版。

6. （汉）孔安国传，（唐）孔颖达疏：《尚书正义》，李学勤主编：《十三经注疏》标点本，北京大学出版社 1999 年版。

7. （汉）刘熙：《释名》，中华书局 1985 年版。

8. （汉）司马迁：《史记》，中华书局 1963 年版。

9. （汉）王充：《论衡》，上海人民出版社 1974 年版。

10. （汉）赵岐注，（宋）孙奭疏：《孟子注疏》，李学勤主编：《十三经注疏》标点本，北京大学出版社 1999 年版。

11. （汉）郑玄：《毛诗传笺》，四部丛刊本，商务印书馆。

12. （汉）郑玄注，（唐）贾公彦疏：《周礼注疏》，李学勤主编：《十三经注疏》标点本，北京大学出版社 1999 年版。

13. （汉）郑玄注，（唐）孔颖达疏：《礼记正义》，李学勤主编：《十三经注疏》标点本，北京大学出版社 1999 年版。

14. （魏）王弼注，（唐）孔颖达疏：《周易正义》，李学勤主编：《十三经注疏》标点本，北京大学出版社 1999 年版。

15. （晋）杜预注，（唐）孔颖达疏：《春秋左传正义》，李学勤主编：

《十三经注疏》标点本，北京大学出版社 1999 年版。

16.（晋）范晔撰，（宋）裴松之注：《三国志》，中华书局 1959 年版。

17.（晋）范宁集解，（唐）杨士勋疏：《春秋穀梁传注疏》，李学勤主编：《十三经注疏》标点本，北京大学出版社 1999 年版。

18.（晋）郭璞注，（宋）邢昺疏：《尔雅注疏》，李学勤主编：《十三经注疏》标点本，北京大学出版社 1999 年版。

19.（魏）何晏注，（宋）邢昺疏：《论语注疏》，李学勤主编：《十三经注疏》标点本，北京大学出版社 1999 年版。

20.（南朝宋）范晔撰，（唐）李贤等著：《后汉书》，中华书局 1965 年版。

21.（南朝宋）刘敬叔撰，范宁校点：《异苑》，中华书局 1996 年版。

22.（隋）陆德明：《经典释文》，上海古籍出版社 1985 年版。

23.（唐）韩愈：《五百家注昌黎文集》，《四库荟要》本，吉林出版集团有限责任公司 2005 年版。

24.（唐）贾公彦：《序周礼废兴》，阮元校刻《十三经注疏》本，中华书局 1980 年影印本。

25.（汉）毛亨传，（汉）郑玄笺，（唐）孔颖达疏：《毛诗正义》，李学勤主编：《十三经注疏》标点本，北京大学出版社 1999 年版。

26.（唐）李延寿：《北史》，中华书局 1974 年版。

27.（唐）李隆基注，（宋）邢昺疏：《孝经注疏》，李学勤主编：《十三经注疏》标点本，北京大学出版社 1999 年版。

28.（唐）柳宗元：《柳河东集》，上海古籍出版社 2008 年版。

29.（唐）魏徵等：《隋书》，中华书局 1973 年版。

30.（宋）蔡沈：《书集传》，凤凰出版社 2010 年版。

31.（宋）晁公武撰，孙猛校：《郡斋读书志校证》，上海古籍出版社 1990 年版。

32.（宋）陈振孙撰，徐小蛮、顾美华点校：《直斋书录解题》，上海古籍出版社 2015 年版。

33.（宋）程颢、程颐撰，王孝鱼点校：《二程集》，中华书局 1981 年版。

34.（宋）胡宏：《皇天大纪论·极论周礼》，载《胡宏集》，中华书局 1987 年版。

35.（宋）黄震：《黄氏日抄》，中华书局 1985 年版。

36.（宋）黎靖德编，杨绳其、周娴君校点：《朱子语类》，岳麓书社1997年版。

37.（宋）吕祖谦：《吕祖谦全集》，浙江古籍出版社2008年版。

38.（宋）欧阳修等：《新唐书》，中华书局1975年版。

39.（宋）王溥：《唐会要》，中华书局1955年版。

40.（宋）王应麟撰，栾保群、田松青校点：《困学纪闻》，上海古籍出版社2015年版。

41.（宋）真德秀：《西山读书记》，《四库全书》本。

42.（宋）郑樵：《六经奥论》，《四库全书》本，中国书店2018年版。

43.（宋）朱熹集注：《诗集传》，上海古籍出版社1980年版。

44.（宋）朱熹：《晦庵集·续集》，文渊阁《四库全书》本，台湾商务印书馆1986年版。

45.（宋）朱熹：《四书章句集注》，中华书局1983年版。

46.（宋）朱熹：《周易本义》，中国书店1987年版。

47.（宋）朱震：《汉上易传·表》，上海古籍出版社1989年版。

48.（元）脱脱等：《宋史》，中华书局1977年版。

49.（明）宋濂等：《元史》，中华书局1976年版。

50.（明）王祎：《王忠文公集》，中华书局1985年版。

51.（清）陈奂：《诗毛氏传疏》，中国书店1984年版。

52.（清）陈立撰，吴则虞校点：《白虎通疏证》，中华书局1994年版。

53.（清）陈澧：《东塾读书记》，上海古籍出版社2012年版。

54.（清）方玉润撰，李先耕点校：《诗经原始》，中华书局1986年版。

55.（清）郝懿行：《尔雅义疏》，上海古籍出版社1983年版。

56.（清）胡承珙撰，郭全芝校点：《毛诗后笺》，黄山书社2014年版。

57.（清）胡培翚：《仪礼正义》，广西师范大学出版社2018年版。

58.（清）黄宗羲：《明儒学案》，中华书局2006年版。

59.（清）黄宗羲原著，全祖望补修，陈金生、梁运华点校：《宋元学案》，中华书局1986年版。

60.（清）永瑢等：《四库全书总目》，中华书局1965年版。

61.（清）焦循撰，沈文倬点校：《孟子正义》，中华书局1987年版。

62.（清）江藩：《汉学师承记》，生活·读书·新知三联书店1998年版。

63.（清）康有为：《〈论语注〉序》，蒋贵麟主编：《康南海先生遗著汇刊》第22册，宏业书局1987年版。

64.（清）刘宝楠：《论语正义》，上海古籍出版社1993年版。

65.（清）刘师培著，陈居渊注：《经学教科书》，上海古籍出版社2006年版。

66.（清）马瑞辰：《毛诗传笺通释》，中华书局1989年版。

67.（清）皮锡瑞：《经学历史》，中华书局2004年版。

68.（清）皮锡瑞：《皮锡瑞集》，岳麓书社2012年版。

69.（清）邵晋涵撰，李嘉翼、祝鸿杰点校：《尔雅正义》，十三经清人注疏本，中华书局2017年版。

70.（清）孙星衍：《尚书今古文注疏》，山东友谊出版社1991年版。

71.（清）孙诒让：《周礼正义》，十三经清人注疏本，中华书局1987年版。

72.（清）唐晏：《两汉三国学案》，中华书局1986年版。

73.（清）王国维：《观堂集林》，浙江教育出版社2014年版。

74.（清）阎若璩：《四书释地》，广东学海堂本，清光绪十七年。

75.（清）朱彝尊撰，许维萍、冯晓庭、江永川等点校：《点校补正经义考》，中研院文哲研所筹备处1997年版。

76.（清）朱彝尊撰，林庆彰、蒋秋华、杨晋龙等主编：《经义考新校》，上海古籍出版社2010年版。

二、研究著述

1.《文史知识》编辑部编：《经书浅谈》，中华书局2004年版。

2.《中华易学大辞典》编辑委员会编：《中华易学大辞典》，上海古籍出版社2008年版。

3.白玉林、党怀兴主编：《十三经导读》，中国社会科学出版社2006年版。

4.北京大学《儒藏》编纂中心编：《儒家典籍与思想研究》第一辑，北京大学出版社2009年版。

5.陈克明：《群经要义》，中国人民大学出版社2006年版。

6.陈梦家：《尚书通论》（外二种），河北教育出版社2000年版。

7.陈其泰：《清代春秋公羊学通论》，华夏出版社 2018 年版。

8.陈铁凡：《孝经学源流》，国立编译馆 1986 年版。

9.陈致著，吴仰湘、黄梓勇、许景昭译：《从礼仪化到世俗化：〈诗经〉的形成》，上海古籍出版社 2009 年版。

10.程树德撰，程俊英、蒋见元点校：《论语集释》，中华书局 1990 年版。

11.洪湛侯：《诗经学史》，中华书局 2002 年版。

12.褚斌杰：《〈诗经〉与楚辞》，北京大学出版社 2002 年版。

13.戴维：《春秋学史》，湖南教育出版社 2004 年版。

14.戴维：《诗经研究史》，湖南教育出版社 2001 年版。

15.单承彬：《论语源流考述》，吉林人民出版社 2002 年版。

16.丁鼎：《〈仪礼·丧服〉考论》，社会科学文献出版社 2003 年版。

17.董洪利：《孟子研究》，江苏古籍出版社 1997 年版。

18.董治安主编：《经部要籍概述》，江苏教育出版社 2008 年版。

19.窦秀艳：《中国雅学史》，齐鲁书社 2004 年版。

20.冯浩菲：《历代诗经论说述评》，中华书局 2003 年版。

21.冯天瑜：《中华元典精神》，上海人民出版社 2014 年版。

22.傅隶朴：《春秋三传比义》，台湾商务印书馆 2006 年版。

23.傅斯年：《〈诗经〉讲义稿》（含《中国古代文学史讲义》），中国人民大学出版社 2004 年版。

24.傅斯年：《诗无邪：〈诗经〉鉴赏、评析与考证》，中国华侨出版社 2013 年版。

25.傅斯年撰，王志宏导读：《〈诗经〉讲义稿》，上海古籍出版社 2011 年版。

26.高亨：《周易古经今注》，中华书局 1984 年版。

27.高亨注：《诗经今注》，上海古籍出版社 2009 年版。

28.高怀民：《先秦易学史》，广西师范大学出版社 2007 年版。

29.葛兆光：《中国经典十种》，中华书局 2008 年版。

30.宫晓卫：《孝经：人伦的至理》，上海古籍出版社 1997 年版。

31.龚建平：《意义的生成与实现——〈礼记〉哲学思想》，商务印书馆 2005 年版。

32.顾廷龙、王世伟：《尔雅导读》，巴蜀书社 1990 年版。

33. 韩高年：《〈诗经〉分类辨体》，上海古籍出版社 2011 年版。

34. 郝桂敏：《中古〈诗经〉文献研究》，中国社会科学出版社 2012 年版。

35. 何新：《尚书新解：大政宪典》，时事出版社 2007 年版。

36. 洪湛侯：《诗经学史》，中华书局 2002 年版。

37. 胡道静、戚文：《周易十讲》，上海人民出版社 2003 年版。

38. 胡平生译注：《孝经译注》，中华书局 2017 年版。

39. 胡奇光、方环海：《尔雅译注》，上海古籍出版社 2012 年版。

40. 黄俊杰：《中国孟学诠释史论》，社会科学出版社 2004 年版。

41. 黄开国：《公羊学发展史》，人民出版社 2013 年版。

42. 黄侃：《黄侃论学杂著》，上海古籍出版社 1980 年版。

43. 黄宛峰：《礼乐渊薮：〈礼记〉与中国文化》，河南大学出版社 1997 年版。

44. ［日］内藤虎次郎等著：《先秦经籍考》（中），江侠庵编译，上海文艺出版社 1990 年影印本。

45. 姜海军：《程颐易学思想研究——思想史视野下的经学诠释》，北京师范大学出版社 2010 年版。

46. 姜建设：《政事纲纪：〈尚书〉与中国文化》，河南大学出版社 2001 年版。

47. 蒋伯潜、朱剑芒：《经学纂要；经学提要》，岳麓书社 1990 年版。

48. 蒋伯潜：《十三经概论》，上海古籍出版社 2010 年版。

49. 蒋庆：《公羊学引论——儒家的政治智慧与历史信仰》，辽宁教育出版社 1995 年版。

50. 蒋善国：《尚书综述》，上海古籍出版社 1988 年版。

51. 金良年：《孟子译注》，上海古籍出版社 2004 年版。

52. 康学伟：《先秦孝道研究》，吉林人民出版社 2000 年版。

53. 李安宅：《〈仪礼〉与〈礼记〉之社会学的研究》，上海人民出版社 2005 年版。

54. 李建军：《宋代〈春秋〉学与宋型文化》，中国社会科学出版社 2008 年版。

55. 李镜池：《周易探源》，中华书局 1978 年版。

56. 李民、王健：《尚书译注》，上海古籍出版社 2000 年版。

57. 李学颖：《仪礼、礼记：人生的法度》，上海古籍出版社 1997 年版。

58. 李友清：《中华孝文化研究》，湖北人民出版社 2007 年版。

59. 李泽厚：《论语今读》，生活·读书·新知三联书店 2004 年版。

60. 梁启超：《古书真伪及其年代》，中华书局 1955 年版。

61. 梁启超：《国学要籍研读法四种》，国家图书馆出版社 2008 年版。

62. 梁启超：《中国近三百年学术史》，天津古籍出版社 2003 年版。

63. 梁涛：《郭店竹简与思孟学派》，中国人民大学出版社 2008 年版。

64. 廖名春：《〈周易〉经传十五讲》(第二版)，北京大学出版社 2012 年版。

65. 廖名春：《〈周易〉经传与易学史新论》，齐鲁书社 2001 年版。

66. 林寒生：《尔雅新探》，百花洲文艺出版社 2006 年版。

67. 林庆彰：《五十年来的经学研究》，台湾学生书局 2003 年版。

68. 林忠军：《象数易学发展史》（第一、二卷），齐鲁书社 1994 年、1998 年版。

69. 刘大钧：《周易概论》（增补修订本），巴蜀书社 2016 年版。

70. 刘冬颖：《诗经"变风变雅"考论》，中国社会科学出版社 2005 年版。

71. 李学勤等著：《经史说略：二十五史说略》，北京燕山出版社 2003 年版。

72. 刘起釪：《古史续辨》，中国社会科学出版社 1991 年版。

73. 刘起釪：《尚书学史》，中华书局 1989 年版。

74. 刘起釪：《尚书研究要论》，齐鲁书社 2007 年版。

75. 刘起釪：《尚书源流及传本考》(第二版)，辽宁大学出版社 1997 年版。

76. 刘汝霖：《汉晋学术编年》，中华书局 1987 年版。

77. 刘毓庆、郭万金：《从文学到经学：先秦两汉诗经学史论》，华东师范大学出版社 2009 年版。

78. 吕友仁：《礼记讲读》，华东师范大学出版社 2009 年版。

79. 马宗霍、马巨：《经学通论》，中华书局 2011 年版。

80. 马宗霍：《中国经学史》，河南人民出版社 2016 年版。

81. 蒙培元：《蒙培元讲孟子》，北京大学出版社 2006 年版。

82. 宁业高等：《中国孝文化漫谈》，中央民族大学出版社 1995 年版。

83. 彭林：《〈周礼〉主体思想与成书年代研究》（增订版），中国人民大学出版社 2009 年版。

84. 彭林:《儒家礼乐文明讲演录》,广西师范大学出版社 2008 年版。

85. 彭林:《三礼研究入门》,复旦大学出版社 2012 年版。

86. 彭林:《中国古代礼仪文明》,中华书局 2004 年版。

87. 平飞:《经典解释与文化创新——〈公羊传〉"以义解经"探微》,人民出版社 2009 年版。

88. 钱穆:《两汉经学今古文平议》,商务印书馆 2001 年版。

89. 钱宗武、杜纯梓:《尚书新笺与上古文明》,北京大学出版社 2004 年版。

90. 山东大学《商君书》注释组注:《商君书新注》,山东人民出版社 1976 年版。

91. 沈玉成、刘宁:《春秋左传学史稿》,江苏古籍出版社 1992 年版。

92. 舒大刚主编:《儒学文献通论》,福建人民出版社 2012 年版。

93. 宋会群、苗雪兰:《中华第一经:〈周易〉与中国文化》,河南大学出版社 1995 年版。

94. 宋艳萍:《公羊学与汉代社会》,学苑出版社 2010 年版。

95. 孙景浩、刘昌鸣、李杰:《〈周易〉与中国风水文化》,上海古籍出版社 2009 年版。

96. 孙钦善:《论语本解》(修订版),生活·读书·新知三联书店 2013 年版。

97. 孙锡芳:《清代左传学研究》,中国社会科学出版社 2017 年版。

98. 唐明邦:《周易评注》,中华书局 2009 年版。

99. 唐明贵:《〈论语〉学的形成、发展与中衰:汉魏六朝隋唐〈论语〉学研究》,中国社会科学出版社 2005 年版。

100. 唐明贵:《论语学史》,中国社会科学出版社 2009 年版。

101. 汪受宽:《孝经译注》,上海古籍出版社 1998 年版。

102. 王葆玹:《西汉经学源流》,东大图书公司 1994 年版。

103. 王博:《易传通论》,中国书店 2003 年版。

104. 王锷:《〈礼记〉成书考》,中华书局 2007 年版。

105. 王金玲、王艳府:《图说礼仪》,重庆出版社 2008 年版。

106. 王锦民:《古学经子:十一朝学术史述林》,华夏出版社 2008 年版。

107. 王梦鸥注译,王云五编:《礼记今注今译》,新世界出版社 2011

年版。

108. 王琦珍：《礼与传统文化》，江西高校出版社 1995 年版。

109. 王启发：《礼学思想体系探源》，中州古籍出版社 2005 年版。

110. 王世舜：《尚书译注》，四川人民出版社 1982 年版。

111. 王维堤、唐书文：《春秋公羊传译注》，上海古籍出版社 2004 年版（2007 年重印）。

112. 王先谦：《汉书补注》，中华书局 1983 年版。

113. 王玉德：《〈孝经〉与孝文化研究》，崇文书局 2009 年版。

114. 王子今：《20 世纪中国历史文献研究》，清华大学出版社 2002 年版。

115. 韦政通：《中国哲学辞典》，吉林出版社集团有限责任公司 2009 年版。

116. 魏向东、严安平：《中国的礼制》，中国国际广播出版社 2010 年版。

117. 文廷海：《清代春秋穀梁学研究》，巴蜀书社 2006 年版。

118. 夏传才：《二十世纪诗经学》，学苑出版社 2005 年版。

119. 夏传才：《诗经讲座》，广西师范大学出版社 2007 年版。

120. 夏传才：《诗经研究史概要》（增注本），清华大学出版社 2007 年版。

121. 夏传才：《十三经讲座》，广西师范大学出版社 2006 年版。

122. 夏传才：《思无邪斋诗经论稿》，学苑出版社 2000 年版。

123. 肖群忠：《孝与中国文化》，人民出版社 2001 年版。

124. 邢祖援、陈景新：《古文孝经解读》，上海三联书店 2010 年版。

125. 徐朝华：《尔雅今注》，南开大学出版社 1987 年版（1994 年重印）。

126. 徐复观：《徐复观论经学史二种》，上海书店出版社 2005 年版。

127. 徐刚：《古文源流考》，北京大学出版社 2008 年版。

128. 徐刚：《孔子之道与〈论语〉其书》，北京大学出版社 2009 年版。

129. 徐洪兴：《〈孟子〉精读》，复旦大学出版社 2010 年版。

130. 徐芹庭：《易经源流：中国易经学史》，中国书店 2008 年版。

131. 徐志锐：《宋明易学概论》，辽宁古籍出版社 1997 年版。

132. 严正：《五经哲学及其文化学的阐释》，齐鲁书社 2001 年版。

133. 杨国荣：《孟子的哲学思想》，华东师范大学出版社 2009 年版。

134. 杨庆中：《周易经传研究》，商务印书馆 2005 年版。

135. 杨天宇：《仪礼译注》，上海古籍出版社 2004 年版（2013 年重印）。

136. 杨天宇：《郑玄三礼注研究》，天津人民出版社 2007 年版。

137. 杨天宇：《周礼译注》，上海古籍出版社 2004 年版。

138. 杨泽波：《孟子评传》，南京大学出版社 1998 年版。

139. 杨泽波：《孟子性善论研究》（再修订版），上海人民出版社 2016 年版。

140. 杨志刚：《中国礼仪制度研究》，华东师范大学出版社 2000 年版。

141. 幺峻洲：《大学说解中庸说解》，齐鲁书社 2006 年版。

142. 叶舒宪：《诗经的文化阐释：中国诗歌的发生研究》，陕西人民出版社 2005 年版。

143. 殷光熹：《诗经论丛》，线装书局 2008 年版。

144. 游唤民：《尚书思想研究》，湖南教育出版社 2001 年版。

145. 游君晶：《蔡沈〈书集传〉研究》，花木兰文化出版社 2010 年版。

146. 俞艳庭：《两汉三家〈诗〉学史纲》，齐鲁书社 2009 年版。

147. 袁长江：《先秦两汉诗经研究论稿》，学苑出版社 1999 年版。

148. 臧知非：《人伦本原：〈孝经〉与中国文化》，河南大学出版社 2004 年版。

149. 张道勤：《书经直解》，浙江文艺出版社 1997 年版。

150. 张奇伟：《亚圣精蕴：孟子哲学真谛》，人民出版社 1997 年版。

151. 张善文：《周易入门》，华东师范大学出版社 2004 年版（2007 年重印）。

152. 张祥龙：《先秦儒家哲学九讲：从〈春秋〉到荀子》，广西师范大学出版社 2010 年版。

153. 章太炎等著，郭万金选编：《诗经二十讲》，华夏出版社 2009 年版。

154. 赵伯雄：《春秋学史》，山东教育出版社 2004 年版。

155. 赵光贤：《左传编撰考》，载《古史考辨》，北京师范大学出版社 1987 年版。

156. 赵生群：《春秋经传研究》，上海古籍出版社 2000 年版。

157. 郑杰文、傅永军主编：《经学十二讲》，中华书局 2007 年版。

158. 朱伯崑主编：《周易知识通览》，齐鲁书社 1993 年版(2004 年重印)。

159. 朱华忠：《清代论语学》，巴蜀书社 2008 年版。

160. 朱岚：《中国传统孝道七讲》，中国社会出版社 2007 年版。

161. 朱维铮：《中国经学史十讲》，复旦大学出版社 2002 年版。

162. 朱维铮编校：《周予同经学史论》，上海人民出版社 2010 年版。

163. 朱自清：《经典常谈》，山西古籍出版社 2001 年版。

164. 朱祖延主编：《尔雅诂林》，湖北教育出版社 2014 年版。

165. [法] 葛兰言著：《古代中国的节庆与歌谣》，赵丙祥、张宏明译，广西师范大学出版社 2005 年版。

166. [美] 顾立雅著：《孔子与中国之道》，高专诚译，大象出版社 2014 年版。

167. [美] 本杰明·史华兹著：《古代中国的思想世界》，程钢译，江苏人民出版社 2004 年版。

168. [英] 鲁惟一主编：《中国古代典籍导读》，李学勤等译，辽宁教育出版社 1997 年版。

三、研究论文

1. 蔡安定：《蔡沈〈书集传〉及其版本》，载《武夷文化研究——武夷文化学术研讨会论文集》，2002 年版。

2. 李霞：《明代尚书学文献研究》，山东大学硕士学位论文 2013 年未刊本。

3. 李志鹏：《陆贾〈新语〉引〈诗〉〈书〉及〈诗〉〈书〉观考论》，曲阜师范大学硕士学位论文 2015 年未刊本。

4. 廖平：《四益馆经学四变记·初变记》，载《六益馆丛书》本，四川存古书局，民国十二年（1923 年）印本。

5. 方翠：《元代春秋学著述考论》，安徽师范大学硕士学位论文 2017 年未刊本。

6. 俞樟华、林怡：《宋代左传学概述》，《古籍整理研究学刊》2005 年第1 期。

7. 金永健：《清代左传考证研究》，扬州大学博士学位论文 2009 年未刊本。

后 记

近年来，党和国家高度重视中华优秀传统文化的传承与发展，越来越多研究者将注意力转向对传统文化经典的关注，为中华传统文化重光提供了新的契机，同时作为中华传统文化的核心与精髓——经学发展进入了新的发展阶段。十三经作为中国古代文化经典，是中华传统文化的核心，儒学的重要承载体，汉宋以来始终得到了高度重视，并为中华文化与文明的传承发展提供了重要的精神支持与思想指引。今天，我们坚持文化自信，离不开中华优秀传统文化，更离不开经学。经学是中华传统文化的根本与灵魂所在。

世界各大文明都有自己的文化经典，为文明体系的发展提供了精神动力与文化认同。十三经作为中华文化发展历程中最为重要的经典，在两千多年的文化发展历程中，对中国的社会政治、思想文化发挥着不可估量的作用。围绕着十三经，众多学者基于文化政治、国家治理等方面的需求，对之进行疏通解释、思想建构，从而形成了浩如烟海的经学知识体系与文献集群。

十三经所涵盖的知识、文化与思想具有十分重要的意义，故多有学者对十三经的形成、发展及文献进行梳理，但是多较为简略。不仅如此，对于不同时代的经学文献、十三经学的特征及特质，也鲜有总结。基于此，撰写《十三经简史》具有学术价值与现实意义，一方面本书对十三经的形成、发展及相关文献都做了系统而全面、简明而扼要的概括；另一方面对传承发展经学提供了重要的入门指引。这部书的写作前后经历了十六年时间，断断续续的补辑，集腋成裘，最终成书。这得益于北京师范大学提供的良好学术环境，是课堂教学过程中教学相长带来的推动力。尽管多有著作对十三经内容有所论及，但对于学术史的系统梳理，这部书是较为全面而精细的。

在本书即将出版之际，衷心感谢对我研究提供帮助的领导和师友。感谢北京师范大学历史学院的大力支持，感谢我的学生罗文雨、韩雨欣、桂晨昊等对这部书注释的核实。特别感谢本书责任编辑刘松弢老师，在编校出版过程中，他花了大量的时间，为本书收集配选图片，工作高效认真。

最后，在此感谢我的爱人蒲清，长期以来对我学术的支持，正是她对名利的淡薄与博大格局，让我能够安贫乐道、专心治学。特别感谢我的父母、兄弟长期以来默默的关爱，能够让我专注学术研究。此外，还要感谢所有支持帮助我的师友，他们给我很多的启发与激励。尺短情长，不再一一赘述。

总之，本书的出版旨在弘扬学术，更是为中华优秀传统文化的重光作出自己力所能及的一点助力，也希望给学者们和读者一点启发。学养有限，书中难免还有瑕疵，还请海涵并指正。

姜海军于金晖嘉园

2023 年 10 月 20 日

责任编辑：刘松弢
责任校对：白　玥
封面设计：汪　阳

图书在版编目（CIP）数据

十三经简史/姜海军 著 . —北京：人民出版社，2023.11
ISBN 978 - 7 - 01 - 020838 - 1

I.①十… II.①姜… III.①十三经－历史－研究 IV.① Z126.27

中国版本图书馆 CIP 数据核字（2020）第 181844 号

十三经简史

SHISANJING JIANSHI

姜海军　著

人民出版社 出版发行
（100706　北京市东城区隆福寺街 99 号）

中煤（北京）印务有限公司印刷　新华书店经销

2023 年 11 月第 1 版　2023 年 11 月北京第 1 次印刷
开本：710 毫米 ×1000 毫米 1/16　印张：20.75
字数：336 千字

ISBN 978 - 7 - 01 - 020838 - 1　定价：70.00 元

邮购地址 100706　北京市东城区隆福寺街 99 号
人民东方图书销售中心　电话（010）65250042　65289539